本书是国家自然科学基金面上项目"农村相对贫困家庭生计脆弱性测度、形成机理与消减政策优化研究"（批准号：72074083）的研究成果，也是广东省社会科学研究基地——广东省减贫治理与乡村振兴研究院、广州市人文社会科学重点研究基地——广州农村治理现代化研究基地的研究成果。

广东减贫治理

理论诠释、基本经验与未来路径

POVERTY REDUCTION AND
GOVERNANCE OF GUANGDONG:
THEORETICAL INTERPRETATION,
BASIC EXPERIENCE AND FUTURE PATHS

张开云　赵梦媛　李　倩 / 著

社会科学文献出版社
SOCIAL SCIENCES ACADEMIC PRESS (CHINA)

序　一

李小云[*]

　　从古到今，综观全球，贫困问题是一个备受关注的历史性、世界性议题，探寻减贫治理良方一直是世界各国持续努力的目标和方向。贫困是什么？从学者的界定和国际组织的定义看，对贫困的认知已经从绝对贫困向相对贫困拓展，从单纯的收入贫困向多维贫困延伸。同时，贫困类型从物质贫困、经济贫困向精神贫困、心理贫困、能力贫困、权利贫困、支出贫困和工作贫困等非经济贫困、新型贫困演化。如何消除贫困？在全面认识贫困本质的同时，必须深入探究导致贫困的根源。有学者认为，贫困的根源是社会不平等，也有人认为贫困是现代化转型和市场经济发展中不可避免的伴生结果。阿马蒂亚·森认为，贫困的根源在于"可行能力"不足与权利缺失。正是因为贫困认知的丰富性、综合性和贫困根源的多重性、多维性，各国才在减贫治理方略上各有不同，基本形成了两种减贫治理模式或进路。一种是经济发展减贫模式，即认为可通过发展经济和产业，带动就业和收入增长及生活改善，从而实现减贫目标。这种减贫模式强调个体努力和市场力量的结合，美国是这方面的典型。另一种是社会政策减贫模式，即通过社会保障与教育、医疗卫生等民生政策的出台，推动公共服务均等化，调节收入分配，实现减贫目标。《贝弗里奇报告》勾勒的社会福利政策框架，为福利国家的社会政策减贫模式奠定了基础和指引了方向，北欧福利国家是这种减贫模式的典型。国际经验表明，单一减贫模式或进路有其优势，但也有其短板。经济发展减贫模式面临市场失灵、贫困难以

1

根除的挑战。社会政策减贫模式面临"福利依赖""养懒汉""等靠要"等问题的困扰，存在政府失灵。为消解市场失灵、政府失灵，发达国家倡导和鼓励社会组织、志愿组织提供福利和参与减贫，但在实践中又引发"志愿失灵"问题。

作为负责任的、全球最大的发展中国家，中国一直是世界减贫事业的倡导者、行动者和推动者。从历史发展逻辑看，中国共产党的百年发展史是一段带领中国人民推动城乡发展的壮阔历史，是一部因时因势、不断探索、不断创新推进农业农村现代化与迈向区域协调发展和共同富裕的宏大史诗。中国共产党在根据地、解放区领导农民进行土地革命，减租减息，开办识字班，成立各类农村组织，把农民组织起来，开展农村建设，推动减贫治理、农业发展和城乡善治。习近平总书记强调，没有农业农村现代化，就没有整个国家现代化。乡村建设和乡村治理是国家现代化、国家治理能力现代化及城乡融合一体化治理框架的重要基础。诚如梁漱溟先生所言，乡村建设不是建设乡村，乃是建设整个中国。因此，消除贫困和全面推进乡村振兴是实现国强民富、民族复兴的必由之路和历史选择。新中国成立以来，党和政府高度重视减贫治理与扶贫事业，实施了专项扶贫计划、国家八七扶贫攻坚计划、东西部扶贫协作、精准扶贫等一个个重要的减贫战略，创造性地将马克思主义贫困理论与中国经济、社会、文化等具体实际相结合，走出了一条开发式扶贫与保障性扶贫相结合的中国特色减贫道路。新华社国家高端智库面向全球发布了中英文智库报告——《中国减贫学——政治经济学视野下的中国减贫理论与实践》，全面解读了中国特色的减贫治理理论与中国模式，将中国减贫成功的"密码"具体归纳为"5D"要素，即坚强领导（Determined Leadership）、细绘蓝图（Detailed Blueprint）、发展导向（Development Oriented）、数字管理（Data - based Governance）、分级实施（Decentralized Delivery）。

广东作为中国减贫方阵的重要先行先导与示范引领省份，勇挑减贫重担，兼顾"两个战场"（省内扶贫和东西部扶贫协作），发挥其成熟的市场优势和岭南善施文化优势，开展了多样化的减贫治理创新和实践探索。张开云教授等基于广东丰富多维的减贫实践，深入探究了广东减贫成功的"密码"，从理论层面提炼和解析了广东减贫治理模式，即多重机制协同减贫治理模式。广东减贫成功的关键在于综合运用行政机制、市场机制和社会机制，有效配置和整合减贫资源，发挥政府、市场和社会不同主体优势，形成合力实现减贫目标。在对广东减贫治理成功"密码"进行了模式化、理论化解析之后，该书系统梳理了广东减贫治理的发展历程与典型实践，并从省域层面系统总结了减贫成功的基本经验。在此基础上，该书围绕广东减贫治理的重点领域（如相对贫困治理、党建扶贫、消费扶贫以及巩固拓展脱贫攻坚成果同乡村振兴有效衔接等议题），分别阐述其理论基础或理论逻辑，梳理其实践样态与基本经验，并分析了各自面临的挑战或存在的问题，提出了未来的路径选择与推进方向。总的来看，该书既不是从"宏观"——国家场域，也不是从"微观"——基层或乡村场域，而是从"中观"——省级场域来研究减贫治理实践并进行经验梳理、模式提炼与问题剖析。从当前学界研究进展来看，基于省级层面讨论和总结精准扶贫及脱贫攻坚的经验及其治理模式的研究相对匮乏，有较大拓展空间。因此，该书对广东省级层面的减贫治理经验的总结梳理和模式提炼有助于弥补这种"匮乏"。同时，该书的一些观点具有新意，如在认同政府、市场和社会力量对减贫治理具有重要作用的同时，深入剖析了不同主体机制（行政机制、市场机制与社会机制）之间协同互嵌的逻辑机理；对党建扶贫内涵和党建扶贫作用机理进行学术阐述和分析，一定程度上填补了党建扶贫方面研究的"不足"，使我们对党建扶贫的作用路径和传导过程有更加清晰和直观的认识；对消费扶贫的理论基础进行梳理，使我们对致力于在主流市场中嵌入小农户与大市场联结网络（巢状市场）的消费帮扶实践样态背后的理论机理认识更加丰富和清晰。总的来看，研究者对该书聚焦研究的主要内容与重要主题的关注和研究分析尚不充分，具有较大的拓展空间，由此体现了该书研究内容及观点的新颖性。

可以预见的是，从省域层面总结广东减贫治理模式、探究减贫成功的"密码"、发现减贫规律、概括减贫方案，必将为其他省份推进减贫治理、相对贫困治理、巩固拓展脱贫攻坚成果同乡村振兴有效衔接等提供有效借鉴和重要参考，贡献广东经验和广东智慧。

2022 年 3 月 27 日

序　二

岳经纶 [*]

　　作为历史悠久的农业大国和人口大国，中国的发展长期受贫困问题的制约，消除贫困是中华民族几千年来夙兴夜寐、孜孜以求的社会理想。在古代，先贤们就期盼着"使老有所终，壮有所用，幼有所长，矜、寡、孤、独、废疾者皆有所养"的大同世界，并期冀能有广厦千万间"大庇天下寒士俱欢颜"。然而，中国是一个农村人口占比较大的发展中国家，贫困问题，尤其是农村贫困问题长期存在，成为经济社会发展和人民福祉提升的羁绊。

　　新中国成立以来的70多年间，党和政府始终将解决贫困问题作为一项重要使命。在改革开放前，党和政府一直致力于发展生产、消除贫困的工作。在改革开放后，党和政府开始有组织、有计划、大规模地开展农村扶贫开发工作。特别是21世纪以来，贫困治理进入全新的阶段，并以解决绝对贫困问题为着力点。2002年，党的十六大明确要求，继续大力推进扶贫开发，巩固扶贫成果，尽快使尚未脱贫的农村人口解决温饱问题，并逐步过上小康生活。党的十八大以来，以习近平同志为核心的党中央高度重视扶贫工作，将扶贫开发纳入"五位一体"总体布局和"四个全面"战略布局，实施精准扶贫基本方略，启动脱贫攻坚战。2015年11月，中共中央、国务院颁布《关于打赢脱贫攻坚战的决定》，正式提出"到2020年中国现行标准下农村贫困人口实现脱贫，贫困县全部摘帽，解决区域性整体贫困"的目标任务。经过多年艰苦卓绝的脱贫攻坚，我国贫困治理取得巨大

---

　　* 岳经纶，博士，中山大学政治与公共事务管理学院教授。

成就。在 2016 年到 2020 年的五年间，全国贫困人口每年净减少 1000 万以上，现行标准下农村贫困人口在 2020 年全部实现脱贫。2021 年 2 月 25 日，习近平总书记在全国脱贫攻坚总结表彰大会上庄严宣告，我国脱贫攻坚战取得了全面胜利。这标志着困扰中华民族数千年的绝对贫困问题在中国得以消除，全面小康社会在中国得以建成。

作为世界上最大的发展中国家，中国通过制定行之有效的扶贫策略，有力地推动了世界减贫进程，并为其他发展中国家的贫困治理提供了可资参照的样板。脱贫攻坚战的决定性成就和绝对贫困人口的消灭，使中国成为全世界最早实现联合国可持续发展目标中消灭贫困目标的发展中国家。这一世界范围内的贫困治理奇迹不仅使中国人民实现了全面小康，而且为推动世界减贫事业发展提供了可资借鉴的经验。及时总结中国贫困治理的成功经验，不仅有助于全球贫困治理事业的发展，而且有助于深化贫困治理的研究，丰富和创新贫困治理理论。作为全球贫困治理的积极参与者，中国的减贫奇迹和贫困治理话语必将引起世界范围内对"中国道路"的广泛关注。

对于中国农村反贫困何以成功这一问题的思考，既需要有宏观视角，聚焦中国独特的政治体制，特别是中国共产党的集中统一领导在消除贫困中的根本性作用；也需要有微观视角，聚焦基层组织、乡镇社区、农民群众在脱贫攻坚中的主动作为；还需要有中观视角，聚焦地方政府在贫困治理中的创新精神和使命担当。中国是一个有着多层级治理结构的大国，地区差异大，地方政府的首创精神和策略选择在政策执行中具有重要意义。中国贫困治理的成功经验离不开包括省级政府在内的地方政府这个重要元素。事实上，以广东为代表的省级政府，在中国的贫困治理中发挥着重要作用。

广东作为改革开放的前沿阵地，结合顶层设计与本地实际出台了大量行之有效的扶贫政策，在实践中走出了一条特色鲜明的减贫道路。广东虽然在整体上发展迅猛，但是省内珠三角地区和粤东西北地区的经济发展差异十分明显。前者经济较为发达、充满活力，后者发展滞缓、活力不足，这一差异成为制约广东经济社会全面发展的"短板"和"软肋"。改革开放以来，广东省委、省政府十分重视农村地区的扶贫开发工作，在加快推进经济发展的同时，通过地区间结对帮扶、开发式扶贫和建立社会保障制度等措施，努力改善欠发达地区的面貌，不断缓解农村贫困状况，改善农村居民生活，走出了一条独具特色的农村减贫道路。广东提出的"双到"扶贫模式最早开启了中国省级层面贫困治理的"精准"探索；在第二轮"双到"扶贫和接续实施的"精准扶贫"中，广东更是率先开启了建立解决相对贫困长效机制的探索，并实施了一些行之有效的策略。

在脱贫攻坚战中，广东充分发挥政府、市场、社会和个人的合力作用，推动多元主体参与扶贫开发和减贫治理。一方面，推动实现党建与扶贫这两项政治任务的联动，通过发挥党的领导的政治优势，增强基层党组织和基层行政组织的脱贫攻坚能力；另一方面，积极运用行政机制、市场机制和社会机制，实现有为政府、有效市场和有机社会的结合。毫无疑问，作为经济社会发展的先行区，广东在减贫治理领域的政策探索和实践成效，对我国的减贫治理具有重要参考价值。深入探讨和总结广东的经验，讲好减贫治理的广东故事，可以为建构减贫治理的中国话语体系提供广东经验，为提升中国在全球贫困治理中的话语权提供广东智慧。

张开云教授是我学术上的同道，长期在社会保障和贫困治理领域耕耘，佳作不断，或学术作品，或咨政报告。本书是张开云教授等探索广东减贫治理成功之道的专著，尝试从省级政府这一中观维度切入，以广东为现场，探索中国贫困治理成功的秘诀。在这一独特视角下，本书具有两个鲜明的特色。一是提出了整体性的解释框架。本书在梳理广东减贫治理历史脉络的基础上，为广东减贫治理的成功提出了一种新的解释性框架——多重机制协同减贫治理模式，揭示了不同机制协同互嵌推进减贫治理的逻辑机理。二是对典型的经验进行深入分析。本书围绕相对贫困治理、党建扶贫、消费扶贫以及巩固拓展脱贫攻坚成果同乡村振兴有效衔接等广东减贫治理中的重要议题进行了深入分析，梳理其实践样态，总结其基本经验，进而为理论提炼做好准备。

本书的出版至少有三重意义：一是可以进一步推动包括广东在内的省级维度的减贫治理研究；二是可以进一步丰富关于中国减贫治理实践创新与理论分析的学术探讨；三是可以为其他国家，特别是发展中国家的减贫治理事业提供有益的经验借鉴。

2022 年 2 月 11 日

目 录
Contents

绪　论

一　研究缘起与研究问题

（一）研究缘起

古往今来，摆脱贫困和改善民生一直是中华民族孜孜不倦的价值追求。改革开放以来，中国共产党作为核心力量，领导人民群众进行反贫困斗争，取得了举世瞩目的成就，成功带领超过 7 亿贫困人口实现脱贫。党的十八大以来，中国扶贫发展或减贫治理进入新阶段，全国人民勠力同心，脱贫减贫工作取得决定性进展。2020 年是中国脱贫攻坚战胜利收官之年，中国共产党团结领导全国各族人民历史性地破除了困扰人类社会的千年难题——绝对贫困问题。新时代脱贫攻坚目标任务如期完成，现行标准下农村贫困人口全部脱贫，贫困县全部摘帽，易地扶贫搬迁任务全面完成，消除了绝对贫困和区域性整体贫困，创造了人类减贫史上的奇迹，提前 10 年实现联合国减贫目标，创造了减贫治理的中国样本，形成了具有中国特色的"中国减贫学"与中国减贫话语体系，为国际减贫治理提供了中国经验与中国智慧。

广东是中国减贫治理先行先导与示范引领省份，广东省委、省政府高度重视减贫治理问题，先后实施了山区开发扶贫、八七扶贫攻坚、十年扶贫开发规划、扶贫开发"双到"和全面精准脱贫攻坚战略，紧紧围绕"扶持谁""谁来扶""如何扶""如何退"四个核心问题进行体制机制创新探索，形成党建扶贫、消费扶贫、产业扶贫、就业扶贫、教育扶贫等多维减贫路径与方式，靶向瞄准，精准施策。广东既要完成省内减贫任务和目标，又承担了桂、川、滇、黔4省（区）14个市（州）93个县的东西部扶贫协作任务。面对减贫重担和历史使命，广东从制度、资金、科技、人才等方面全要素整体发力，综合运用行政机制、市场机制和社会机制实现减贫目标，取得了历史性最好成绩，走出了一条具有广东特色的减贫道路。广东省减贫治理研究院（现为广东省减贫治理与乡村振兴研究院）自2019年成立后，团队先后参加了广东省扶贫资产管理工作推进会、广东省产业扶贫工作推进会、广东扶贫济困日（"6·30"）活动专题理论研讨会等活动，并到清远、梅州、惠州、江门、韶关、汕头等广东大部分市县开展了一系列主题调研活动。结合对国家、广东省扶贫政策文件的学习和对全省各地调研实践的体验，笔者较为深入地了解了广东减贫治理的全貌和各地丰富的、各具特色的减贫实践。如清远市通过构建党建引领扶贫机制，不断强化党建与扶贫的深度融合，强化党组织优化设置在先、党组织领导决策在先、党员作用发挥在先，在省定贫困村的自然村（村民小组）建立了2239个党支部，向贫困村派驻了261名第一书记①，通过发挥基层党组织的模范引领作用来提升贫困地区的组织化水平，有力夯实了行政机制减贫作用发挥的基础。同时，调研了解到，广东从2009年开始实行"双到"（规划到户、责任到人）扶贫，政府、国有企事业单位派人进村入户，帮助贫困户脱贫。随着精准扶贫的开展，"五级书记抓扶贫"工作机制和体系得到全面建立，扶贫参与力量日益多元化，第一书记、大学生村官、社会组织、民营企业、武警部队等多元主体走到扶贫一线实践。研究院团队到广东东西部扶贫协作产品交易市场考察了解到，广东建立了推进消费扶贫的政策支撑和倡导体系〔如《关于开展消费扶贫行动的通知》（粤工总〔2020〕18号）、《关于开展"以购代捐"活动的通知》（粤农扶办〔2020〕74号）〕，通过市场化方式（市场机制）、道德调节方式（社会机制）配置资源、对接供需做实消费扶贫，贫困户得到实惠，扶贫成效显著。政策学习与实践调研体验深深触动了笔者，引发笔者对广东减贫治理模式及其成功"密码"的好奇和探究。为进一步全面了解广东减贫治

---

① 笔者在调研原清远市扶贫办时获得的数据。

理，特别是广东在相对贫困治理、党建扶贫、消费扶贫、巩固拓展脱贫攻坚成果同乡村振兴有效衔接等方面的丰富实践与成功经验，笔者在 2021 年 6 月到 8 月随广东省乡村振兴局调研组到广东 17 个地市几十个县的上百个村进行深入调研，对广东减贫治理模式、基本经验与未来发展路向等有了更深的理解。

国际社会减贫事业持续进行，但因其把贫困局限为经济问题进行思考和治理，成效往往不够理想。王卓将国际上较为成熟的扶贫模式分为三类，即以巴西和墨西哥扶贫模式为代表的"发展极"模式、以印度和斯里兰卡扶贫模式为代表的"满足基本需求"模式与以欧美国家为代表的"社会保障方案"模式。① 发展中国家的减贫实践基本都是典型的经济扶贫实践模式或开发式扶贫实践模式，其核心是通过发展产业做大"蛋糕"（经济总量或 GDP），带来就业增长和收入增长，从而实现脱贫。我国的减贫治理，特别是精准扶贫模式，是一种超越经济视角的多维贫困治理、综合贫困治理模式，在尊重、运用市场规律与市场机制的基础上，更加强调政府的积极作为和社会政策作用的发挥。

可以想象，如果按照市场的自律性规律，单纯靠开发式扶贫难以减贫成功。但如果像 20 世纪六七十年代那样完全靠政治理想主义实现民生幸福，也将由于经济基础、市场基础薄弱难以达到理想效果和难以可持续推进。因此，广东的精准扶贫与脱贫攻坚过程，可以理解为基于公平、效率与共享共富理念，通过行政机制（权力配置或分配资源）、市场机制（市场配置资源）与社会机制（道德配置资源）三重机制协同作用，实现对扶贫资源和财富的再分配，其本质与习近平总书记提出的构建政府、市场与社会共同参与扶贫大格局的观点具有内在一致性。在这一过程中，行政机制及其治理基础起了关键的规制与导引作用，市场机制及其市场基础则为广东减贫治理提供了强大的经济基础和资源支撑，社会机制及其道德基础则为行政机制与市场机制的协同融合提供了文化共识与道德力量，促进了第三次分配在减贫治理中的作用的发挥。总的来看，广东丰富的减贫实践是我们从地方区域层面观察不同减贫治理机制（行政机制、市场机制与社会机制）如何协同形成合力实现减贫目标的窗口，可以透视不同减贫主

---

① 王卓：《中国贫困人口研究》，四川科学技术出版社，2004。

体、不同减贫机制交互作用的内在机理，深入总结广东减贫治理及其不同减贫路径（如党建扶贫、消费扶贫、相对贫困治理）成功的基本经验，为未来相对贫困治理和乡村振兴提供参照和理论支撑。

（二）研究问题

贫困问题不仅是一个经济问题，也是一个社会问题，还是一个政治问题。中国与广东的减贫治理实践表明，减贫议题是一个系统性议题，郑永年将其定位为治理制度问题。[①] 减贫治理考验的不单是国家治理能力与治理体系，也考验地方或基层的政策创新力和政策执行力，更考验一个地方的经济基础和道德基础，因为减贫治理的成功需要政府、市场和社会多元合力造就。广东作为全国扶贫战场的排头兵、先行者，不但如期实现消除省内非珠三角经济后发地区的贫困问题，还帮扶广西、贵州、云南等省区完成减贫任务，取得了减贫史上最好成绩。广东减贫治理成功何以造就？许多学者深入研究了中国减贫奇迹的成功"密码"，但对于广东减贫成功提出某种成功"密码"的研究者基本没有。因此，本书的核心目标就是要为广东减贫治理成功提供一种解释模式，从省域层面梳理其成功经验，并梳理总结不同减贫路径（如党建扶贫、消费扶贫、相对贫困治理等）的典型实践与基本经验。实践表明，不同减贫路径的成功经验实际是广东减贫治理模式与经验的延伸和印证。

具体而言，本书就是围绕"谁来扶""扶持谁""如何扶""如何巩固脱贫攻坚成果"四个方面，具体回答以下问题：如何从理论层面解释广东减贫成功的"奇迹"？在广东减贫治理实践中，行政机制及其治理基础、市场机制及其市场基础与社会机制及其道德基础这三种机制与力量是如何实现协同和形成合力推动减贫目标实现的？广东减贫治理成功的基本经验是什么，面临的挑战及未来路径是什么？广东党建扶贫的作用机理、基本经验是什么？广东相对贫困治理形成了什么样的基本经验，未来发展路径如何选择？广东消费扶贫的理论基础、基本经验是什么，如何进一步深化推进？巩固拓展脱贫攻坚成果同乡村振兴有效衔接的逻辑是什么，存在什么衔接难点？如何在已有实践经验基础上，进一步巩固拓展脱贫攻坚成果

---

① 郑永年：《大趋势：中国下一步》，东方出版社，2019。

同乡村振兴有效衔接？这些都是我们需要研究和思考、必须回应和系统梳理的重要问题，以期为其他国家和地区减贫治理贡献广东经验、广东方案，并提供有益参考与借鉴。

二　文献综述

（一）贫困概念及其演变

贫困作为一种伴随人类社会发生、发展的复杂社会经济现象，对经济社会进步和人类发展具有重要的影响，一直是学术界、各国政府以及国际机构关注的核心议题。2015 年 9 月 25 日，联合国把"在全世界消除一切形式的贫困"列为 2030 年全球可持续发展的首要目标，体现出人类消除贫困的巨大决心。[①] 那么，什么是贫困呢？人们可能会说，贫困就是指那些缺衣少食的人和家庭。但是，什么叫缺衣少食？其标准是什么？哪些人和家庭应该归于缺衣少食范畴？一个人有吃有穿，是否就可以说他已经摆脱贫困了呢？现实考察表明，随着经济社会的发展，不同经济发展水平的国家或地区，其对贫困的界定也存在差异。因为文化的差异，各国人民对同一种贫困状况的认识也不一样。可以说，贫困概念是一个至今未能完全取得共识的概念，这恰恰说明，贫困的界定以及与此相关的标准、度量问题是相当复杂的问题，它不仅是经济问题、文化问题，而且是社会问题和政治问题。学术界对于贫困内涵的认识经历了一段较长的时期，且依然处在深化理解过程中。总体来看，学术界对于贫困概念的理解大致可以概括为以下几种观点。

1. 贫困是物质或多维度的一种不足或匮乏

经济学家较早从收入与消费角度来定义贫困，认为贫困就是物质层面的匮乏或不足。例如，英国经济学家本杰明·西伯姆·朗特里（Benjamin Seebohm Rowntree）在 1901 年出版的《贫困：城镇生活研究》一书中首次将贫困定义为：总收入水平不足以获得仅仅维持身体正常功能所需的最低

---

① 骆郁廷、余杰：《全球贫困治理中国奇迹的制度密码》，《当代世界与社会主义》2021 年第 1 期。

生活必需品，包括食品、房租和其他项目等。① 美国学者劳埃德·雷诺兹（Lloyd Reynolds）的贫困定义最为直接，主要着眼于收入的不足。他说："所谓贫困问题，是说在美国有许多家庭，没有足够的收入可以使之有起码的生活水平。"② 从这个角度观察到的贫困，被称为"收入贫困"。后来，贫困的外延被逐渐拓宽，不仅涉及物质生活品，还涵盖社交、情感的匮乏。如英国的奥本海默（C. Oppenheim）认为："贫困是指物质上的、社会上的和情感上的匮乏。它意味着在食物、保暖和衣着方面的开支要少于平均水平。"③ 可以说，从物质匮乏或多维不足的角度来界定贫困概念总体比较直接、简单易懂，能够形象地描述贫困者的生活样态。

2. 贫困是可行能力的缺乏

经济学家阿马蒂亚·森（Amartya Sen）把贫困看作基本可行能力的缺乏，而不仅仅是收入低下。可行能力是"一个人所拥有的、享受自己有理由珍视的那种生活"的能力。④ 这些可行能力的缺失既是贫困的表现，又是贫困产生的原因。阿马蒂亚·森的贫困概念得到了世界银行的认同。世界银行（World Bank）在《1990 年世界发展报告》中直接将贫困界定为："缺少达到最低生活水准的能力。"⑤ 在《2000/2001 年世界发展报告：与贫困作斗争》中又进一步指出："贫困除了物质上的匮乏、低水平的教育和健康，还包括风险和面临风险时的脆弱性，以及不能表达自身的需求和缺乏影响力。"⑥ 对此，虞崇胜和余扬评论道："所谓可行能力，是一种预存能力，即能够自由从事创造性活动的能力。人们一旦拥有了这种能力，就能够从根本上消除贫困和落后的根源，实现社会公平和可持续发展。从一定意义上讲，贫困说到底是可行能力的贫困，提升可行能力就是消除落后和贫困。"⑦ 童星和林闽钢发表了《我国农村贫困标准线研究》一文，认

① B. S. Rowntree, *Poverty: A Study of Town Life*, Andesite Press, 1901.
② 〔美〕劳埃德·雷诺兹：《微观经济学：分析和政策》，马宾译，商务印书馆，1982，第 35 页。
③ C. Oppenheim, *Poverty: The Facts*, Child Poverty Action Group, 1993.
④ A. Sen, *Development as Freedom*, Oxford University Press, 1999.
⑤ 世界银行：《1990 年世界发展报告》，中国财政经济出版社，1990，第 26 页。
⑥ 世界银行：《2000/2001 年世界发展报告：与贫困作斗争》，中国财政经济出版社，2001，第 15 页。
⑦ 虞崇胜、余扬：《提升可行能力：精准扶贫的政治哲学基础分析》，《行政论坛》2016 年第 1 期。

为相对贫困指低于社会公认的基本生活水平，缺乏扩大社会再生产的能力或能力弱。① 能力贫困概念的提出使贫困概念具有了更广泛的理论内核。

3. 贫困是一种社会剥夺或社会排斥

进一步的研究表明，贫困与"排斥"或"剥夺"有关，即贫困是个人或社会群体遭受社会排斥或社会剥夺导致的结果。英国的汤森（P. Townsend）认为，"贫困不仅仅是基本生活必需品的缺乏，更是个人、家庭、社会组织缺乏饮食、住房、娱乐和参与社会活动等方面的资源，使其不足以达到按照社会习俗或所在社会鼓励提倡的平均生活水平，从而被排斥在正常的生活和社会活动之外的一种生存状态"。② 世界银行更是将贫困定义为福祉被剥夺的现象。③ 联合国开发计划署认为，贫困是指无法获得包括物质福利在内的人类发展的机遇和选择的权利。贫困不仅仅是收入缺乏的问题，更是一种对人类发展的权利、长寿、知识、尊严和体面生活等多方面的剥夺。从这个定义出发，联合国开发计划署提出了一个新的贫困指标——"人类贫困指数"，它由寿命剥夺、知识剥夺和生活水平剥夺三个指标组成。④ 王小林认为，贫困和剥夺的概念使人们更加关注现象本身，而社会排斥概念使人们更加关注现象的本质或者原因。从这个意义上来讲，社会排斥概念的提出和广泛应用，是人类社会对贫困现象认识的一次升华。贫困和剥夺更多地让人们将其与经济资源的不足相联系，而社会排斥则更容易让人联想到政治、经济、文化和社会制度。⑤

4. 贫困是阶层地位的低下或一种生计脆弱性

托马斯·戴伊（Thomas Dye）在《权力与社会》一书中写道，"穷人经常被视为'下层阶级'，他们的生活大部分处在贫穷状态"，即贫困是因为与之相关个人或群体的阶层地位处于社会底层（下层阶级）。⑥ 美国学者迪帕·纳拉扬（Deepa Narayan）等从穷人的视角定义贫困，在穷人看来，

① 童星、林闽钢：《我国农村贫困标准线研究》，《中国社会科学》1994 年第 3 期。

② P. Townsend, *The International Analysis of Poverty*, London, Allen Lane and Penguin Books, 1979, p. 31.

③ 世界银行：《1999/2000 年世界发展报告》，中国财政经济出版社，2000。

④ UNDP, Human Development Report 1997: Human Development to Eradicate Poverty, January 1997.

⑤ 王小林：《贫困测量：理论与方法》，社会科学文献出版社，2012。

⑥ 转引自"城乡困难家庭社会政策支持系统建设"课题组、韩克庆、唐钧《贫困概念的界定及评估的思路》，《江苏社会科学》2018 年第 2 期。

缺乏权利和发言权是他们定义贫困的核心因子。"贫穷从来不因仅仅缺乏某一样东西而产生，它来自穷人们所体验和定义的许多相关因素的共同作用。一个人的社会地位和所处的地理位置是造成贫困的最直接的因素。"[①] 挪威学者艾尔泽·厄延（Else Oyen）又进一步解释了这个最直接的因素，他认为："贫困是经济、政治、社会和符号的登记格局的一部分，穷人就处在这个格局的底部。贫困状态在人口中持续的时间越长，这种格局就越稳定。"[②] 可见，贫困不仅仅是收入和支出水平低下，更表现在生计脆弱性、无话语权、地位低下、影响力弱等方面。

综上可知，研究者从不同的视角对"贫困"做出了不同的学理诠释，反映了人们对贫困概念认知的不断丰富和深化，学界对贫困概念的理解逐步从绝对贫困向相对贫困发展。同时，学界对贫困内涵的认知已经从收入和资源缺乏等经济角度拓展到非经济角度，如社会参与角度（参与贫困）、权利角度（权利贫困）或能力角度（能力贫困）等。同时，与贫困相关联的概念还有许多，如社会不平等、社会排斥、脆弱性等。总的来说，人们对贫困概念及其内涵的深入认识，为反贫困框架和政策构建奠定了理论基础。同时，对贫困概念及其内涵精准认知有助于探寻贫困的本质，从而为"扶持谁"这个精准识别的实践要求提供理论指引。

（二）致贫根源的讨论

贫困是怎样发生的？为什么贫困难以根除？伴随人们对贫困内涵认识的深入与拓展，政界学界一直都在积极探索破译贫困发生的"密码"，因为"密码"的解译有助于帮助我们清晰认识贫困治理主体及其责任归属，从而为"谁来扶"这一精准扶贫实践要求提供理论依据。同时，科学理解致贫根源也有助于明确"如何扶"这一扶贫方式的选择方向。总的来看，关于贫困发生的根源，存在多种不同的归因论，其中隐含对贫困形成逻辑和发生路径的不同理解。研究表明，致贫根源探究已经由个体归因论朝着体制制度、文化和心理归因相融合的系统归因论演进。

---

① 〔美〕迪帕·纳拉扬等：《谁倾听我们的声音》，付岩梅等译，中国人民大学出版社，2001，第 36 页。

② 艾尔泽·厄延：《减少贫困的政治》，张大川译，《国际社会科学杂志》（中文版）2000 年第 4 期。

第一种是"个体归因论"。"个体归因论"将贫困视为个人资源的缺乏，是个体因素导致的。这种观点试图根据穷人自身的素质、行为和态度来解释贫困的存在，认为贫困是个人懒惰、愚昧的结果。穷人之所以穷，是因为他们不努力工作、花钱的方式存在问题以及决策错误等。也有学者认为人的素质差是贫困的根本原因，并把这个因素概括为"主体不发育"。① "个体归因论"认为，解决贫困问题要依靠个人和家庭，以及贫困者所能动员的社会关系，忽略了政府应该承担的责任。

第二种是"体制制度归因论"。有学者认为，中国农村的农民之所以贫困，是因为大量劳动力滞留在农业内部，农业劳动投入的边际效益递减，导致农村贫困的普遍存在，从这个意义上说，城乡分割的体制限制了农民的流动，是导致农村贫困的根本原因。② 在革命的话语里，农民的贫困被归因于土地占有的不均和剥削关系的存在，也即土地体制或制度。③ 同时，不少学者将贫困与社会政策，如社会保障政策、教育政策、就业政策等的缺失或不完善联系在一起。政策制定本身、政策执行失误或不当都会引起不平等进而导致贫困。④ 邢成举认为，贫困家庭在经济、教育、文化和政治等多重制度结构中的边缘地位，导致其难以跨越贫困陷阱并出现了贫困的代际传递。⑤ 李小云和许汉泽认为，因为各种社会保障制度的"碎片化"和制度不协同，有限的资金被投放在不同种类的社保项目上，削弱了其减贫的有效性。⑥ 阿马蒂亚·森从权利角度分析贫困与饥荒的产生，认为权利体制的不合理导致贫困和饥荒。⑦

第三种是"文化归因论"。贫困长期存在和代际贫困传递的根源是长期处于贫困状态所形成的"贫困文化"。美国奥斯卡·刘易斯（Oscar Lewis）提出"贫困文化理论"，这种理论认为，贫困是一种文化现象，是一种

① 陈端计：《贫困根源新探》，《开发研究》1992年第6期。
② 王晓毅：《现代化视角下中国农村的减贫逻辑和过程》，《甘肃社会科学》2021年第1期。
③ 王晓毅：《现代化视角下中国农村的减贫逻辑和过程》，《甘肃社会科学》2021年第1期。
④ 周怡：《贫困研究：结构解释与文化解释的对垒》，《社会学研究》2002年第3期。
⑤ 邢成举：《结构性贫困对贫困代际传递的影响及其破解——基于豫西元村的研究》，《中州学刊》2017年第2期。
⑥ 李小云、许汉泽：《2020年后扶贫工作的若干思考》，《国家行政学院学报》2018年第1期。
⑦ 〔印度〕阿马蒂亚·森：《贫困与饥荒——论权利与剥夺》，王宇、王文玉译，商务印书馆，2001。

自我维持的文化体系。穷人由于长期生活在贫困之中，从而形成了一套特定的生活方式、行为规范、价值观念体系，这是一种脱离社会主流文化的"亚文化"，它一旦形成，便会对周围的人尤其是后代产生深刻的影响，即便遇到了可以摆脱贫困的机会，也难以很好地利用这些机会走出贫困，从而使贫困代代相传。将贫困归因为贫困"亚文化"的观点彰显"文化—行为—贫困"路径逻辑。贫困文化渗透到贫困群体的行为中后，就成为一种很难改变的基因，从而导致贫困循环，甚至使贫困代际传递。①

第四种是"心理归因论"。"心理归因论"是在第三种归因论的基础上进一步将心理和行为因素结合起来的，彰显"心智模式—行为选择—贫困"逻辑路径。贫穷思维和贫困习惯造成贫困者接收外界信息的心智容量萎缩，认知"带宽"被稀缺心态堵塞，使人的思维、行为、眼界受限，认知能力和执行控制力大幅降低。② Bernheim 等指出，具有较低的初始资产会限制个人的自我控制能力，使得个人及其家庭陷入贫困。③ Dean 等详细阐述了贫困可能影响个体的认知功能进而影响其经济结果的各种可能机制。④

（三）减贫成功的基本经验或解释路径研究

随着脱贫攻坚战取得全面胜利，许多学者对中国减贫成功的经验"密码"进了丰富的总结与研究。可以说，中国减贫经验的研究及其有益成果为推进"巩固拓展脱贫攻坚成果"目标实现指引了方向。总体来看，学术界主要从以下几个方面对中国减贫经验进行归纳和分析。

一是认为减贫成功的"密码"是党的领导、制度优势、制度创新与治理能力提升。骆郁廷和余杰认为，中国贫困治理的成功"密码"是始终坚持中国特色社会主义制度、坚持中国共产党的全面领导以及及时创新政策

---

① 〔美〕奥斯卡·刘易斯：《桑切斯的孩子们：一个墨西哥家庭的自传》，李雪顺译，上海译文出版社，2014。

② 〔美〕塞德希尔·穆来纳森、埃尔德·莎菲尔：《稀缺——我们是如何陷入贫穷与忙碌的》，魏薇、龙志勇译，浙江人民出版社，2014，第68页。

③ B. D. Bernheim et al.，"Poverty and Self-Control，"*Econometrica* 83（5）（2015）：1877-1911.

④ E. B. Dean et al.，"Poverty and Cognitive Function，"in B. C. Barrett et al.（eds.），*The Economics of Poverty Traps*，University of Chicago Press，2017，pp. 57-118.

与强大的治理能力。① 王鹏认为，中国减贫成功的秘诀在于中国共产党领导的政治优势和中国特色社会主义制度优势。② 王雨磊和苏杨认为，中国减贫奇迹的造就是因为在国家治理体系下构建了精准行政扶贫模式，有效的行政机制及其治理基础发挥了关键的减贫作用。③ 左停和徐卫周总结了改革开放四十年中国的减贫经验，即持续提出有利于贫困人口的创新政策以及注重反贫困的制度化体系建设等。④ 岳经纶和吴永辉认为，广东精准扶贫成功的经验之一是坚持党的领导、增强政治势能及扶贫与党建双管齐下。⑤

二是把减贫成功归结于三位一体的大扶贫体系结构。王小林总结了中国消除绝对贫困的经验之一是建构了以大扶贫格局为核心的贫困治理体系，即政府、市场和社会三方协同治理贫困。⑥ 左停等认为，成功有效的贫困治理要构建有效的回应性治理体系，即凝聚政府扶贫、市场扶贫与社会扶贫三方力量，回应社会的期望和脱贫攻坚的目标。⑦

三是把减贫成功归结于经济增长、减贫举措的多维性与综合性。随着减贫进程推进，贫困由经济贫困演变为多维贫困。黄承伟认为，中国特色扶贫开发道路积累的宝贵经验是保持经济长期持续增长、制定有利于穷人发展的政策和渐进式推进农村社会保障体系的建立与完善等。⑧ 李小云和季岚岚认为，中国大规模减少贫困的基本经验是长期持续的经济增长、农业基础设施的持续完善与可持续的减贫机制。⑨ 章元和刘茜楠认为，中国

---

① 骆郁廷、余杰：《全球贫困治理中国奇迹的制度密码》，《当代世界与社会主义》2021年第1期。
② 王鹏：《中国减贫经验的国际比较与启示》，《红旗文稿》2019年第4期。
③ 王雨磊、苏杨：《中国的脱贫奇迹何以造就？——中国扶贫的精准行政模式及其国家治理体制基础》，《管理世界》2020年第4期。
④ 左停、徐卫周：《改革开放四十年中国反贫困的经验与启示》，《新疆师范大学学报》（哲学社会科学版）2019年第3期。
⑤ 岳经纶、吴永辉：《从"'双到'扶贫"到"精准扶贫"：基于广东经验的中国扶贫之路》，中山大学出版社，2021。
⑥ 王小林：《新中国成立70年减贫经验及其对2020年后缓解相对贫困的价值》，《劳动经济研究》2019年第6期。
⑦ 左停、李世雄、史志乐：《以脱贫攻坚统揽经济社会发展全局——中国脱贫治理经验的基本面》，《湘潭大学学报》（哲学社会科学版）2021年第3期。
⑧ 黄承伟：《新中国扶贫70年：战略演变、伟大成就与基本经验》，《南京农业大学学报》（社会科学版）2019年第6期。
⑨ 李小云、季岚岚：《国际减贫视角下的中国扶贫——贫困治理的相关经验》，《国外社会科学》2020年第6期。

减贫成功的经验在于经济增长带来的就业机会、公共基础设施的完善与全覆盖的社会保障体系。① 韩克庆则是从多维政策的角度指出，脱贫攻坚通过土地制度改革、精准施策扶贫、社会保障制度等各项政策建立与创新，构建起消除贫困的长效机制。② 张传红和刑雨凝认为，中国能够成功脱贫，有赖于党和政府针对性的减贫措施与综合性的帮扶机制。③

四是把减贫成功归结于造血式扶贫与输血式扶贫相结合和开发式扶贫与保障式扶贫相结合。易刚认为，脱贫关键在于输血式扶贫与造血式扶贫有机结合，同时要更多地发挥造血式扶贫的内生动力机制，让贫困户主动脱贫、积极脱贫。④ 白增博认为，中国扶贫成功的重要经验之一就是坚持救济式扶贫与开发式扶贫相结合，扶贫开发和社会保障有机衔接。⑤ 中国在绝对贫困上减贫成功的经验，可以给未来相对贫困问题的解决提供借鉴，也可以为正在解决贫困问题的国家提供经验和思路。

（四）贫困治理面临的挑战与未来减贫治理路径的研究

2020 年我国打赢了以消除绝对贫困为目标的脱贫攻坚战，这一历史性成就为世界消除贫困提供了中国智慧和中国方案。但是绝对贫困的消除并不是贫困的结束，而是意味着我国进入了新的发展阶段，即后脱贫时代。贫困治理是一项长期性、复杂性的任务，在进一步减贫过程中不可避免会面临新的挑战，也需要新的思路和路径。

农村在后脱贫时代的经济社会发展过程中将呈现新矛盾、新问题。张琦等认为，2020 年后绝对贫困向相对贫困转变，目标群体随之发生变化，如何界定和找出贫困人口成为新的挑战。⑥ 夏支平认为，后脱贫时代，农

---

① 章元、刘茜楠：《中国反贫困的成就与经验：扶贫政策效果再检验》，《复旦学报》（社会科学版）2021 年第 5 期。

② 韩克庆：《土地改革、脱贫攻坚抑或社会保障——中国农村减贫的成功经验》，《理论学刊》2021 年第 2 期。

③ 张传红、刑雨凝：《讲好中国脱贫攻坚故事贡献全球公共知识产品》，《对外传播》2021 年第 4 期。

④ 易刚：《论相对贫困的意蕴、困境及其应对》，《农村经济》2021 年第 2 期。

⑤ 白增博：《新中国 70 年扶贫开发基本历程、经验启示与取向选择》，《改革》2019 年第 12 期。

⑥ 张琦、孔梅、刘欣：《2020 年后中国减贫形势、任务与战略转型研究评述》，《学习与探索》2020 年第 11 期。

村面临多种贫困风险或挑战，如资源不足型贫困风险、能力欠缺型贫困风险、态度型贫困风险、社会影响型贫困风险等。① 许源源认为，在后扶贫时代部分深度贫困地区和贫困群体存在一定的返贫风险，同时存在农民可行能力不足、健康领域短板突出、灾害救助体系尚未完善的问题。因此，未来贫困治理必须赋能与兜底双轮驱动，提升农民可行能力，还要推动"互联网+贫困治理"，健全返贫风险防范机制。② 对于贫困地区产业基础薄弱问题，左停和苏武峥认为要增强市场机制对农产品的拉动作用，充分挖掘地区特色的优势资源，提高贫困地区的产业组织水平，推进贫困农户与现代农业有机衔接。③ 以行政驱动的脱贫产业对政策和各种资源具有很强的依赖性，因此当我们转入后脱贫时代后，在贫困治理过程中要避免与脱贫攻坚政策脱节，防止"断崖式"终止。郑秉文认为，在缓冲期间，需要传授村干部和贫困户自我造血的技能，从根本上改变村干部和贫困户的依赖心理，提升基层组织和村级两委成员的素质和自主治理能力，即使在之后驻村工作队和扶贫工作队撤出，也需要保留对口联系的机制。④ 曾福生认为，扶贫先扶志在贫困治理当中更加重要，是避免社会患上"福利病"的重要举措。⑤ 何阳和娄成武认为，扶贫要与扶志、扶智相结合，扶志强调贫困对象树立脱贫致富理想，扶智强调提高贫困对象的技术、技能，使贫困对象具有脱贫致富的条件。⑥ 卢黎歌和武星星解释了脱贫攻坚与乡村振兴两者的关系，即脱贫攻坚是阶段性目标，其底线是实现全面建成小康社会，而乡村振兴是长远战略性目标，其致力于推进农业农村现代化的实现。因此，必须进一步补齐脱贫攻坚的发展短板，激发乡村振兴的内生动力。⑦ 陈宗胜和黄云认为，未来应该把贫困治理纳入乡村振兴战略，在城

① 夏支平：《后脱贫时代农民贫困风险对乡村振兴的挑战》，《江淮论坛》2020 年第 1 期。
② 许源源：《后扶贫时代的贫困治理：趋势、挑战与思路》，《国家治理》2020 年第 1 期。
③ 左停、苏武峥：《乡村振兴背景下中国相对贫困治理的战略指向与政策选择》，《新疆师范大学学报》（哲学社会科学版）2020 年第 4 期。
④ 郑秉文：《"后 2020"时期建立稳定脱贫长效机制的思考》，《宏观经济管理》2019 年第 9 期。
⑤ 曾福生：《后扶贫时代相对贫困治理的长效机制构建》，《求索》2021 年第 1 期。
⑥ 何阳、娄成武：《后扶贫时代贫困问题治理：一项预判性分析》，《青海社会科学》2020 年第 1 期。
⑦ 卢黎歌、武星星：《后扶贫时期推进脱贫攻坚与乡村振兴有机衔接的学理阐释》，《当代世界与社会主义》2020 年第 2 期。

乡融合背景下集中解决农村的相对贫困问题，逐步缩小城乡发展差距，真正实现共同富裕，共享发展成果。①

中外学者对贫困概念、致贫根源、中国减贫成功经验及未来路径等进行了广泛、深入的讨论，为我们理解"谁来扶""扶持谁""如何扶""如何巩固脱贫攻坚成果"这些关键性"中国之治"问题提供了丰富的理论支撑与实践指引，为系统理解中国减贫、广东减贫提供了宽阔的视野和研究基础。学者们在对中国减贫成功的基本经验的总结中，肯定了中国共产党的领导为减贫治理提供了强大的力量支撑，顶层设计上建立了以大扶贫格局为核心、多方参与治理的体系结构，为减贫治理提供了体系保障。然而，我们可以看到，首先，学者多在全国层面、宏观层面讨论和总结中国减贫的成功经验，对于省域层面减贫治理成功经验的总结和讨论较少，有较大的拓展空间。其次，学者对政府、市场与社会在减贫治理格局中的重要作用达成了共识，但是对各个主体在减贫实践中的运行机制与协同机理研究很少。特别是，不同减贫机制尤其是行政机制、市场机制及社会机制之间是如何协同形成合力实现减贫目标的，值得进一步深入挖掘和研究。最后，学者对相对贫困治理、党建扶贫、巩固拓展脱贫攻坚成果同乡村振兴有效衔接议题有较多讨论，但主要聚焦在问题分析和路径对策上，理论基础挖掘、逻辑与经验梳理及总结不多，还有较大扩展空间。

三　本书主要内容

本书共分为八个部分，具体内容如下。

开头为绪论。绪论部分主要介绍本书研究的缘起、背景及需研究的问题。同时，对相关研究文献进行梳理与简要评述，重点说明本书为什么进行这个研究、研究什么内容，这个部分实际就是全书的一个引子。

第一章主要梳理了改革开放以来广东减贫治理的基本脉络、发展阶段与取得的历史性成就。从大历史观来看，改革开放前的中国扶贫开发与广

---

① 陈宗胜、黄云：《中国相对贫困治理及其对策研究》，《当代经济科学》2021 年第 5 期。

东减贫实践为后来的减贫治理奠定了坚实的基础，如减贫政策、减贫方式、工作方法等方面的经验积累。广东减贫治理可以分为区域瞄准扶贫阶段（1984~2008 年）、精准扶贫创新探索阶段（2009~2015 年）和精准扶贫脱贫攻坚阶段（2016~2020 年）。经过政府、市场与社会多元主体的合力共进，广东如期全面完成减贫任务，取得减贫巨大成就，主要表现在：绝对贫困问题得到历史性解决，相对贫困治理取得重大成就；贫困地区发展环境显著改善，内生发展动力得到有效激活；发挥了培养锻炼干部的熔炉作用，密切了党群和干群关系，夯实了党在农村的执政基础；促进了城乡融合发展和区域协调发展，为破解城乡二元结构奠定了坚实基础；锻造形成了伟大的脱贫攻坚精神，为全面推进乡村振兴提供了强大的制度、政策、精神支撑；成为展示我国制度优势的重要窗口。

第二章主要为广东减贫治理成功提供一个解释框架或模式，即多重机制协同减贫治理模式。重点阐述了广东减贫治理模式的理论基础、实践样态与逻辑机理。共同富裕理论、习近平关于扶贫工作的系列论述与协同治理理论是广东多重机制协同减贫治理模式的理论基础。在广东减贫治理模式中，行政治理工具或政策工具、市场化实践工具及社会机制实践工具等构成了减贫治理工具的集合。这些政策工具或实践做法蕴含广东多重机制协同减贫治理的协同逻辑与互嵌机理，行政机制及其治理基础与市场机制及其市场基础之间表现出较强的协同互嵌关系，而社会机制既是两者互嵌的中介与黏合剂，又与市场机制及其市场基础具有较强的协同互嵌关系，社会机制及其道德基础内化于政府减贫使命担当与企业社会责任履行的协同行动中。

第三章主要是从宏观和省域视角系统总结广东减贫治理成功的基本经验，基本经验主要有以下几个。一是尊重经济发展与区域发展规律，推动脱贫攻坚与"双区"建设、"双城联动"和"一核一带一区"区域发展格局相衔接，把减贫治理放在广东经济社会发展全局中统筹谋划。二是遵循贫困识别与减贫治理一般规律，坚持开发式扶贫和保障式扶贫相衔接，强调精准施策，保障稳定脱贫。三是尊重资源配置机制协配规律，坚持综合运用和科学融合行政机制、市场机制与社会机制推动减贫治理，形成政府主导、市场参与和社会协同的精准减贫治理大格局。四是尊重内因外因辩证作用规律，坚持扶贫与扶志、扶智相结合，激发贫困人口内生脱贫动力，促进外在帮扶与内源发展协同并进。五是遵循"以人民为中心"的发展理念与治理规律，推动脱贫攻坚与乡村振兴有效衔接，探索建立解决相对贫困的长效机制。六是遵循区域梯度发展与协同发展规律，充分发挥改革开放先行区的优势，推动东西部扶贫有效协作，走先富引领区域共富的脱贫奔小康之路。展望未来，在后脱贫新时代，广东减贫治理面临三大风险（返贫风险、悬崖效应风险和衔接不畅风险）和三个不足（内生脱贫动力不足、乡镇辐射带动能力不足与公共服务供给不足）。为此，广东减贫治理目标必须从全面消除绝对贫困向巩固拓展脱贫成果和治理相对贫困转变，减贫治理方式必须从集中式攻坚向建立常态化制度化长效机制转变，减贫治理路径必须从攻克贫困堡垒向协同推进乡村振兴转变。各类减贫机制要持续协同，形成合力，助推实现巩固拓展脱贫攻坚成果同乡村振兴有效衔接。

第四章主要梳理了相对贫困治理的研究文献和广东的典型实践，如促进产业扶贫、补齐基础设施与公共服务短板、鼓励支持社会力量参与减贫、激发群众主体性等，进而总结了广东相对贫困治理的基本经验，主要有：以就业扶贫为抓手促进相对贫困治理的长效机制形成、以美丽乡村建设为抓手推进相对贫困缓解、以建设党支部与激发内生动力为抓手应对相对贫困的动态性、以多元共治新格局提升多维相对贫困治理能力。展望未来，广东必须继续以产业帮扶为抓手培育相对贫困地区自我发展的长效机制，以美丽乡村建设为抓手促进相对贫困人口的社会融合，细化政策标准以应对相对贫困的多样性。

第五章主要是基于可持续生计分析框架界定了广东党建扶贫的内涵，阐述了党建扶贫的作用机理，并构建指标体系对广东党建扶贫实践进行了评估。多维度评估发现，广东党建扶贫成效较好，通过系列制度创设、党建基础夯实以及"党建+产业扶贫"等一系列项目实施，改善了贫困家庭的生计资本与生计能力，一定程度上激发了贫困人口的内生脱贫动力，改善和夯实了村庄发展的组织、产业、基础设施与人才等多样化基础，实现了"两不愁三保障一相当"和"八有"脱贫标准。广东党建扶贫的成功形成了三大基本经验，即始终注重党的组织建设、队伍建设和制度建设，夯实减贫治理与乡村发展的政治基础；始终注重把党的建设与精准扶贫精准脱贫基本方略科学融合，整合资源，精准施策，充分发挥党组织统领农村中心工作的治理效能；始终注重综合运用党建机制、行政机制、市场机制和社会机制，全面彰显党组织、政府、市场和社会的作用和优势。然而，党建扶贫治理依然存在内生性不足、产业选择和发展规划顶层设计不足、资源整合不足、市场导向与人力资本导向不足等短板，必须坚持夯实党建基础与优化系统构想相结合，持续建强农村基层党组织，加强顶层设计，加强市场导向、资源依托和资源整合，改善脱贫家庭的生计资本；坚持优化生计环境与提升村庄发展能力相结合，有效降低生计风险，提升脱贫可持续性；坚持构建预防返贫帮扶机制与提升内生发展动力和能力相结合，提升党建脱贫的稳定性和可持续性。

第六章主要梳理了广东消费扶贫的理论基础（马克思主义消费理论、巢状市场理论与道义经济理论），并基于理论基础形成了分析框架，进而梳理了广东消费帮扶的实践样态，深入分析了消费帮扶面临的多重困境——双重失衡困境、网络支撑困境与多维赋能困境。因此，必须持续在优化结构、创新机制、优化技术治理和完善交易体系四个方面发力，推动消费扶贫向消费协作、消费振兴转换，助力区域协调发展和共同富裕。

第七章主要阐述了巩固拓展脱贫攻坚成果同乡村振兴有效衔接的多维逻辑，梳理了广东巩固拓展脱贫攻坚成果同乡村振兴有效衔接的实践样态，并归纳了基本经验，主要是尊重农村发展规律与历史脉络，保持发展理念的一致性；政策执行中巩固基本盘，丰富施策层次并适度向上拓展；完善乡村基层治理，激发农民主体性与参与性。进一步考察分析发现，巩固拓展脱贫攻坚成果同乡村振兴有效衔接存在发展规划由"零散"设计转向"系统"设计难、人才队伍由"外派驻村"转向"本土振兴"难、乡村产业由"保脱贫""稳生计"转向"促内生发展"和提质增效难、帮扶模式由针对特定群体的选择性帮扶转向适度普惠型帮扶难等难点。因此，未来必须强化发展规划的衔接以及城乡发展战略的统筹；强化人才衔接，坚持外部引进与内部培养相结合、转变观念与提升能力相统筹；培育主导产业，推动产业链延伸，强化科技赋能乡村产业振兴，优化产业联农带农利益共享机制；强化政策的调整衔接，坚持特惠政策与普惠政策相统筹；建立健全防返贫监测与常态化长效化帮扶制度。

四　本书的新颖之处

（一）研究视角有新意

本书为研究农村贫困治理的经验和举措提供了新的视角。本书既不是从"宏观"——国家场域，也不是从"微观"——基层或乡村场域，而是从"中观"——省级场域来研究减贫治理实践并进行经验梳理、模式提炼。在农村扶贫的过程中，有两种视角或者说两种研究场域一直被普遍使用，即"国家"这种宏观场域和"基层"这种微观场域，具体来说又包括基层政府、村两委和农户自身。强调宏观场域的必要性体现在：我国作为一个幅员辽阔、人口众多的大国以及社会主义国家，必须从整体上对各地的发展定位和发展功能等做出规划；贫穷不是社会主义，贫富差异过大也不是社会主义，"先富帮后富"的实现，靠的是国家强力的宏观调控。强调微观层次的必要性体现在：只有充分激发各个主体在减贫事业中的积极性和能动性，国家宏观层面确定的规划才能真正落到实处，"共同富裕"才能真正成为"全体人民的共同富裕"。而对于中观层次（省级场域）的研究和行动经验总结的必要性则体现在：中观层次（省级场域）的研究视角可以较好地弥补宏观和微观视角研究面向过大或过小导致的研究盲区，丰富减贫治理研究的角度和认知维度。

（二）研究内容有新意

文献梳理表明，已有研究对中国减贫治理成功的经验总结和模式提炼较多，但基于省域视角讨论和总结减贫治理经验的研究相对匮乏。本书通过对广东减贫治理实践的系统观察与思考，创新性地提出广东减贫治理成功的解释模式，即多重机制协同减贫治理模式。同时，梳理了广东减贫治理的发展历程、典型实践，并系统总结了其成功的六大基本经验。在此基础上，围绕广东减贫治理的重点领域（如相对贫困治理、党建扶贫、消费扶贫以及巩固拓展脱贫攻坚成果同乡村振兴有效衔接等），梳理了其理论基础或理论逻辑、典型实践和基本经验，并分析了面临的挑战或存在的问题，提出了未来的路径选择或推进方向。同时，本书的一些观点具有新意，如对党建扶贫内涵、党建对扶贫的作用机理的阐述和分析，一定程度上弥补了党建扶贫方面研究的"不足"。总的来看，与本书研究所关注的主要议题有关的研究成果不多，由此体现了本书研究内容及观点的新颖性。

（三）为实现两项战略的顺利衔接提供了典型示范、贡献了广东智慧

当前，农村高质量发展的重点工作是全面推动巩固拓展脱贫攻坚成果同乡村振兴有效衔接。但是，现实表明，不同地区拥有不同的自然条件、人文发展历史、人口构成乃至处于不同社会发展程度。因此，如何在具体的情景下实现两项制度有效衔接，是一个亟待进行理论架构和实践探索的重大问题。中共中央、国务院颁布的《关于实现巩固拓展脱贫攻坚成果同乡村振兴有效衔接的意见》提出，"在脱贫攻坚目标任务完成后，设立5年过渡期"，逐步实现农村工作重点的转变，这表明未来农村工作必须实现在原有工作成就的基础上把水平向上拓展、政策受惠人群向外拓展，而究竟应当如何拓展、如何确立新的衡量标准，需要各地进行充分探索，同时积极借鉴先行先试地区的优秀发展经验。广东由于发展速度较快、发展水平较高，早在2009年时就已经消除了国家贫困标准（2300元）下的绝对贫困，并在2015~2020年参照省内人均可支配收入的中位数划定了"相对贫困标准"，但这部分贫困人口名义上仍旧被称为"建档立卡绝对贫困人口"，扶贫路径也依照国家纲领统一进行。而在相对贫困状况下，扶贫的重点就不再是仅仅满足于"两不愁三保障"的基础目标，而是落在了培育农村市场机制、培养本地劳动力人才、提升农村地区基层自治能力等中等发展目标之上。因此，我们可以发现，广东实际上获得了相比国家层面设定的"5年过渡期"更长的农村发展目标调整周期，相比于中西部刚刚实现脱贫的地区来说具有更有实践支撑的两项战略衔接的经验。在当前研究对省级脱贫经验总结关注不足的背景下，广东相对贫困问题的治理经验和治理智慧尚待系统性总结提炼，为中国其他省份或全球其他国家提供有益的减贫方案和参考路径。可以说，这正是本书的重点研究目标之一。

（四）为未来实现"乡村振兴久久为功"的理论设想提供了实践支撑、经验启迪和方向指引

不论是从经济总量的全国排名来看，还是从精准扶贫的各项举措成效来看，广东都处于全国前列。在经济发展支撑下，广东在乡村治理、乡村建设、扶贫开发、产业发展等多方面都产生了令人瞩目的创新性和探索性做法，走出了一条帮扶地和受帮扶地合力共进、"惠及全民，久久为功"的共发展、共振兴、共富裕之路。例如，在消费扶贫方面，广东充分利用粤港澳大湾区的区位优势，打造了"菜篮子"工程，以广州为农产品集散地，在全国范围内寻找确定优质农产品生产基地，向国内外市场输送优质农产品，从而实现广东地区市场优势与中西部受帮扶地区农业生产优势的精准契合。又如，珠三角地区依托自身对劳动力的巨大需求，承接了对口帮扶地区大量贫困劳动力的转移就业任务，不仅为贫困劳动力提供多种就业补贴、技能培训补贴，还将培训师资队伍直接输送至劳动力原居住地，开展就地培训，探索出了"劳务协作的岗位供给+成本补贴+劳动力基础能力提升"的多维劳务协作模式。以上典型减贫实践本质上实现了市场优势要素跨地区的精准匹配，也实现了帮助欠发达地区农村提升劳动力素质、激活本地人才资源从而提升内生发展能力的目标。广东的这些先行探索和创新实践有效促进了农村地区的可持续发展，夯实了区域协同发展和共同富裕的基础，形成了诸多先进经验，对于全国其他地方开展类似工作具有重要的启示和示范作用。

第一章　广东减贫治理基本历程与精准脱贫历史成就

关于中国扶贫事业发展历程与阶段划分，在改革开放 40 周年、新中国成立 70 周年之际和脱贫攻坚战胜利收官之后，学者研究成果较为丰富。唐超等将新中国成立 70 年以来的扶贫开发历程划分为救济式扶贫阶段（1949~1977 年），体制改革下大范围扶贫阶段（1978~1985 年），开发式扶贫阶段（1986~1993 年），综合开发式扶贫阶段（1994~2000 年），多元性、可持续发展阶段（2001~2012 年），精准扶贫阶段（2013 年至今）。①白增博将扶贫开发历程划分为保障生存救济式阶段（1949~1978 年）、农村体制改革推动扶贫阶段（1978~1985 年）、有组织的开发式扶贫阶段（1986~1993 年）、集中解决温饱的"八七"扶贫攻坚阶段（1994~2000 年）、巩固温饱成果的综合扶贫开发阶段（2001~2012 年），以及实施精准扶贫、精准脱贫方略阶段（2013 年至今）。②岳经纶和吴永辉将改革开放以来中国减贫历程划分为经济体制改革推动扶贫阶段（1978~1985 年）、大规模开发扶贫阶段（1986~1993 年）、扶贫攻坚阶段（1994~2000 年）、综合扶贫开发阶段（2001~2012 年）和精准扶贫阶段（2013~2020 年）。③

由于研究角度、划分标准的不同，学者对中国减贫历程与阶段划分虽然未能取得共识，但基本大同小异，遵循了政策演变规律和减贫治理实践

---

① 唐超、罗明忠、张苇锟：《70 年来中国扶贫政策演变及其优化路径》，《农林经济管理学报》2019 年第 3 期。

② 白增博：《新中国 70 年扶贫开发基本历程、经验启示与取向选择》，《改革》2019 年第 12 期。

③ 岳经纶、吴永辉：《从"'双到'扶贫"到"精准扶贫"：基于广东经验的中国扶贫之路》，中山大学出版社，2021，第 36~66 页。

特征。学者的相关研究为广东减贫历程的梳理与阶段划分提供了有益的参考和基础。改革开放以来，广东省委、省政府高度重视扶贫开发与减贫治理工作，把扶贫开发与减贫治理内化于经济社会发展总体布局中统筹推进，在全国最早创新实践"双到"（规划到户、责任到人）扶贫（减贫）模式，建立区域间的对口帮扶机制与工作体系，综合推动开发式扶贫与保障式扶贫，有效改善了农村地区的基础设施和公共服务，提升了农户的生计能力，消除了绝对贫困，缓解了相对贫困，取得了广东减贫史上最好成绩，走出了一条具有广东特色的减贫治理之路。

一 广东减贫治理基本历程

（一）区域瞄准扶贫阶段（1984~2008 年）

广东 1984 年提出了"山区开发，耕山致富"的扶贫方针，将扶贫开发与山区建设相结合谋划扶贫发展工作。自"八七扶贫攻坚计划"实施以来，广东省贫困人口分布从区域分布转向散点分布，贫困人口在空间上逐渐分散。《广东省农村"十五"扶贫开发纲要》明确提出五年脱贫计划，将扶贫开发与区域发展相结合、整村推进与到村到户相结合、区域推进与重点措施相结合、开发扶贫与救济扶贫相结合、基础建设与产业发展相结合、转移培训与使用培训相结合，这标志着扶贫的重点已经由扶持贫困县向进村到户、整村推进转变。①

为推动区域协调发展和减贫治理工作，2002 年广东陆续颁布《关于加快山区发展的决定》《关于帮扶集体经济年纯收入 3 万元以下的村发展集体经济的意见》等重要文件，指出通过珠三角地区向山区转移产业、建立部门包干责任制等措施发展村级集体经济，推动区域间协调发展。扶贫先扶智，2002 年广东省委、省政府出台的《关于加快山区发展的决定》明确提出"2002 年至 2007 年，省财政共安排 2.1 亿元，用于每年资助 5000 名贫困家庭子女接受 2~3 年的技校教育"的扶智方案，并于次年将技工学校

① 师春苗：《从"区域瞄准扶贫"到"精准扶贫"——以广东扶贫开发为例》，《红广角》2017 年第 Z6 期。

智力扶贫作为重要内容纳入"十项民心工程"。2003年，广东省扶贫开发领导小组出台了《广东省重点发展100家扶贫农业龙头企业的实施方案》，通过"企业+基地+贫困农户"模式开展产业扶贫，促进贫困地区产业调整与贫困农民增收脱贫。2004年，广东省委下发了《关于组织"十百千万"干部下基层驻农村深入推进固本强基工程的意见》，决定从2005年起组织开展"十百千万"干部下基层驻农村活动，加强扶贫队伍建设。2005年，广东省扶贫办认定了10个"广东省扶贫培训基地"，拨付专项资金对贫困户开展短期培训。

（二）精准扶贫创新探索阶段（2009~2015年）

2009年6月，中央政治局常委、广东省委书记汪洋同志提出"规划到户、责任到人"扶贫新思路，将"一年脱贫、两年致富、三年发展"作为目标，在全省开启了扶贫开发"双到"精准帮扶探索。第一轮是2009年6月至2012年，扶贫标准是村内人均纯收入2500元以下，确定3407个贫困村、36.7万贫困户、158.6万贫困人口；第二轮是2013~2015年，扶贫标准以2012年广东全省农民人均纯收入的33%确定，即人均纯收入3480元以下，认定全省重点帮扶村2571个、有劳动能力的贫困户20.9万户、贫困人口90.6万人。[①]

在推进"双到"扶贫进程中，政府发挥了主导和引擎作用，出台了《广东省扶贫开发"双到"工作实施意见》《广东省扶贫开发"双到"工作驻村干部管理规定》《广东省扶贫开发"双到"工作考评办法》《广东省扶贫开发工作问责办法》《"双转移"工作与"双到"工作相结合实施意见》等一系列政策文件，为广东省扶贫高质量发展奠定了坚实的制度基础。[②] 同时，在减贫实践中，广东省形成了五种模式和六大机制，力促脱贫致富。五种模式是：农业产业化带动模式，最大限度地帮助贫困地区农业增产；基础设施建设拉动发展模式，最大限度地提升贫困地区人们的生产以及生活条件；贫困户之间资金互助帮扶模式，吸引各方力量破解贫困户在生产过程中所遇到的资金问题；劳务输出促进经济发展的促动模式；

---

① 笔者到原广东省扶贫办有关部门调研时收集了解到的政策及有关数据。
② 冼频：《建立"扶真贫、真扶贫"的长效机制——河源市创新扶贫"双到"的启示》，《广东经济》2012年第4期。

易地搬迁模式。六大机制是：统筹推进，构建"双到"政策支持机制；"造血"扶贫，构建"双到"产业发展机制；解决难题，建立"双到"金融服务机制；授人以渔，构建"双到"技能培训机制；整合资源，构建"双到"社会协助机制；落实责任，构建"双到"考核激励机制。①

总体而言，"双到"扶贫通过实行建档立卡、电脑管理，建立瞄准机制，实施"一对一"帮扶，通过实行"靶向疗法"，实现定点清除贫困，极大地提高了扶贫成效。"双到"扶贫是我国扶贫开发方式的重大转变和突破，以政府主导、外生救济式扶贫手段，迅速解决贫困村及贫困人口"温饱"问题，让贫困村及贫困人口"衣食无忧、生活有保障"。

（三）精准扶贫脱贫攻坚阶段（2016~2020 年）

按照国家扶贫总体布局和安排，为落实习近平总书记精准扶贫重要论述精神，2016 年 3 月广东省召开扶贫开发工作会议，对全省精准扶贫精准脱贫做出全面部署，精准扶贫精准脱贫的广东冲锋号吹响。2016 年 6 月，《中共广东省委 广东省人民政府关于新时期精准扶贫精准脱贫三年攻坚的实施意见》正式出台，认定广东农村 70.8 万户 176.5 万人为相对贫困人口，认定全省 2277 个村为相对贫困村，并提出精准扶贫精准脱贫要实施八项工程。2016 年 11 月，《关于加大脱贫攻坚力度支持革命老区开发建设的指导意见》印发，明确老区开发建设的目标。到 2020 年，老区基础设施建设成效显著，特色优势产业发展壮大，生态环境质量明显改善，老区居民人均可支配收入与经济发展实现同步增长。

在精准扶贫脱贫攻坚阶段，广东省出台了广东扶贫攻坚"1+N"政策体系，为全面实现脱贫攻坚目标奠定了有效的、全方位的制度基础。2017年 3 月，《广东省脱贫攻坚责任制实施细则》印发，明确广东脱贫攻坚按照省总负责、市县镇抓落实的工作机制，构建责任清晰、各负其责、合力攻坚的责任体系。2018 年 10 月，广东省委办公厅、省政府办公厅印发《关于打赢脱贫攻坚战三年行动方案（2018—2020 年）》。行动方案指出，到 2020 年，稳定实现农村相对贫困人口"两不愁三保障一相当"，现行标

---

① 倪慧群、黄宏、钟耿涛等：《对广东省"双到"扶贫开发模式的思考》，《广东农业科学》2011 年第 17 期。

准下农村相对贫困人口全部实现稳定脱贫，2277 个相对贫困村全部出列，如期完成脱贫攻坚任务。2020 年 4 月，广东省扶贫开发领导小组印发《关于建立防止返贫监测和帮扶机制的实施意见》，为稳定脱贫和高质量脱贫提供了长效机制保障。

　　总的来看，在这一阶段，为了切实提高相对贫困人口收入和提升脱贫质量，推动脱贫攻坚和全面小康目标的实现，广东减贫实践形成了八类扶贫措施。如实施特色产业扶贫，就地就业促进增收；加强就业指导服务，转移就业促进增收；坚持开发式扶贫与保障式扶贫并重，统筹做好贫困群众兜底保障工作，织密筑牢民生保障网；统筹推进脱贫攻坚和乡村振兴工作，深入推进贫困村创建新农村示范村工作，加快补齐贫困地区基础设施和基本公共服务短板；积极深化"万企帮万村"行动；做实做好扶贫济困日活动；深入推进扶贫扶志行动，着力激发贫困户内生发展动力；通过党建引领和党建融合，协同产业扶贫、就业扶贫、社会扶贫、消费扶贫等扶贫方式，充分激发和鼓励市场力量、市场主体和社会力量、社会主体参与扶贫攻坚工作，形成政府主导（干部、财政投入、行政动员等）、市场参与（国企、民企等）和社会协同（社会组织、志愿者等）的精准减贫治理大格局。①

二　广东精准脱贫历史成就

　　经过多个减贫阶段的持续发力和战略攻关，广东帮助扶贫协作地区高质量打赢了脱贫攻坚战，为全国精准扶贫与脱贫攻坚做出了广东贡献。数据显示，截至 2015 年底，广东贫困村减少 5978 个、贫困人口减少 247.6 万人。② 截至 2020 年，广东 161.5 万相对贫困人口、2277 个相对贫困村全部达到脱贫出列标准。③ 总的来看，广东贫困人口不断减少，绝对贫困问

---

① 2018 年 11 月广东省委宣传部、省委农办、省国资委等六部门联合发出倡议书，号召全省各类企业迅速行动起来，积极参与"万企帮万村"行动。

② 《广东推进扶贫开发 已助 5978 个村 247.6 万人脱贫》，中国新闻网，https：//www.chinanews.com/df/2016/06-30/7923550.shtml。

③ 《广东 161.5 万相对贫困人口全部达到脱贫标准》，中国新闻网，https：//www.chinanews.com.cn/gn/2020/11-02/9328704.shtml。

题得到解决，相对贫困问题得到较大缓解；贫困地区基础设施和生态环境明显改善，基本公共服务水平不断提高。同时，减贫治理实践为广东培养了大批过硬干部，提升了农村基层党组织的影响力和带动力，夯实了党在农村的执政基础，为党对农村工作的全面领导打下了扎实的治理基础、积累了丰富多样的治理经验。

（一）绝对贫困问题得到历史性解决，相对贫困治理取得重大成就

经过两轮"双到"扶贫、精准扶贫与脱贫攻坚，广东贫困人口不断减少，绝对贫困问题得到历史性解决，相对贫困治理取得重大成就，创造了改革开放以来广东减贫史上的最好成绩。

在"双到"扶贫前期，广东扶贫标准跟随国家政策和广东实际情况动态调整，扶贫脱贫工作有序推进，为后期扶贫脱贫工作奠定了基础。1987年，广东将山区人均纯收入 200 元以下的人口列为贫困人口，共 393 万人。截至 1990 年底，人均纯收入 200 元以下达不到温饱的贫困人口由 1985 年的 393 万人减少到 25 万人。1994 年，根据《国家八七扶贫攻坚计划（1994—2020 年）》，广东将人均纯收入低于 500 元（1990 年不变价）的人口列为贫困人口，共计 120 万人，明确到 1996 年，全省 120 万贫困人口人均纯收入超过 500 元。1997 年底，全省人均纯收入 500 元以下的贫困人口全部越过温饱线，收入水平达到 1000 元。2002 年，广东省第三次确定扶贫标准，将农村人均纯收入 1500 元以下的农村贫困人口列为重点扶贫对象，认定贫困户 86.7 万户、贫困人口 411.1 万人，以达到 2000 元为脱贫目标。截至 2010 年底，人均纯收入 1500 元以下的贫困人口（700 万人）实现脱贫。①

在两轮"双到"扶贫与精准扶贫工作的持续推动下，广东贫困治理取得显著成效。广东根据经济发展水平与扶贫进程，在《中国农村扶贫开发纲要（2011—2020 年）》《广东省农村扶贫开发实施意见》的指导下，贫困认定标准遵循并超过国家贫困标准，2012 年前严格按照国家贫困标准开展扶贫工作，2012 年后开始探索符合省内经济发展水平的贫困标准。2013

---

① 笔者到原广东省扶贫办有关部门调研时收集了解到的政策及有关数据。

~2015年，广东以2012年全省农民人均纯收入的33%为扶贫标准。2015年，广东按全村年人均可支配收入低于8000元（2014年不变价）、相对贫困人口占全村户籍人口5%的标准来认定相对贫困村。在扶困标准不断动态提高的背景下，广东扶贫工作稳步推进，截至2015年底，贫困村减少5978个、贫困人口减少247.6万人。[①] 截至2020年，广东现行标准下161.5万相对贫困人口、2277个相对贫困村全部脱贫出列。[②]

广东经济社会的发展带来了扶贫标准的调整，贫困人口的规模也处于动态变化中，但总体上贫困人口不断减少，绝对贫困问题得到历史性解决，相对贫困问题得到一定缓解，创造了改革开放以来广东减贫史上的最好成绩。

广东各扶贫阶段扶贫标准见表1-1。

表1-1　广东各扶贫阶段扶贫标准

扶贫阶段		年份	扶贫标准（元）
区域瞄准扶贫阶段		1987~1993	200
		1994~2001	500
		2002~2008	1500
精准扶贫创新探索阶段	"双到"扶贫第一轮	2009~2012	2500
	"双到"扶贫第二轮	2013~2015	3480
精准扶贫脱贫攻坚阶段		2016~2020	4000

资料来源：笔者根据调研收集的数据和原广东省扶贫办提供的材料整理而成。

脱贫攻坚阶段国家与沿海6省扶贫标准和人口对比一览见表1-2。

表1-2　脱贫攻坚阶段国家与沿海6省扶贫标准和人口对比一览

地区	扶贫标准	建档立卡贫困人口
国家	2736元（2014年不变价，换算2017年标准为2952元），综合考虑"两不愁三保障"	8840万人（2016年6月底数据）

---

① 《广东推进扶贫开发 已助5978个村247.6万人脱贫》，中国新闻网，https：//www.chinanews.com/df/2016/06-30/7923550.shtml。

② 《广东161.5万相对贫困人口全部达到脱贫标准》，中国新闻网，https：//www.chinanews.com.cn/gn/2020/11-02/9328704.shtml。

地区	扶贫标准	建档立卡贫困人口
广东	4000 元（2014 年不变价，换算 2017 年标准为 4316 元），综合考虑"两不愁三保障一相当"。	162.6 万人（2017 年 9 月底数据）
江苏	6000 元	276.8 万人
浙江	各地市当年低保标准的 1.5 倍	120 万人
福建	3550 元	20 万人（其中：国家标准 11.5 万人）
山东	3509 元	242.8 万人
辽宁	当年国家标准的 1.1 倍（3400 元，重点看"三保障"）	50 万人

资料来源：笔者在原广东省扶贫办调研时获得的数据。

（二）贫困地区发展环境显著改善，内生发展动力得到有效激活

贫困地区基础设施和生态环境明显改善，基本公共服务水平不断提高，内生发展动力得到有效激活与提升。保障居民生活、生产等活动的顺利开展需要各种服务系统，如运输通信系统、给排水系统、文化教育系统等，这些服务系统被称为基础设施。为了加快贫困地区经济发展，改善贫困人口生活生产条件，广东省加快贫困地区基础设施建设。2020 年数据显示，200 人以上贫困自然村路面硬化任务全面完成，贫困行政村和自然村集中供水率分别在 95%、90% 以上。贫困村公共服务站、标准化卫生站、快递物流覆盖率分别在 99.8%、98.5%、80.2%，全部连通 100 兆以上光纤，全省 14.2 万个 20 户以上自然村光网覆盖率达 95.4%、4G 网络覆盖率在 97.3% 以上。[①]

2005 年习近平提出"绿水青山就是金山银山"的科学论断，发展经济摆脱贫困不能以破坏生态环境为代价。广东在扶贫过程中特别注重贫困地区生态环境建设，在推进环境治理过程中，加强森林资源保护及地质灾害防治，合理化发展林业经济的同时加强生态公益林保护，推动"两山"理

[①] 杜联藩：《广东探索建立解决相对贫困长效机制主要做法与经验》，记录小康工程·广东数据库，https://gdxk.southcn.com/llwzllzz/content/post_509592.html。

念在广东大地落地生根。为了补偿生态公益林建设给当地群众造成的经济损失，广东切实依照社会经济发展情况，将生态公益林平均保护标准从2000年每公顷60元提升至2020年每亩40元，聘请了37280名护林员。同时，科学编制《广东省生态公益林建设与保护规划（2021—2035年）》和《广东省天然林保护修复规划（2021—2035年）》，统领广东省生态公益林高质量发展和天然林保护修复。截至2020年，在"大地植绿、心中播绿、全民享绿"理念推动下，广东省级以上生态公益林达7212.42万亩，占国土面积的26.8%、林业用地面积的45.38%。仅2020年，中央、省和珠三角6市共投入补偿资金达32.18亿元（中央3.21亿元、省24.03亿元、珠三角6市4.94亿元），惠及广东559.7万户林农、2649.7万人，约占广东农业人口的2/3。①

消除贫困和乡村振兴协同并行。建设美丽新乡村，不仅要提高农村贫困人口的收入水平、生活质量，完善农村基本公共设施，还要改善农村生态环境、提高公共服务质量，全面改变"垃圾靠风刮、污水靠蒸发，晴天一身土、雨天一身泥，家里现代化、屋外脏乱差"的现状。为此，广东加快改善农村生态环境、提高公共服务质量，90%以上的自然村进行人居环境基础整治，70%以上自然村配备标准垃圾收集点和保洁员，2277个省定贫困村创建社会主义新农村示范村，已配套建设6678座村庄标准化公厕，完成村庄卫生改厕37.9万户，90%以上行政村具有公共服务站点、卫生站和篮球场等公共体育健身设施。② 调查数据显示，绝大部分贫困村村民对其所在村基础设施的改善、公共服务质量的提升与生活环境的整治工作表示满意，其中村道硬化、村容村貌整治是满意度最高的（见图1-1）。

贫困人口收入不断增长，内生发展潜力得到激发，生活水平和生活质量得到较大提高。广东减贫治理不仅关注贫困发生率的降低、贫困人口的减少，还非常重视激发贫困人口的内生发展潜力，提升减贫质量，提高贫困人口的幸福感和获得感。据统计，2009年广东"双到"扶贫工作开启之年，广东有劳动能力贫困人口人均可支配收入为1316元，还不到全省农村人均纯收入的20%。经过第一轮"双到"扶贫工作，2012年贫困人口人均

---

① 全杰：《广东打造林业扶贫样板 惠及全省559.7万户林农》，《广州日报》2020年6月15日。

② 笔者在原广东省扶贫办有关部门调研时获得的数据。

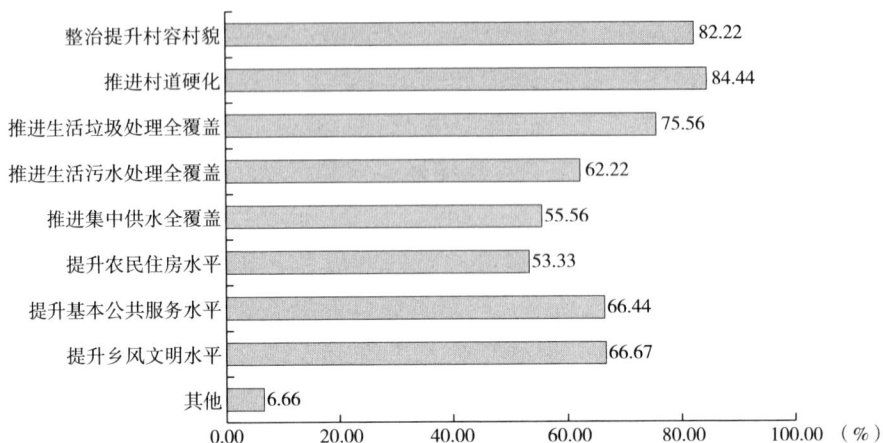

图1-1　所在村村民对省定贫困村创建新农村示范村工作的满意度

资料来源：原广东省扶贫办提供的工作调研报告数据。

可支配收入超过2500元，约为2012年全省农民人均纯收入的27.1%；经过第二轮"双到"扶贫工作及精准扶贫工作，2018年有劳动能力贫困人口人均可支配收入超过9600元，相较于2015年增长近68.8%[①]，超过全省农村人均纯收入的55.9%（见表1-3、图1-2），贫困人口与农村居民的收入差距显著缩小。相比2016年，2017年相对贫困人口收入中，财产性收入涨幅最大，财产性收入来自家庭动产与不动产，财产性收入涨幅大幅提高意味着贫困人口家庭财产的增加或者贫困人口财产经营得较好。

表1-3　各年广东省农村人均纯收入与有劳动能力贫困人口人均可支配收入一览

单位：元

指标	1978年	1985年	1990年	2000年	2009年	2012年	2018年
广东省农村人均纯收入	182.3	495.31	1043.03	3654.48	6906.93	10542.84	17167.7
广东省有劳动能力贫困人口人均可支配收入	—	—	—	—	1316	≥2500	≥9600

资料来源：广东省农村人均纯收入来源于相关年份《中国统计年鉴》；2009年广东省有劳动能力贫困人口人均可支配收入来自张木明、魏剑波、郑庆顺《广东贫困村的现状与分析》，《南方论刊》2012年第12期；2012年广东省有劳动能力贫困人口人均可支配收入来自《广东2013年农村贫困人口人均年纯收入将超3000元》，网易，http://news.163.com/12/0202/08/7P8AJB8V00014JB5.html；2018年广东省有劳动能力贫困人口人均可支配收入来自《广东脱贫成绩单：贫困人口年人均收入9600元+，92.88%脱贫》，羊城派，https://ycpai.ycwb.com/ycppad/content/2019-12/18/content_591760.html。

---

① 原广东省扶贫办提供的工作调研报告数据。

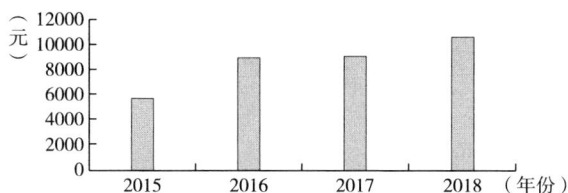

图 1-2　2015~2018 年广东省有劳动能力贫困人口人均可支配收入

资料来源：根据原广东省扶贫办提供的工作调研报告及网络公开数据整理而成；《广东脱贫成绩单：贫困人口年人均收入 9600 元+，92.88%脱贫》，羊城派，ttps://ycpai.ycwb.com/ycppad/content/2019-12/18/content_591760.html。

　　一般而言，评价生活质量主要从物质生活和精神生活两方面着手。物质生活主要从教育、医疗、住房等方面进行衡量，精神生活则主要通过对政策、生活环境及条件等的满意度来评估和体现。广东着重完善保障式扶贫体系，以教育、医疗、住房为重点，织密筑牢贫困群众的民生保障网，教育扶贫、基本医疗保险、大病保险和养老保险等综合落实率达到98.5%，有效改善了贫困人口的生活环境，提高了贫困人口的满意度。在教育扶贫方面，从义务教育至大学教育实行生活费补助，共补助学生 29.5万人，年均发放补助资金 10.8 亿元。调查数据显示，80.60%的受助学生对该项资助表示满意；98.40%的受助学生表示获得资助后个人的学习和生活均有改善；90.00%的受助学生表示该项资助能激励其更加努力学习（见图 1-3）。在医疗保障扶贫方面，构建和筑牢基本医疗保险、大病保险、医疗救助"三道保障线"。符合条件的贫困人口已全部纳入医疗保障范围，基本医疗救助比例达到 80%以上。在住房保障扶贫方面，将危房改造标准提至户均 4 万元，2015 年以来全省完成住房改造 34.4 万户，贫困户住房不安全问题全部解决。在社会救助与福利扶贫方面，农村低保最低标准提至 6384 元。2020 年，困难残疾人生活补贴和重度残疾人护理补贴分别提

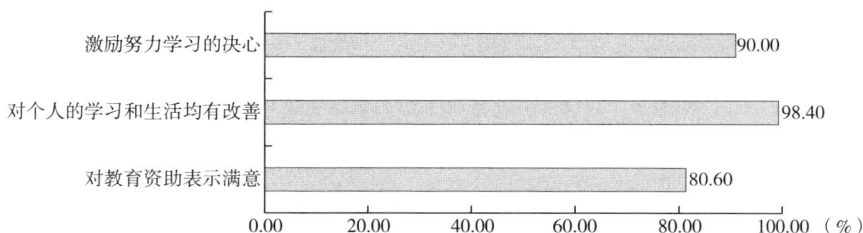

图 1-3　广东省接受教育资助贫困学生的满意度

资料来源：原广东省扶贫办提供的工作调研报告数据。

至 2100 元和 2820 元。城乡特困人员供养标准分别为 1414 元、1150 元，比 2019 年分别提高 91 元、51 元。孤儿养育和残疾人两项补贴标准有新提高，集中供养和散居孤儿基本生活保障标准分别达 1820 元、1110 元，残疾人"两项补贴"标准分别提高到 175 元、235 元。截至 2020 年底，全省 21.7 万户 252813 名建档立卡贫困残疾人，通过政府、社会及自身的努力，已全部实现脱贫，贫困残疾人生活状况和生产生活条件得到明显改善。① 从 2016 年到 2020 年，全省低保标准从 5640 元提高到 9160 元，粤东西北地区的低保标准从 4020 元提高到 6384 元（见图 1-4、图 1-5）。同时，21 个地市均适时启动了社会救助和保障标准与物价上涨挂钩的联动机制，共向符合条件人员发放临时价格补贴 7.5 亿元，确保了困难群众基本生活水平不因物价上涨而降低。

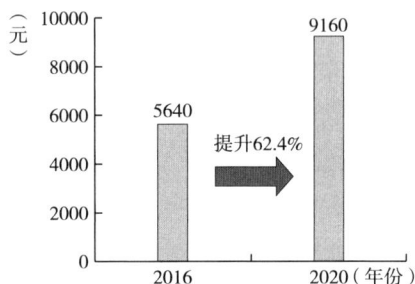

图 1-4 2016～2020 年广东省低保标准变化

资料来源：根据原广东省扶贫办提供的材料数据和广东省民政厅政府信息公开平台数据整理。

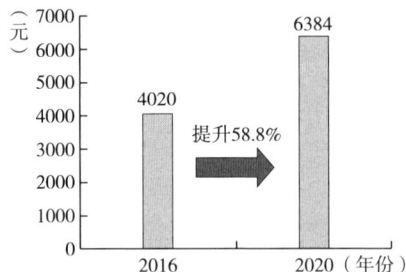

图 1-5 2016～2020 年粤东西北地区低保标准变化

资料来源：根据原广东省扶贫办提供的材料数据和广东省民政厅政府信息公开平台数据整理。

---

① 汪祥波：《粤逾 25 万建档立卡贫困残疾人脱贫 脱贫率达 98.99%》，《南方日报》2020 年 5 月 17 日。

（三）发挥了培养锻炼干部的熔炉作用，密切了党群和干群关系，夯实了党在农村的执政基础

减贫治理实践为广东培养了大批过硬干部，密切了党群和干群关系，提升了农村基层党组织的影响力和带动力，夯实了农村基层的治理基础和党在农村的执政基础。

广东省委、省政府以习近平总书记系统扶贫论述为指引和根本遵循，以中国特色脱贫攻坚制度体系为框架，根据广东的实际情况，建立了合力脱贫攻坚责任体系，形成了扶贫脱贫"组合拳"的政策体系及与其相适应的投入体系，为社会主义制度集中力量办大事的优势在广东高效发挥奠定了坚实的体系基础，有力促进了国家贫困治理体系和治理能力的现代化，确保了真扶贫、扶真贫、真脱贫目标的实现。在这一扶贫脱贫伟大实践中，广东扶贫干部，特别是派驻贫困村或减贫一线的党员干部，经历过脱贫攻坚大考，综合素质、贫困治理经验与能力得到极大提高，农村基层党组织的影响力和带动力得到提升，夯实了农村基层的治理基础和党在农村的执政基础。

2016 年以来，广东省委、省政府坚持"帮钱帮物，不如建个好支部"总体思路，大力实施基层党组织"头雁"工程，精准选派驻村第一书记，全面建强基层党组织。同时，建立健全了扶贫脱贫互助共建机制、"三个在先"工作机制（党组织优化设置在先、党组织领导决策在先、党员作用发挥在先）、精准联系与包干机制（即省领导带头结对帮扶某个贫困村）等一系列制度机制。在建强组织和构建制度的基础上，基层党组织统领扶贫发展，形成了多维度"党建+"模式，推动脱贫攻坚和乡村振兴协同发展。如实施"党建+"产业扶贫，为产业振兴积累经验、奠定基础；"党建+"扶贫扶智，为人才振兴奠定基础。总的来看，脱贫攻坚培养锻炼了一大批懂农爱农亲农的干部，为未来减贫治理和乡村振兴奠定了思想基础、组织基础和人才基础，有力夯实了乡村治理基础和党在农村的执政基础。调研表明，广东许多贫困村在第一书记的组织引领下，建立了村民理事会、村民监事会、经济合作社等各类组织，搭建了较为完备的村治理结构，并发挥了切实有效的作用，推进了基层治理体系完善和治理能力现代化。数据显示，2016 年以来，广东省共动员 21 个地级以上市的 1.8 万个

党政机关和企事业单位的 6.5 万名干部参与脱贫攻坚；共选派 5600 多名第一书记，其中向 2277 个省定贫困村选派第一书记 4454 名，驻村工作干部6.5 万名；开展农村基层党组织书记县级以上全员轮训，在省委党校举办镇街党政正职、村（社区）书记示范班调训近 600 人；从外出返乡人员、大学毕业生、退役军人等群体中物色优秀人才，建立 4.6 万人的党组织书记后备队伍；共排查整顿 1300 多个软弱涣散村党组织，补齐基层党建"木桶"短板，将依托党群服务中心设置的党员活动室、党代表工作室、驻点联系群众工作室等办公室整合成综合服务室，全省村级党群服务中心建设覆盖率接近 100%。① 目前在脱贫攻坚一线的干部，特别是青年干部，通过驻村扶贫，深入了解了农村、农业和农民，学会了做群众工作，在实践锻炼中得到了快速成长。

（四）成为展示我国制度优势的重要窗口

作为改革开放前沿阵地的广东，不仅经济建设与发展领跑全国，减贫治理也走在全国前列。广东减贫治理的成功加快了中国减贫进程，为中国和世界减贫做出了重要贡献，为中国减贫、国际减贫提供了广东方案和广东经验，成为展示我国制度优势的重要窗口。

一是率先在全国按国家贫困线标准完成脱贫任务。经过两轮"双到"扶贫，至 2015 年底广东省已率先解决国家标准下的绝对贫困问题，自2016 年启动精准扶贫三年攻坚两年巩固行动，率先在全国开启了解决相对贫困的探索，各项工作已经取得了决定性进展。从 2016 年开始国家不再对广东省下达减贫任务。

二是对口帮扶西部多省区减少 500 多万贫困人口。广东承担桂、川、滇、黔 4 省（区）14 个市（州）93 个县的东西部扶贫协作任务，截至2020 年 6 月 20 日，累计帮助 71 个县摘帽、8663 个村出列，协助减贫379.4 万人②，连续三年在国家考核中取得"好"的成绩。东西部扶贫协作的广东实践与巨大成就，既是广东省委、省政府精心谋划和全省人民共同努力的结果，也是中国特色社会主义制度注重区域协调发展和共同富裕

① 笔者在原广东省扶贫办调研时获得的数据。
② 笔者在原广东省扶贫办调研时获得的数据。

的本质制度目标所引领的结果。

三是吸纳中西部地区 300 多万贫困人口在粤稳定就业。广东抓实"三个三"就业体系，即搭建校企合作、用工招聘、就业信息三个平台；畅通异地转移就业、就近就地就业、就业权益保障三个渠道；抓好"粤菜师傅"和"南粤家政"定制化培训、"保姆式"服务、"全覆盖"激励三项工作，强化劳务协作。截至 2019 年，全国 24 个省（区、市）约有 331.21万贫困劳动力在粤就业，被帮扶 4 省（区）在粤务工贫困人员 198.43 万人。① 2020 年 1~6 月，"粤菜师傅"工程直接带动 5.4 万人就业创业，"南粤家政"带动就业 14 万人，"广东技工"就业率达 93.8%。②

四是相对贫困治理的创新探索为全国其他地方推进减贫提供了经验和参照。首先，以产业扶贫、就业扶贫、消费扶贫为抓手，提升扶贫开发水平。依托"一县一园、一镇一业、一村一品"推广"企业（合作社）+基地+贫困户"扶贫模式，组织实施特色产业扶贫项目。实施"广东技工""南粤家政""粤菜师傅"三大工程，让贫困人口掌握一技之长。通过认定粤港澳大湾区"菜篮子"生产基地等方式开展"米袋子""菜篮子""果盘子"消费扶贫。其次，加大对贫困人口教育、医疗、住房保障的支持力度。通过免除贫困家庭子女义务教育学杂费，给予大专以上贫困家庭就学子女教育补助，筑牢基本医疗保险、大病保险、医疗救助"三道保障线"，加大贫困家庭危房改造补贴力度，提高低保等困难群体救助标准，构建全方位、高水平的社会保障体系。再次，以贫困村创建新农村示范村为支点，统筹推进脱贫攻坚和乡村振兴工作。全面开展人居环境基础整治工程，推进农村基础设施建设与公共服务质量提升，提高贫困人口的幸福感和获得感。最后，以贫困户内生发展动力为基础，形成全社会攻坚合力。纵深推进珠三角和粤东西北区域对口帮扶，实行"万企帮万村"行动，探索精准扶贫项目"以奖代补"实施方式，给予贫困地区及贫困人口发展必需的资金、项目和人才等，结合其发展禀赋和内生动力，助力其实现脱贫致富。

五是减贫实践和经验为中国和世界减贫提供了样板示范。国际贫困治

---

① 笔者在原广东省扶贫办调研时获得的数据。

② 《广东"三项工程"带动就业 贫困户实现收入翻番》，广东省人民政府网，http://www.gd.gov.cn/zwgk/zdlyxxgkzl/jycy/content/post_3092026.html。

理手段主要包括西欧国家的高福利与美国强调自身努力的救助，前者虽然讲求公平却忽视效率与市场经济规律，导致"养懒汉"等问题，后者注重激发个人内生发展动力却忽视贫困者生计能力不足，导致社会贫富差距不断拉大。广东省既未凭借发达的经济成果构建"一站式"福利制度对贫困人口"一保了之"，也未效仿美国过于强调个人责任而仅提供基本救助，而是在习近平总书记重要扶贫论述和中央扶贫开发政策的指导下，坚持走开发式扶贫为主、保障式扶贫为辅的减贫治理之路，为中国和世界提供了丰富的、经得起实践检验的广东方案、广东经验。例如，在脱贫攻坚中强调政府统筹作用与市场调控作用的有机整合，充分发挥政府和市场"两只手"各自的优势和作用，为贫困人口提供更加完善的保障制度；实行"贫困村+个体"的双重瞄准机制，充分考虑贫困村地域特性和贫困人口的个体特性，为贫困人口提供更加有效的帮扶措施；贫困户脱贫后的一段时间内依然享有扶持政策，建立防返贫监测预警机制，为其提供完善的医疗、教育保障，以避免脱贫后再次返贫；为贫困村量身定制扶贫产业，如生态田园等；为贫困户提供技能培训，如"粤菜师傅"等，实现就业扶贫；为贫困家庭子女提供助学服务，助学资助突破大专生限制，本科及以上贫困学子也可申请助学服务；为患病的贫困家庭提供医疗救助及大病救助等。为了避免像 20 世纪欧美国家一样为了发展经济摆脱贫困而污染环境，广东省在减贫治理中注重生态环境保护，切实保护生态田、生态林，加强对贫困村生态环境整治，推进广东省美丽乡村建设。可以说，广东省减贫治理为中国和国际减贫治理提供了公平与效率可以并行、经济发展与环境保护可以兼顾的样板示范，为减贫治理提供了新路径与新经验。

（五）促进了城乡融合发展和区域协调发展，为破解城乡二元结构奠定了坚实基础

党的十八大以来，我国从推进新型城镇化到实施乡村振兴，然后到推进城乡融合发展，在实践中不断深化认识，为城乡融合发展探索了新方向和新路径。广东作为全国改革开放的先行地区，紧跟国家发展战略推进城乡融合发展。2014 年 3 月，《国家新型城镇化规划（2014—2020 年）》提出，要推动城乡发展一体化。2017 年 8 月，《广东省新型城镇化规划（2016—2020 年）》提出，要提升城镇建设水平，推动城乡发展一体化。

2018 年 9 月，中共中央、国务院发布的《乡村振兴战略规划（2018—2022年）》提出，要完善城乡融合发展政策体系。2019 年 7 月，《广东省实施乡村振兴战略规划（2018—2022 年）》提出，要建立健全城乡融合发展体制机制和政策体系。

为落实《中共中央　国务院关于建立健全城乡融合发展体制机制和政策体系的意见》精神和总体要求，广东积极开展城乡融合发展试点工作，在广州和清远两市毗邻的增城区、花都区、从化区、清城区、清新区、佛冈县和英德市连樟样板区开展试点，明确了 12 项主要任务，包括建立城乡有序流动的人口迁徙制度、搭建城中村改造合作平台与城乡产业协同发展平台、建设城乡产业协同发展先行区、建立城乡基础设施一体化发展体制机制、建立城乡基本公共服务均等化发展体制机制等。在城乡融合发展试验区增城区提供统一的城乡居民劳动就业和培训服务、建立统一的医疗养老保险制度，实现城乡公共服务普惠同标。基本完成农村集体产权制度改革试点任务，推进农村留用地高效利用。连樟村作为样板区纳入国家城乡融合发展试验区广清接合片区后，通过抓机制重服务、抓产业促脱贫、抓民生补短板，大力实施乡村振兴战略，村民年人均可支配收入从 2016 年的不足 4000 元，提高到 2019 年的 2 万多元，村集体经济收入在 2020 年突破200 万元大关①，"连樟标准""连樟经验"带动了清远的城乡融合发展。国家城乡融合发展试验区广清接合片区以缩小城乡发展差距和居民生活水平差距为目标，为全国提供了城乡融合发展样本和可复制、可推广、利修法的典型经验。

广东省于 2019 年在佛山市南海区开展城乡融合发展改革创新实验区试点，并于 2020 年 9 月出台了实施方案。获批建设实验区两年多以来，南海积极探索，初步形成了城乡统一、国集互补的建设用地市场，实验区建设取得阶段性成果。以莲塘村级工业园改造项目为例，该项目是狮山镇采用"毛地入市"的工改工项目，该地块于 20 多年前租出，如今厂房破旧、产业低端，土地租金低。随着企业进驻、引进高端厂房，三年后，每位村民分红由每年两三千元跃升至 4.5 万元，收益增长一二十倍。

广东的先行"试点"不仅推动了当地的城乡融合发展，还打造了粤港

---

① 笔者在原广东省扶贫办调研时获得的数据。

澳大湾区城乡融合发展样板，为全省乃至全国推进城乡融合发展提供了鲜活经验，为破解城乡二元结构奠定了基础，探索了方向。

（六）锻造形成了伟大的脱贫攻坚精神，为全面推进乡村振兴提供了强大的制度、政策、精神支撑

摆脱贫困是千百年来中国人民孜孜以求的梦想，也是实现中华民族伟大复兴中国梦的重要内容。党的十八大以来，习近平总书记三次到广东视察，多次对广东脱贫攻坚工作作出重要指示。在总书记的亲切关怀下，在党中央的坚强领导下，广东全省上下牢记嘱托、感恩奋进，同全国一道攻坚克难，逐步解决省内相对贫困难题，坚决扛起东西部扶贫协作和对口支援的政治责任，取得了脱贫攻坚战的全面胜利。经过精准扶贫和脱贫攻坚，脱贫地区经济社会发展大步向前，脱贫群众精神面貌焕然一新，农村基层基础更加牢固。与此同时，按照"中央要求、当地所需、广东所能"，助力广西、四川、贵州、云南、西藏、新疆6省（区）122个贫困县摘帽、540多万贫困人口脱贫，为全国打赢脱贫攻坚战做出了广东贡献。强烈的责任感和使命感、全面的统筹谋划和精准的实践，内化于精准扶贫和脱贫攻坚的立体式过程中。正是在这一伟大实践过程中，锻造形成了"上下同心、尽锐出战、精准务实、开拓创新、攻坚克难、不负人民"的脱贫攻坚精神。

2021年是"十四五"开局之年，是巩固拓展脱贫攻坚成果同乡村振兴有效衔接的起步之年。广东省委、省政府继续发挥脱贫攻坚精神，精细谋划，保持现行帮扶政策总体稳定，全面推进乡村振兴，先后制定出台了3个总体安排的文件、9个抓具体工作落实的文件，形成了"3+9"政策体系。稳定兜底救助类政策，落实好教育、医疗、住房、饮水等民生保障普惠性政策，并根据脱贫人口实际困难给予适度倾斜。巩固优化发展类政策，完善产业带动、就业扶持、技能培训、小额信贷支持措施，做好与乡村产业振兴政策的衔接。

广东践行"人民中心"理念，持续发扬"不负人民"攻坚精神，把防止规模性返贫作为乡村振兴工作的首要政治任务。2020年4月，广东省扶贫开发领导小组印发《关于建立防止返贫监测和帮扶机制的实施意见》，广东各地各部门全部建立防止返贫动态监测机制，将脱贫不稳定户、边缘

易致贫户、突发严重困难户作为重点监测对象，对监测对象的基本信息、收入、就业、教育、医疗、帮扶措施等进行实时监测，确保应纳尽纳，应扶尽扶。截至 2021 年 12 月底，广东全省纳入监测对象共 288040 户 426971 人。①

总的来看，广东始终坚持把新发展理念贯穿乡村振兴全过程、各领域，始终坚持区域协调发展导向，创新探索"组团式"驻镇帮镇扶村模式，走出了一条具有本土特色的乡村全面振兴道路。

---

① 笔者在原广东省扶贫办调研时获得的数据。

第二章 多重机制协同减贫治理模式：理论基础、实践样态与逻辑机理

习近平总书记在 2021 年 2 月 25 日召开的全国脱贫攻坚总结表彰大会上向世界庄严宣告，中国的脱贫攻坚战取得了全面胜利，现行标准下 9899 万农村贫困人口全部脱贫，832 个贫困县全部摘帽，12.8 万个贫困村全部出列，区域性整体贫困得到解决，历史性地解决了困扰中华民族几千年的绝对贫困问题。① 可以说，以习近平总书记扶贫重要论述为指引的中国减贫治理实践创造了世界减贫奇迹。新华社国家高端智库面向全球发布的中英文智库报告——《中国减贫学——政治经济学视野下的中国减贫理论与实践》立足中国丰富的、成功的、多维的反贫困实践，全面解读中国特色的减贫治理理论与中国模式。报告将中国减贫成功的"密码"概括为"5D"要素，即坚强领导（Determined Leadership）、细绘蓝图（Detailed Blueprint）、发展导向（Development Oriented）、数字管理（Data - based Governance）、分级实施（Decentralized Delivery）。②

中国丰富的、富有成效的减贫治理实践与成功经验吸引了诸多学者研究关注。骆郁廷和余杰认为，中国贫困治理的成功"密码"是始终坚持中国特色社会主义制度、坚持中国共产党的全面领导以及及时创新政策与强

---

① 《习近平：在全国脱贫攻坚总结表彰大会上的讲话》，中国政府网，http：//www.gov.cn/xinwen/2021-02/25/content_5588869.htm。

② 新华社国家高端智库：《中国减贫学——政治经济学视野下的中国减贫理论与实践》，新华网，http：//www.xinhuanet.com/politics/2021jpxbg.pdf。

大的治理能力。① 王雨磊和苏杨对中国脱贫成功给出了一个从"中国之治"看"中国之制"的理论解释框架，认为中国减贫治理成就的核心是中国共产党领导形成的国家治理体制及相关运行机制，即精准行政扶贫模式。② 左停等认为，中国脱贫治理的成功在于构建了有效的回应性治理体系，即凝聚政府扶贫、市场扶贫与社会扶贫三方力量，回应社会的期望和脱贫攻坚的目标。③ 王小林和张晓颖认为，中国减贫成功的经验之一在于形成了政府、市场与社会协同治理贫困的理念以及"一中心与多部门协同治理"的模式，保证了部门政策和国家战略的目标一致性与行动有效性。④ 黄承伟认为，中国特色扶贫开发道路积累的宝贵经验是保持经济长期持续增长、制定有利于穷人发展的政策和渐进式推进农村社会保障体系的建立与完善等。⑤ 岳经纶和吴永辉认为，广东精准扶贫成功的"密码"是坚持党的领导、增强政治势能及扶贫与党建双管齐下。⑥

总的来看，学界对中国减贫成功基本经验的总结，都肯定了中国共产党的领导为减贫治理提供了强大的力量支撑，提出以大扶贫格局为核心，构建多方参与治理的体系结构为减贫治理提供体系保障。然而，我们也看到，首先，学者多在全国层面、宏观层面讨论和总结中国减贫的成功经验，对于省域层面减贫治理成功经验的总结和讨论较少，有较大的拓展空间。其次，学界多从政策与实践层面对中国减贫路径进行讨论，但对减贫治理的理论基础梳理、实践工具与实践样态描画还有待深化。最后，学者认同政府、市场与社会在减贫治理实践中具有重要作用，但是对各个主体在减贫实践中的运行机制、作用路径与协同机理较少进行研究。而不同减贫机制，尤其是行政机制、市场机制及社会机制之间是如何协同互嵌形成

① 骆郁廷、余杰《全球贫困治理中国奇迹的制度密码》，《当代世界与社会主义》2021年第1期。

② 王雨磊、苏杨：《中国的脱贫奇迹何以造就？——中国扶贫的精准行政模式及其国家治理体制基础》，《管理世界》2020年第4期。

③ 左停、李世雄、史志乐：《以脱贫攻坚统揽经济社会发展全局——中国脱贫治理经验的基本面》，《湘潭大学学报》（哲学社会科学版）2021年第3期。

④ 王小林、张晓颖：《中国消除绝对贫困的经验解释与2020年后相对贫困治理取向》，《中国农村经济》2021年第2期。

⑤ 黄承伟：《新中国扶贫70年：战略演变、伟大成就与基本经验》，《南京农业大学学报》（社会科学版）2019年第6期。

⑥ 岳经纶、吴永辉：《从"'双到'扶贫"到"精准扶贫"：基于广东经验的中国扶贫之路》，中山大学出版社，2021。

合力从而实现减贫目标的，值得进一步深入研究。

在精准扶贫和脱贫攻坚阶段，广东省委、省政府以习近平总书记关于扶贫工作的系列论述为指引和根本遵循，精心统筹和有效推进，不仅使粤东西北贫困村如期实现脱贫，还帮助云南、四川、贵州等省完成了脱贫攻坚任务，取得了显著的减贫成就，走在全国前列，形成了具有广东特色的减贫治理模式，即多重机制协同减贫治理模式。要深入剖析广东减贫治理成功的"密码"，就要全面解析广东减贫治理模式，回答三个问题，即广东多重机制协同减贫治理模式的理论基础是什么？多重机制协同减贫治理模式实践中有哪些主要的实践工具，呈现怎样的实践样态？广东减贫治理模式中多重机制的作用及其协同互嵌机理是什么？

一　广东减贫治理模式的理论基础

共同富裕理论、习近平关于扶贫工作的系列论述与协同治理理论是广东多重机制协同减贫治理模式的重要理论基础。

（一）共同富裕理论

共同富裕理论是广东减贫治理框架设计和具体实践的重要理论基石与目标导向。马克思、邓小平、习近平分别对共同富裕理论进行了高屋建瓴的阐述。从理论维度来看，马克思阐明了共同富裕是人类社会发展的必然趋势，而我国改革开放的总设计师邓小平把经典作家的共同富裕思想运用到对社会主义本质的认识和社会主义建设的实践中，从改革战略、发展理念、任务目标等方面进一步深化和丰富了共同富裕理论。[①] 邓小平指出，"社会主义的本质，是解放生产力，发展生产力，消灭剥削，消除两极分化，最终达到共同富裕"[②]。党的十八大以来，习近平总书记关于消除贫困的观点是社会主义本质论的最新发展。习近平总书记指出，"消除贫困、改善民生、逐步实现共同富裕，是社会主义的本质要求"[③]。

---

① 咸怡帆：《社会主义共同富裕：理论、现实及路径探析》，《改革与战略》2018 年第 1 期。
② 《邓小平文选》第 3 卷，人民出版社，1993，第 373 页。
③ 《习近平谈治国理政》第 2 卷，外文出版社，2017，第 83 页。

1. 马克思的共同富裕思想

马克思的共同富裕思想是其基于对大工业经济发展中严重的劳资冲突、贫富分化矛盾的分析淬炼出的思想火花。马克思共同富裕思想的重要观点有以下两个。一是马克思通过对资本主义生产资料私有制的批判分析，阐明了实现共同富裕是社会发展、历史发展的规律性认识。马克思指出，"资产阶级借以在其中活动的那些生产关系的性质决不是单一的、单纯的，而是两重的；在产生财富的那些关系中也产生贫困；在发展生产力的那些关系中也发展一种产生压迫的力量"①。马克思通过揭示资本主义生产方式的内在矛盾及其历史发展趋势，进而表明共同富裕是未来社会的必然选择。马克思在《政治经济学批判（1857—1858 年手稿）》中指出，"社会生产力的发展将如此迅速，以致尽管生产将以所有的人富裕为目的"②。在私有制生产制度框架中，资本家对利润的追逐或对剩余价值的永续追求与社会化大生产所需要的公平诉求之间存在难以调和的冲突，其结果就是资本主义社会在本质上是不平等的社会，分配不公平与结果不公平很难根除，因此，注定唯一出路就是无产阶级革命推翻资本主义社会，建立以分配公平和共同富裕为目标原则的共产主义社会。二是马克思通过对未来社会的分析，阐明了实现共同富裕的阶段性特征。③ 马克思主义把共产主义社会分为共产主义初级阶段（社会主义阶段）和共产主义高级阶段。在共产主义初级阶段，虽然秉持按劳分配的原则，但分配结果是不平等的，因为每个劳动者具有不同的个人天赋、不同的工作能力等，这种特征是由社会的生产力水平所决定的，因而对于社会主义社会来说是不可避免的。进入共产主义高级阶段后，物质生产大发展，财富极度丰富，能够满足每个人的需要和偏好，社会分配模式晋级为按需分配，分配结果不平等问题自然就不存在了。可以说，马克思关于共产主义不同阶段具体分配原则的演进分析，反映了他对实现共同富裕的历史过程性和阶段性的思考，对我们推进减贫治理和乡村振兴战略、实现共同富裕具有重要的启示意义。

2. 邓小平的共同富裕思想

邓小平的共同富裕思想是邓小平理论中的重要思想之一，其主要观点

---

① 《马克思恩格斯选集》第 1 卷，人民出版社，2012，第 234 页。
② 《马克思恩格斯文集》第 8 卷，人民出版社，2009，第 200 页。
③ 咸怡帆：《社会主义共同富裕：理论、现实及路径探析》，《改革与战略》2018 年第 1 期。

有以下三个。一是共同富裕是社会主义本质论说。邓小平指出，"社会主义的目的就是要全国人民共同富裕，不是两极分化。如果我们的政策导致两极分化，我们就失败了"，"我们坚持走社会主义道路，根本目标是实现共同富裕"。① 1992 年邓小平在视察南方时指出，"社会主义的本质，是解放生产力，发展生产力，消灭剥削，消除两极分化，最终达到共同富裕"②。可以说，共同富裕是社会主义区别于资本主义及其他剥削制度的本质特征，是社会主义的根本原则，是社会主义制度优越性的充分体现。③二是共同富裕路径论说。如何实现共同富裕？邓小平认为，可以通过改革开放大力发展生产力，发展科学技术，发展市场经济，让一部分人、一部分地区先富起来，先富带动后富，实现共同富裕。"只有社会主义，才能有凝聚力，才能解决大家的困难，才能避免两极分化，逐步实现共同富裕。"④ 可见，要实现共同富裕，必须用社会主义制度，走社会主义道路。三是共同富裕内涵论说。我们要什么样的共同富裕？对于这个问题，邓小平的回答是："我们要在建设高度物质文明的同时，提高全民族的科学文化水平，发展高尚的丰富多彩的文化生活，建设高度的社会主义精神文明。"⑤ 可见，在邓小平的视野中，共同富裕不仅是物质层面的共同富裕，而且包括精神层面的共同富裕。只有坚持物质共富与精神共富协同统一的多层次共同富裕之路，才是真正科学的社会主义道路。

（二）习近平关于扶贫工作的系列论述

习近平关于扶贫工作的系列论述源自马克思主义反贫困理论和毛泽东、邓小平、胡锦涛等中国共产党领导人的减贫思想，是习近平新时代中国特色社会主义思想的重要组成部分。生产资料私有制以及市场经济造成的贫富分化是资本主义社会贫困问题的根源，因此，"工人阶级处境悲惨的原因不应当到这些小的弊病中去寻找，而应当到资本主义制度本身中去

---

① 《邓小平文选》第 3 卷，人民出版社，1993，第 110~111、155 页。
② 《邓小平文选》第 3 卷，人民出版社，1993，第 373 页。
③ 严文波、祝黄河：《社会主义共同富裕的理论阐释与实现机制》，《江西财经大学学报》2014 年第 4 期。
④ 《邓小平文选》第 3 卷，人民出版社，1993，第 357 页。
⑤ 《邓小平文选》第 2 卷，人民出版社，1994，第 208 页。

寻找"①。那么，如何解决贫困问题呢？马克思的答案是社会主义或建立社会主义国家。在此基础上，中国共产党领导人毛泽东、邓小平、胡锦涛等不断探索和完善社会主义制度，走出了一条中国特色的开发式扶贫与保障扶贫相结合的扶贫之路。

习近平关于扶贫工作的系列论述不仅丰富，而且系统，是指导广东减贫治理布局的重要理论支撑，是广东深入推进减贫实践的根本遵循。不同学者对习近平关于扶贫工作的系列论述在不同时期从不同学科视野进行深入研究和梳理。蒋永穆和周宇晗通过对习近平讲话和著作的梳理，把习近平关于扶贫工作的系列论述归纳为七个方面：消除贫困是社会主义的本质要求；脱贫致富贵在立志；发展是摆脱贫困帽子的总办法；扶贫需要切实强化扶贫开发工作管理体制创新；扶贫攻坚成败之举在于精准；社会合力构建大扶贫格局；打好扶贫攻坚战，民族地区是主战场。② 黄承伟认为，习近平总书记关于扶贫开发战略定位、战略重点、总体思路、基本方略、工作要求以及方式方法等的一系列深刻而具体的论述，形成了系统的扶贫思想。习近平关于扶贫工作的系列论述体现了马克思主义的世界观和方法论，是治国理政思想的重要组成部分，是中国特色社会主义理论体系的重要组成部分和新发展。黄承伟把习近平关于扶贫工作的系列论述概括为扶贫开发是社会主义本质要求的思想、科学扶贫思想、精准扶贫精准脱贫思想、内源扶贫思想、社会扶贫思想和廉洁扶贫阳光扶贫思想等九个方面的思想，这些思想有机组成了习近平关于扶贫工作的系列论述。③ 总的来说，习近平关于扶贫工作的系列论述的主要观点有以下几个。

一是思想的历史承续性。习近平关于扶贫工作的系列论述与马克思主张的通过无产阶级革命消除贫困从而实现共同富裕的思想一脉相承。马克思主义认为，生产资料私有制结构下劳动者贫困源于资本、地租和劳动者的分离，这种分离导致了生活、精神等系列贫困，即生产资料的贫困。马克思主义认为，只有废除资产阶级的所有制，才能消灭贫困和剥削，实现共同富裕的共产主义社会和人的全面发展。④ 同时，习近平关于扶贫工作

---

① 《马克思恩格斯选集》第 1 卷，人民出版社，2012，第 67 页。

② 蒋永穆、周宇晗：《习近平扶贫思想述论》，《理论学刊》2015 年第 11 期。

③ 黄承伟：《习近平扶贫思想论纲》，《福建论坛》（人文社会科学版）2018 年第 1 期。

④ 黄承伟《习近平扶贫思想论纲》，《福建论坛》（人文社会科学版）2018 年第 1 期。

的系列论述也是历史先贤提出的救世济民、扶危济困、大同梦想、民本思想、仁爱思想的继承与发展，传统文化中的这些思想是新时代中国扶贫、社会救助、慈善思想的重要基础。习近平总书记指出，"对传统文化中适合于调理社会关系和鼓励人们向上向善的内容，我们要结合时代条件加以继承和发扬，赋予其新的涵义"①。

二是党的全面领导和考核评估。中央农村工作条例中明确提出了要坚持党对农村工作的全面领导。在扶贫领域，党的领导显得尤为重要，因为贫困治理是一个千年难题、国际难题，必须有大无畏的精神、系统的谋划和精准的布局才能实现有效减贫，而要做到这一切离不开党的领导，要发挥社会主义集中力量办大事的制度优势。"五级书记抓扶贫"的工作体制、党委总揽全局统筹协调的工作布局、强化乡村党支部建设和委派第一书记的具体落实，就是中国减贫治理模式中党的领导的生动实践。同时，扶贫是系统工程、复杂工程，事关全面小康目标的实现，容不得搞虚假脱贫、数字脱贫等形式主义脱贫，必须实行严格的扶贫督查制度、考核评估制度和问责制度，从而保障脱贫质量，实现真扶贫、扶真贫和真脱贫。习近平总书记指出，"要建立年度脱贫攻坚报告和督查制度，加强督查问责，把导向立起来，让规矩严起来"②。

三是精准扶贫方略。扶贫贵在精准，重在精准，成败之举在于精准。不同地区会因不同因素，出现不同的贫困类型，因此必须因地制宜、因时制宜，精确瞄准并精准施策。概括而论，精准扶贫方略主要回答的是"扶持谁"和"如何扶"的问题，其主要内容可以简化为"六个精准"（扶贫对象精准、项目安排精准、资金使用精准、措施到户精准、因村派人精准、脱贫成效精准）和"五个一批"（发展生产脱贫一批、易地扶贫搬迁脱贫一批、生态补偿脱贫一批、发展教育脱贫一批、社会保障兜底一批），只有这样才能实现精准脱贫。

四是构建政府主导、市场参与与社会协同的多元主体大扶贫格局。习近平总书记指出，"脱贫攻坚，各方参与是合力。必须坚持充分发挥政府和社会两方面力量作用，构建专项扶贫、行业扶贫、社会扶贫互为补充的

---

① 《习近平关于社会主义文化建设论述摘编》，中央文献出版社，2017，第143页。
② 《十八大以来重要文献选编》（下），中央文献出版社，2018，第47页。

大扶贫格局，调动各方面积极性，引领市场、社会协同发力，形成全社会广泛参与脱贫攻坚格局"①。在中国减贫实践中，中央和国家机关各部门、各级政府部门、国有企业、武警部队、高校等党政、企事业单位均肩负减贫使命和扶贫任务。同时，国家鼓励和支持市场力量，如民营企业、各类社会组织，甚至公民个体参与扶贫事业，形成中国扶贫的磅礴力量。

五是注重贫困群体内生动力培育和生成。习近平总书记指出，脱贫致富贵在立志，只要有志气、有信心，就没有迈不过去的坎。② 因此，必须"激发内生动力，调动贫困地区和贫困人口积极性"③。在减贫实践中要改进帮扶方式，多采取以工代赈、生产奖补、劳务补助等方式，组织动员贫困群众参与帮扶项目，不要包办代替和简单发钱发物。总之，扶贫实践要在进行全力帮扶的同时，充分调动贫困群众积极性和主动性，提升其脱贫动力与能力。

六是构建人类命运共同体。习近平总书记指出，"消除贫困是人类的共同使命。中国在致力于自身消除贫困的同时，始终积极开展南南合作，力所能及向其他发展中国家提供不附加任何政治条件的援助，支持和帮助广大发展中国家特别是最不发达国家消除贫困"，"我们要凝聚共识、同舟共济、攻坚克难，致力于合作共赢，推动建设人类命运共同体，为各国人民带来更多福祉"。④ 践行习近平关于扶贫工作的系列论述，就要把减贫纳入国际视角，深化减贫领域的国际交流合作，为全球减贫事业提供中国方案，为携手共建人类命运共同体贡献中国智慧。⑤

（三）协同治理理论

协同治理理论是自然科学的协同理论与社会科学的治理理论交叉融合形成的一个理论。治理理论强调治理主体的多元性、多样性和参与性，由于西方学者的治理观点中有论及协同合作、资源共享的观点，对应了转型

---

① 《习近平谈治国理政》第 3 卷，外文出版社，2020，第 152 页。
② 《习近平在湖南考察时强调：深化改革开放推进创新驱动 实现全年经济社会发展目标》，新华网，http://www.xinhuanet.com/politics/2013-11/05/c_118018119_3.htm。
③ 《十八大以来重要文献选编》（下），中央文献出版社，2018，第 49 页。
④ 《十八大以来重要文献选编》（中），中央文献出版社，2018，第 721 页。
⑤ 刘永富：《习近平扶贫思想的形成过程、科学内涵及历史贡献》，《行政管理改革》2018年第 9 期。

阶段政府单一性、资源不足等问题和挑战，所以该理论在我国社会治理领域得到了广泛应用。联合国全球治理委员会对"协同治理"所下的定义被学界普遍接受，即协同治理是个人、各种公共或私人机构管理其共同事务的诸多方式的总和，它不仅仅是调节各类利益主体的冲突和矛盾的过程，更是治理主体采取持续性联合行动的过程。① 可见，协同治理不仅是多元主体行为方式或运行机制的协同，更是其采取行动的过程。王东和王木森认为，协同治理作为一种处理公共事务的理论和实践模式，是在多中心治理理论和协同学相互借鉴吸收的基础上耦合而成的。美国学者奥斯特罗姆夫妇将"多中心"概念引入公共事务治理领域，强调治理的自主性和主体的多元性，是对政府和市场失灵现象的积极回应。② 郁建兴和任泽涛明确提出，协同治理应该以政府为主导，构建制度化的沟通渠道和参与平台，并与社会一起在自主治理、参与服务、协同管理等方面发挥作用。③ 协同治理理论的观点主要有以下几个。一是治理主体的多元化、多样化。协同治理主体既有政府组织、事业单位，又有社会组织、民营企业、公益机构以及公民个体等社会力量。不同组织，基于其专业优势与价值理念，提供社会服务和参与社会治理。由于治理主体多元化、多样化，协同治理一定程度上打破了政府单一治理模式下的政府唯一权威，不同主体在一定条件或范围内因其优势或专长具有一定的治理权威。二是各治理主体之间的协同性。在社会治理体系或系统中，由于不同主体具有不同的资源禀赋、专业优势，所以在实现系统性目标时，需要各个主体协同配合，整合资源。虽然政府在社会治理体系中具有核心地位，但在新的社会环境下，政府应该更多依靠平等协商、友好沟通、相互合作等方式与其他组织建立伙伴关系，从而实现协同共治。

基于协同治理理论的基本观点与思想，中国减贫的成功实践表明，政府部门、社会组织和市场组织之间的网络协作与减贫行动协同对减贫目标实现具有决定性作用。作为国家、社会和市场行动者多方协作治理新范

---

① 俞可平主编《治理与善治》，社会科学文献出版社，2000，第5页。
② 王东、王木森：《多元协同与多维吸纳：社区治理动力生成及其机制构建》，《青海社会科学》2019年第3期。
③ 郁建兴、任泽涛：《当代中国社会建设中的协同治理——一个分析框架》，《学术月刊》2012年第8期。

式，协同治理对中国尤其是广东省域减贫治理实践的成功"密码"，具有强大的解释力和理论支撑性。不同于传统的、韦伯式的、自上而下式的、以政府为中心的行政化治理模式，协同治理具有非中心性的特征，即既非以国家为中心，也不以市场或社会为中心，它基于国家、社会和市场行动者之间的动态交流及积极回应，因事、因时、因势、因地呈现"中心"动态化特征，积极发挥各个主体的优势，形成合作网络并实现共同目标。[①]

二　广东减贫治理模式：多重机制与实践工具

在广东减贫治理过程中，政府通过政策体系完善和诱致性导引机制作用引导和支持社会力量、市场力量及公民积极参与减贫事业。广东减贫治理的实践过程就是通过政府发挥有形之手的作用，利用行政机制配置资源，同时借助市场机制、道德机制将更多的市场资源和社会资源配置、整合至减贫治理实践从而推进区域共富、群体共富的过程。在这一过程中，各种具体的减贫政策及相应的实践工具得到创制和应用，形成了广东减贫治理丰富的实践样态。

（一）行政机制与实践工具

行政机制是广东多重机制协同减贫治理模式的核心机制。广东省委、省政府及扶贫部门重视减贫治理制度基础建设，在中共中央办公厅、国务院办公厅印发《省级党委和政府扶贫开发工作成效考核办法》《脱贫攻坚责任制实施办法》等重要文件的基础上，结合广东实际，出台了《关于新时期精准扶贫精准脱贫三年攻坚的实施意见》《广东省新时期脱贫攻坚督查巡查工作办法》《广东省地级以上市党委和政府扶贫开发工作成效考核办法》《广东省 2016 年度扶贫开发工作成效考核实施方案》等系列文件，开发应用了诸多的政策实践工具，主要有以下几个。

1. 建档立卡

建档立卡是实现贫困治理精准化的重要政策实践工具之一，也是中国

---

① 彭云、韩鑫、顾昕：《社会扶贫中多方协作的互动式治理——一个乡村创客项目的案例研究》，《河北学刊》2019 年第 3 期。

和广东减贫治理体系中重要的技术治理实践方式。国务院下发的《中国农村扶贫开发纲要（2011—2020 年）》中明确提出，"建立健全扶贫对象识别机制，做好建档立卡工作"。2015 年《中共中央 国务院关于打赢脱贫攻坚战的决定》中再次要求积极"抓好精准识别、建档立卡这个关键环节，为打赢扶贫攻坚战打好基础"。① 基于国务院相关文件要求，广东省先后印发《关于做好 2016 年项目和 2017 年计划数据补充采集录入工作的通知》（粤扶办〔2016〕232 号）、《关于确认农村建档立卡贫困人口数据和报送 2017 年脱贫计划的通知》（粤扶办〔2017〕26 号）和《关于我省精准扶贫精准脱贫若干问题的通知》（粤扶办〔2017〕29 号）等一系列文件，为贫困家庭建档立卡、数字减贫治理等提供了制度基础与指引。同时，广东省扶贫办于 2016 年建立了关于动态管理建档立卡贫困人口的机制，对建档立卡贫困人口进行动态管理。

2. 行政发包

行政发包制是学术界分析社会治理、基层治理议题的重要概念之一，是指政府内部上下级之间的发包关系，其本质是上级对下级的责任指定和目标结果考核。周黎安认为，行政发包制突出表现在行政权分配、经济激励和内部控制三个方面。② "五级书记抓扶贫"工作机制本质上就是一种行政权分配、经济激励和内部控制的行政发包制度安排。通过层层签订脱贫攻坚责任状的形式，中央统筹、省负总责、市（地）县抓落实的管理体制"自上而下"地得到落实。③ 广东自 2009 年推行第一轮"双到"（规划到户、责任到人）扶贫以来，特别是精准扶贫以来，形成了"领导挂点、单位包村、干部帮扶"的扶贫工作机制或发包运转机制。调研表明，广东在推进精准扶贫工作过程中，采取的是一个市（如广州、深圳等）的具体部门或省直属部门（如省委组织部、省纪委等）对口"包扶"非珠三角地级市（如广州对口帮扶清远、梅州）或扶贫村的做法。从治理角度看，"发包"安排便于上级或扶贫部门对减贫绩效与目标进行管理和考核。许汉泽

---

① 袁树卓、高宏伟、彭徽：《精准治理中农村反贫困政策创新的合法性评价——以县域扶贫建档立卡为例》，《技术经济》2020 年第 4 期。
② 周黎安：《行政发包制》，《社会》2014 年第 6 期。
③ 王小林、张晓颖：《中国消除绝对贫困的经验解释与 2020 年后相对贫困治理取向》，《中国农村经济》2021 年第 2 期。

认为，这种扶贫包干制一方面能最大限度地调动行政部门的资源和积极性，大力推动扶贫工作；另一方面也容易增加行政部门本身工作负担，形成本职工作与扶贫工作之间的冲突。[①]

3. 督查与巡查

督查与巡查是减贫治理和脱贫攻坚目标实现过程中的一种常态化、辅导式政策实践样态与工具。脱贫攻坚战能否胜利收官关系到 2020 年能否如期全面脱贫和实现全面小康目标。因此，为保证在限定时期内实现既定目标，构建常态化督查和巡查机制成为广东有计划地推进攻坚节点任务完成的重要方式与实践工具。根据《广东省新时期脱贫攻坚督查巡查工作办法》，广东省督查与巡查的组织工作由广东省扶贫开发领导小组负责，其职责包括制订年度督查计划和方案、批准督查事项和向省委、省政府报告督查情况等。《广东省新时期脱贫攻坚督查巡查工作办法》规定，督查巡查工作主要采取座谈会、实地调查、问卷调查、个别访谈、受理群众举报、随机访或者暗访等形式开展，对脱贫攻坚重点工作进行专项督查，根据需要不定期开展。

4. 考核、评估与问责

考核、评估与问责是政府绩效管理与评估的重要元素和环节。绩效管理与评估是政府自身或借助第三方运用多种方式对政府的决策和管理行为所产生的政治、经济、文化、环境等影响和效果进行测量、分析、比较和评价的一种治理方式与实践工具，对提高治理效能具有重要作用。王小林和张晓颖认为，考核、评估与问责是一种"上下互动"机制，有助于提升扶贫绩效、避免出现较大政策失误。如在扶贫工作成效考核和问责过程中，贫困户反映的问题经过考核评估组确认后，可以通过上面对下面的问责来纠正。[②] 根据中共中央办公厅、国务院办公厅印发的《省级党委和政府扶贫开发工作成效考核办法》和《中共广东省委 广东省人民政府关于新时期精准扶贫精准脱贫三年攻坚的实施意见》以及省扶贫开发领导小组发布的《广东省地级以上市党委和政府扶贫开发工作成效考核办法》，广

[①] 许汉泽：《行政治理扶贫：对精准扶贫实践逻辑的案例考察》，社会科学文献出版社，2020，第 127 页。

[②] 王小林、张晓颖：《中国消除绝对贫困的经验解释与 2020 年后相对贫困治理取向》，《中国农村经济》2021 年第 2 期。

东省制定印发了《2016 年度扶贫开发工作成效考核实施方案》，对广东省减贫治理总体绩效进行全面考核、评估和问责。考核的主要内容包括减贫成效、精准识别、精准帮扶、扶贫资金、工作责任等方面。其中典型的考核方式是第三方评估，即委托有关科研机构和社会组织，采取专项调查、抽样调查和实地核查等方式，对相关考核指标数据进行审核、分析和评估。

（二）市场机制与实践工具

尽管行政力量和行政机制在广东减贫治理体系完善、资源配置、顶层设计等方面发挥着重要导引作用，但是市场与市场机制在减贫帮扶资源配置和资源创造中的作用不容忽视。在压力型体制下，基层政府借助多样化的行动策略应对政策指令或谋求生存发展空间，政策执行与资源配置的能力有限，因而需要市场的力量来参与和推动。政府通过培育新型市场主体，并对农户进行产业补贴激励农户加入市场，促进了农户和市场达成合作关系，加大了农户的参与力度。政府、市场与农户关系的结构性转变使农户对扶贫产生认同感，从而使政府和农户之间达成共识。① 减贫实践表明，雄厚的市场基础、有效的市场机制及其实践工具是广东减贫治理取得成功的鲜明优势。

1. "公司+N"等利益联结机制与实践工具

产业扶贫是减贫治理的重要路径之一，也是提升贫困户收入的重要方式之一。地方政府一般以扶贫资金投入、产业补贴等优惠政策为条件，积极推动市场主体，如农业企业、农业经营组织与贫困户建立利益联结关系，从而助力贫困户脱贫。这种做法促成了减贫实践中多样态的以贫困户增收、贫困户增能为导向的利益联结机制。自 2018 年开始，广东实施"万企帮万村"行动，鼓励、支持全省民营企业和非公有制经济人士聚焦农村产业发展、村庄建设、脱贫攻坚三大重点，积极参与和助力扶贫事业和乡村振兴。广东有 19785 个村委会，农村人口占全省人口的 61.89%，农民收入只有城镇居民收入的 38.51%，这是广东发展的短板，而要改变这

---

① 袁小平、杨爽：《精准扶贫中的社会动员：政府、市场与共意》，《济南大学学报》（社会科学版）2018 年第 5 期。

一城乡发展不平衡的现状，既要靠政府，也要靠市场力量和社会力量的参与。同时，广东经济发达，企业众多，拥有 1000 多万个市场主体，460 多万家各类企业，这是广东最大的资源，也是广东脱贫攻坚和振兴乡村的优势所在。[①] 在精准扶贫和脱贫攻坚实践中，广东按照"五个一批"精准帮扶安排，充分发挥广东市场力量优势，有效协调市场机制运行，重点抓住"发展生产脱贫一批"脱贫路径，围绕"公司+"模式，对市场机制及其减贫参与形式进行了探索，形成了"公司+基地+农户""公司+农户"等联农带农利益联结机制与多样实践工具和实践样板。如清远市河头村在碧桂园集团的帮扶下，大力发展乡村旅游和观光农业，打造桑芽菜种植基地和百香果产业基地及民宿等项目；广东顺欣海洋渔业集团有限公司帮扶阳江市阳西县谷围村发展海上捕捞产业，2019 年该村人均年收入达到 10.5 万元，村集体总资产约 10 亿元。通过"万企帮万村"行动，广东大力开展产业帮扶，激活了乡村发展的内生动力。各地积极引导工商资本进入农业农村优势产业，大力推广"公司+合作社+专业农户"现代农业产业发展模式，推动了农村一、二、三产业融合发展。

2. 扶贫车间

扶贫车间是减贫治理实践中创设出的重要实践工具，既有利于农民照顾家庭中的老人、小孩，也有利于为农民提供与"种田"相比具有收入比较优势的就业岗位。调研发现，扶贫车间这个"实践装置"能有效促进就近就业，就近就业和就业扶贫能有效增加贫困家庭的生计资本，改善其生计。在广东减贫治理实践中，扶贫车间、就业扶贫等实践工具得到广泛应用。广东省各级扶贫部门大力鼓励和引导有发展前景、用工形式灵活、适合到村建厂设点的项目，到村建设扶贫车间。同时，鼓励基层乡镇和贫困村盘活、整合村集体闲置的办公用房、废旧校舍、废弃厂房等资源，将其改造成扶贫车间，盘活村集体闲置资产，引进联农益农产业，增加集体与农户的收入。为发展乡村产业和配合扶贫车间工作，广东重视和强化技能培训，在全省开展"粤菜师傅""南粤家政""广东技工"培训，有效提升了农民职业技能水平，对于解决"零就业"贫困家庭的贫困问题具有可

---

① 《倡议书｜广东省委、省政府决定开展"万企帮万村"行动》，清远市人民政府国有资产监督管理委员会网站，http：//www.gdqy.gov.cn/xxgk/zzjg/zfjg/srmzfgyzcjdglwyh/tzgg/content/post_1102314.html。

持续作用。疫情期间，广东扶贫部门积极行动，培育发展新型农业经营主体，支持农民工自主创业，支持珠三角与非珠三角地市劳务协作对接，"点对点"输送农民工返岗就业。

3. 资产收益扶贫

资产收益扶贫形成于精准扶贫战略实践，是股份制理论与扶贫实践相结合的机制工具。资产收益扶贫机制作为减贫实践中产业扶贫的具体机制工具之一，在脱贫攻坚中发挥了重要作用。《中共中央 国务院关于打赢脱贫攻坚战的决定》和《"十三五"脱贫攻坚规划》等多个文件也就资产收益扶贫给出了指导性意见，把资产收益扶贫作为实施产业扶贫的重要政策手段。一时间，资产性收益与产业扶贫成为社会各界关注的焦点。[1] 资产收益扶贫是指，将获得的来自政府的财政资金或帮扶单位的资金、资源或资产投入某个企业或新型农业经营组织，企业或新型农业经营组织按固定收益率给贫困村集体、贫困户分红，实现资产收益。研究表明，资产登记入股，让贫困户参与经营并按股分红，更能激发贫困户脱贫、减贫的积极性，从而使其真正参与到脱贫致富的事业中来。除此之外，从贫困户的真实需求出发，以大米等物质的形式补偿其资产的出让比简单的现金发放形式更能让贫困户得到实惠，也更能体现"以人为本"的情怀。[2]

4. 消费扶贫

消费扶贫是政府、企业与社会组织等多元主体通过消费来自贫困地区和贫困人口的产品与服务，帮助贫困人口增收脱贫的一种扶贫方式，是广东减贫治理实践中优势鲜明的减贫路径，形成了多种较为典型的减贫实践工具。如消费扶贫市场（广东东西部扶贫协作产品交易市场）枢纽引导的消费对接工具、在数字社会情境中发挥重要作用的直播带货等技术治理工具或方式。祁志伟和雷霆认为，政府官员网络"直播带货"工具实践成效表明：一方面，"直播带货"的模式依据新的知识信息对人与社会关系做出的阶段性修正的敏感性，对现代制度来说是其本身内在的组成因素；另一方面，网络"直播带货"是政府官员借助屏幕与社会资本互动的过程，

---

① 梁琦、蔡建刚：《资源禀赋、资产性收益与产业扶贫——多案例比较研究》，《中南大学学报》（社会科学版）2017 年第 4 期。

② 梁琦、蔡建刚：《资源禀赋、资产性收益与产业扶贫——多案例比较研究》，《中南大学学报》（社会科学版）2017 年第 4 期。

同时，该行为对传统意义上的政府、市场与社会进行了情境迁移与场景创造，政府、市场、社会与公民通过网络提升了互动的频率，推进了官员"直播带货"模式成为实现农民增收与激活农村市场的新模式。[①]

广东消费扶贫实践表明，以产品为媒介，用消费搭桥梁，说到底是对市场规律的尊重。消费扶贫打通了从农户到合作社、从生产者或农业企业到消费者的供应链，建立了有效的供求关系。总的来看，在广东精准扶贫和脱贫攻坚实践中，"互联网+"、大数据以及区块链等技术的多维应用，使减贫治理理念、路径和实践工具发生了转变，减贫治理体系中政府、市场和社会三者之间的协同关系得到了进一步彰显和加强。在这个过程中，技术与知识渐式融合的方法或实践工具成为国家和地方政府减贫治理的试点经验、机制构建与方案运行的关键内容。[②]

这些实践工具或方法促进了帮扶省份间、帮扶区域间的产销对接，有效地联结了小农户与大市场。特别是在东西部扶贫协作实践中，广东利用自身大市场和市场机制优势，为其帮扶的广西、云南等省（区）的小农户的农产品提供了广阔的市场空间。广东省各级扶贫部门发文动员全社会力量共同参与消费扶贫，以求通过"以购代捐""以买代帮"等方式促进贫困群体稳定脱贫和贫困地区产业持续发展。实践表明，广东省消费扶贫特别注重发挥市场在资源配置中的决定性作用，同时又重视与社会机制（道德机制）相协同，既坚持按照市场化运作的方式推动消费扶贫工作，又发挥道德感召与社会责任感使命感的作用，两者形成合力，使发达区域各类组织与公众的消费潜力、购买力转换为受帮扶地区贫困群体的脱贫动力，推动群体共富与区域协调发展。

（三）社会机制与实践工具

努力消除贫困、实现共同富裕是社会主义的本质要求和目标。从两千多年前的"世界大同"理念到孙中山先生推崇的"天下为公"，从改革开放、先行一步到今天的先富帮后富、共建和谐社会，彰显了中华民族对理

---

① 祁志伟、雷霆：《政府官员网络"直播带货"：贫困治理的一种实践方式》，《中国行政管理》2021 年第 7 期。

② 祁志伟、雷霆：《政府官员网络"直播带货"：贫困治理的一种实践方式》，《中国行政管理》2021 年第 7 期。

想社会的不懈追求。岭南文化由中原传入的儒、法、道等各家思想融汇创新发展而成，具有多元、开放、兼容等特点，扶贫济困、乐善好施成为岭南文化不可缺少的元素，是广东减贫治理模式中社会机制及其道德基础的重要文化支撑。

社会扶贫本质上是一种社会行动，也是道德机制配置资源的实践过程。从国家-社会视角来看，社会扶贫是对行政机制配置资源边际效用递减的有力补充，精准对接实践需求，通过道德力量筹集、引导社会资源和力量自愿参与减贫治理，属于第三次分配。国务院办公厅颁布了《关于进一步动员社会各方面力量参与扶贫开发的意见》，提出要创新完善人人皆愿为、人人皆可为、人人皆能为的社会扶贫参与机制，形成政府、市场、社会协同推进的大扶贫格局，并从培育多元社会扶贫主体、创新参与方式、完善保障措施三个方面提出了具体的方针措施，为社会力量参与扶贫开发指明了方向。① 社会机制及其实践方式是广东社会扶贫的重要表征和实践特色，来源于共同富裕理论，成熟于习近平总书记关于扶贫工作的重要论述。广东社会扶贫实践中，形成了多样化的社会机制实践工具或实践样态。

1. 结对帮扶

结对帮扶是精准扶贫在社会扶贫领域的具体实践工具，通过精准对接贫困村、贫困户的需求，引导社会力量和社会资源与贫困村、贫困户形成结对帮扶关系。自 2018 年起，广东启动实施"万企帮万村"行动，引导全省民营企业和非公有制经济人士积极参与减贫治理，聚焦农村产业发展、村庄建设、脱贫攻坚三大重点，推动乡村发展。广东省委农办数据显示，全省已发动"万企帮万村"帮扶企业 10630 家，结对帮扶贫困村 8805 个，累计投入帮扶资金超过 131 亿元，已开展对接帮扶项目 5655 个，已竣工项目 1836 个。②

2. 社会组织扶贫

一般而言，随着一个国家经济社会的发展和市场经济的成熟，社会力

---

① 黄倩倩、朱湛：《社会力量参与精准扶贫的优势及作用机制》，《现代交际》2016 年第 18 期。

② 《广东"万企帮万村"累计帮扶资金逾 131 亿元》，凤凰网，http://gd.ifeng.com/c/831 HWKFSOL2。

量，特别是社会组织、基金会等将得到快速发展，成为社会治理的重要主体。截至 2021 年 8 月，广东省本级与各地市社会组织总量达到 71888 家。[①]广东省积极推动构建政府、社会、市场协同合力的大扶贫格局，形成了多元主体共同参与减贫的社会扶贫体系。社会组织参与减贫治理有其独特优势，能精准对接贫困对象需求，服务专业性强，服务资源使用效率较高，注重对贫困对象的增能和资产建设，提升其发展的内生能力。数据显示，2018~2020 年，广东省 6600 多家社会组织开展扶贫协作项目 6200 多个，共投入资金约 269.3 亿元（社会组织投入资金约 35.5 亿元，会员单位投入资金约 233.8 亿元），累计受益贫困人口超 1100 万人。[②]

3. 公益慈善扶贫与扶贫济困日

广东重视公益基金与慈善组织对减贫治理的助力，通过众多的公益基金会和慈善主体，引导社会主体"自愿"把资源配置到减贫治理事业中。"广东扶贫济困日"（亦称"6·30"活动）[③]是一个由政府主导、社会参与的扶贫济困爱心平台，是发挥社会机制及其道德基础作用的重要实践载体与政策工具。2010 年，中共广东省委十届六次全会提出："广东要设立'扶贫济困日'，鼓励对口帮扶部门以及社会各界深入贫困地区，献爱心，搞帮扶。""广东扶贫济困日"是首个获批在省级区域内设立的扶贫活动日，其宗旨是按照政府推动、社会实施、扶贫济困、共促发展、共享成果的要求，以促进广东城乡区域协调发展、实现共同富裕和构建和谐社会为目标，广泛动员社会力量参与扶贫济困。实践表明，"广东扶贫济困日"是公益慈善文化、传统岭南扶危济困文化、共同富裕理念的"融合器"，是"人人皆愿为、人人皆可为、人人皆能为"减贫愿景的实践样态。"广东扶贫济困日"活动的运行与管理实践体现了行政机制与社会机制的协同与合力，在减贫力量凝聚、资源筹集与配置方面发挥了重要作用，取得了

---

① 《2021 年 8 月广东省社会组织统计数据》，广东省社会组织综合信息服务平台，https：//main. gdnpo. gov. cn/home/index/indexStatistics/2021-08-01。

② 广东省社会组织管理局：《广东省社会组织管理局、广东扶贫济困日活动办公室会同 100家社会组织开展 2021 年社会组织参与"广东扶贫济困日"活动动员和倡议》，《大社会》2021 年第 6 期。

③ 广东于 2010 年在全国率先将每年的 6 月 30 日设为"广东扶贫济困日"。2010 年 6 月 4日，国务院发布《关于同意设立"广东扶贫济困日"的批复》（国函〔2010〕50 号），同意自 2010 年起每年 6 月 30 日为"广东扶贫济困日"。

较好效果。原广东省扶贫办内部数据显示，2010~2019 年广东全省累计捐赠金额达到 327.1 亿元，2010~2021 年省级捐赠金额累计达到 172.91 亿元（见表 2-1）。

表 2-1　2010~2021 年"广东扶贫济困日"活动捐赠资金情况

单位：亿元

年份	全省捐赠金额	省级捐赠金额
2010	30.00	13.98
2011	32.18	7.50
2012	28.00	7.70
2013	25.00	4.47
2014	25.80	4.21
2015	23.50	3.50
2016	22.60	13.30
2017	30.90	19.30
2018	39.82	22.27
2019	69.30	27.20
2020	—	28.84
2021	—	20.64
合计	327.1	172.91

资料来源：笔者在原广东省扶贫办调研时获得的数据。

广东省乡村振兴基金会主动作为，面向粤东西北欠发达地区困难群众实施了"农村母亲关爱工程""贫困家庭励志学生关爱工程""助力脱贫攻坚献爱心""三区民生基础工程"等多个慈善公益项目，有效帮助欠发达地区困难群众解决了住房难、读书难、就业难、看病难、行路难等问题，帮助困难群体超 230 万人次。截至 2021 年 12 月，基金会累计筹集接收善款近 120 亿元，全部投入扶贫济困与慈善公益事业中，为广东脱贫攻坚与乡村振兴事业做出了积极贡献。①

---

① 《广东省乡村振兴基金会简介》，广东省乡村振兴基金会官网，http://www.gdfpjjh.org.cn/list? lx = gywm&selected = 0。

三　广东多重机制协同减贫的作用逻辑与互嵌机理

从理论源流及其演变看，到底哪种机制能发挥减贫治理最佳效能、实现减贫目标？这是一个难以取得共识的议题。这个问题就如同国家、市场和社会之间，到底哪一种状态才是最恰当的或是有效均衡的，根本难以有完美答案。经济学鼻祖亚当·斯密的思想告诉我们，市场机制或"看不见的手"可以自动消除市场失灵（如收入差距、贫富差距等所谓市场失灵问题），其后的许多经济学家基本秉持这一基本思想，认为经济发展、市场力量和市场机制是消除贫困、实现共富的核心路径。与此相反，波兰尼认为所谓的"自律性市场"是一种理想状态，从来没有实现过，消除市场失灵、实现理想社会目标（如共同富裕）必须靠政府这只"看得见的手"。所以，消解市场失灵，如贫困问题，除了依靠社会的自组织力量，最直接有效的机制就是行政机制（政府介入与调节）及其对市场的引导和整合。① 广东多重机制精准减贫的协同机理是对波兰尼观点的有力论证，行政机制及其治理基础与市场机制及其市场基础之间表现出较强的协同互嵌关系，而社会机制（道德与文化）则是两者互嵌的中介与黏合剂，社会机制及其道德基础内化于政府减贫使命担当与企业社会责任履行和公益使命践行的协同中。不同机制之间丰富的协同互嵌实践形塑了广东政府主导、市场参与、社会协同的减贫治理大格局，形成了广东特色的减贫治理模式，即多重机制协同减贫治理模式。

（一）行政机制及其治理基础与市场机制的协同互嵌

中国特色的减贫治理发展史表明，进入21世纪以来，中国越来越强调以市场机制提升农村贫困群体的可行能力，以激发贫困人口的内生动力作为农村减贫与发展的核心，更加注重发挥市场在资源配置中的决定性作

---

① 许汉泽：《行政治理扶贫：对精准扶贫实践逻辑的案例考察》，社会科学文献出版社，2020，第160页。

用，形成了政府与市场良性发展的贫困治理格局。① 政府与市场作为减贫多元主体中的重要主体，所依托的减贫机制（行政机制与市场机制）在减贫实践中具有不同的优势和作用。政府及其行政机制在创设制度、组织动员、区域协调和调动资源方面具有优势，而市场及其市场机制在资源配置、产业集聚、科技赋能、产业链嵌入等方面具有优势，能有效提升贫困家庭生计资本和内生能力。在广东多重机制协同减贫治理模式实践中，行政机制及其治理基础与市场机制及其市场基础之间呈现鲜明的协同互嵌关系，政府与市场之间能够有效组合从而更好地实现社会目标，如减贫目标的理论设想得到较好验证。从历史来看，中国减贫发展、扶贫制度设置、扶贫模式完善一直与市场经济发展有密切关联，特别是 20 世纪 90 年代逐步形成的开发式扶贫方式，其本质就是通过发展贫困地区经济、产业和提升贫困人口就业能力等来减少贫困、缓解贫困。广东多重机制协同减贫治理模式中行政机制及其治理基础与市场机制及其市场基础的协同互嵌的实践及其运行机理主要表现在以下几个方面。

一是行政统筹机制。扶贫成为地方政府主要政治任务后，扶贫办就变成了政府主导的一个平台，最大限度地调动并统筹相关行政资源。② 广东扶贫部门全面落实"五级书记抓扶贫"工作机制，党委、政府把扶贫列入经济社会发展的重要议题和布局中统筹考量，通过第一书记和扶贫工作队等人力资本投入、软弱涣散基层党组织治理的组织资本投入、结对帮扶和定点帮扶等制度设置，全面提升农村基层的政策执行力和行政统筹能力，形成了责任清晰、各负其责、合力攻坚的责任体系。

二是财政投入机制与导引机制。自精准扶贫以来，中央财政基本每年都会根据各地情况安排大量财政资金用于扶贫。国家乡村振兴局数据显示，2018 年财政部提前下达地方的中央财政专项扶贫资金为 738.31 亿元。《中共广东省委 广东省人民政府关于新时期精准扶贫精准脱贫三年攻坚的实施意见》提出："构建新时期扶贫攻坚财政保障机制，各级财政对扶贫开发帮扶对象按人均 2 万元安排财政扶贫投入，所需资金由省、对口帮扶

---

① 杨灿明：《中国战胜农村贫困的百年实践探索与理论创新》，《管理世界》2021 年第 11 期。

② 王雨磊、苏杨：《中国的脱贫奇迹何以造就？——中国扶贫的精准行政模式及其国家治理体制基础》，《管理世界》2020 年第 4 期。

市、贫困人口属地市按 6∶3∶1 的比例共同分担，资金用于直接促进扶贫开发帮扶对象增收，包括扶持就业、发展特色产业、增强创收能力、资产收益扶持、扶贫贷款贴息及教育和基本医疗保障等。"在重视公共财政专项扶贫资金投入的同时，广东省积极引导市场主体、社会主体参与减贫事业发展。广东省乡村振兴局内部调研数据显示，2009~2019 年，广东省各级帮扶单位累计筹措、投入帮扶资金超过 627 亿元。在政府的行政推动下，广东的企业、社会组织积极投身扶贫事业。2018~2020 年，广东省 6600 多家社会组织开展扶贫协作项目 6200 多个，共投入资金约 269.3 亿元。2010~2019 年，"广东扶贫济困日"全省捐助扶贫款累计达到 327.1 亿元。

三是产业导引机制。广东通过现代农业产业园建设、农业扶持资金导引机制及农业产业补贴机制，充分调动市场主体积极性，引导市场主体参与扶贫产业发展。或运用一定数量的扶贫资金帮助贫困户发展种养等产业，使其融入市场发展；或将扶贫资金投入企业发展，通过固定收益分红方式，实现企业对减贫的参与；或支持企业到农村开办扶贫工厂，助力贫困家庭实现就近就业。在这一过程中，贫困户的脱贫积极性与产业发展、市场机制形成良性对接，提升贫困人口的内生发展能力。

四是东西部帮扶协作机制。2016 年，中共中央办公厅、国务院办公厅印发了《关于进一步加强东西部扶贫协作工作的指导意见》，对推动东西部劳务协作提出了新要求、指明了新方向。广东积极行动，通过行政动员和行政机制发动企事业单位，加大与对口帮扶的云南、四川、广西、贵州的协作力度，特别是在双方劳务协作方面采取有效措施。随着疫情暴发和《人力资源社会保障部　国务院扶贫办关于应对新冠肺炎疫情进一步做好就业扶贫工作的通知》等文件的落实，广东与对口帮扶省（区）的协作力度不断加大、协作程度不断提高。在产业帮扶、消费帮扶与就业帮扶等多维东西部帮扶实践中，政府（行政机制）不再是唯一推动力，市场力量遵循市场规律和市场机制日益广泛参与协作，社会力量在道德感召与道德机制作用下也积极融入协作大局，贡献力量。可以说，政府、企业和社会三者相结合的帮扶机制逐步建立并运行良好，广东与云南、贵州等四省（区）的帮扶协作实践，实现了行政机制、市场机制与社会机制的协同互嵌。

（二）市场机制及其市场基础的减贫作用与协同机理

在中国经济治理与发展的基本框架中，使市场在资源配置中起决定性作用和更好发挥政府作用一直是发展中国特色社会主义市场经济和彰显社会主义制度优势的基本共识。行政机制（政府）与市场机制（市场）是资源配置的两种基本方式，各有优势。行政机制的优势是既能通过科层体系的制度安排集中力量办大事，又能通过内化机制降低市场交易中的不确定性和交易成本；而市场机制的优势是通过竞争体系的制度安排提高竞争效率，降低科层体系下的组织控制成本。① 市场（市场机制）突破有效作用边界容易发生市场失灵，政府（行政机制）干预过度也可能引发政府失灵，不利于公平营商环境的营造和资源配置效率的提升，导致经营制度异化和主体行为扭曲。可以说，政府和市场的关系不是对立或替代关系，而是更多样化的协同治理关系。广东市场经济发达，经济总量一直排在全国首位。广东高质量的经济发展有赖于其发达的市场机制和众多的市场主体，市场机制及其市场基础是广东多重机制协同减贫治理模式的关键支撑，其作用与协同机理主要表现在以下几个方面。

一是人居环境改造既需要政府公共投入和政策支撑，也需要市场参与，两者协同可实现"生态宜居"等目标。整治人居环境，实现"生态宜居"是贫困村发展、精准扶贫和乡村振兴的共同目标。2018年中央一号文件系统布局了乡村振兴战略，同年又发布了《农村人居环境整治三年行动方案》，对与"生态宜居"相适应的乡村人居基础设施建设发展提出了明确要求、进行了政策指引，如村庄道路建设、垃圾收集转运与处理、污水处理、厕所建造以及村庄风貌管控等。农村基础设施建设和完善离不开政府公共投入和政策支持，这也是政府公共服务职能的内在要求。同时，基础设施建设和专业化管理运营也需要市场主体的参与。在这个过程中，不同主体和不同机制发挥各自的优势，行政机制和市场机制实现了协同合力。

二是市场主体及市场机制为精准减贫提供了不可或缺的经济资源与有

---

① 黄祖辉、李懿芸、马彦丽：《论市场在乡村振兴中的地位与作用》，《农业经济问题》2021年第10期。

效支持。由于广东经济发展水平高，人均收入较高，与浙江一样，广东实际早就进入了相对贫困治理阶段。无论是开发式扶贫还是保障式扶贫，都需要一定的经济基础。广东发达的市场经济不但使企业有能力投入减贫事业，也对东西部扶贫协作贡献巨大。广东省乡村振兴局内部数据显示，广东高水平建设广东东西部扶贫协作产品交易市场，设立消费扶贫专馆56个，在全国88个地市认定建设粤港澳大湾区"菜篮子"生产基地808个，其中中西部地区517个。开展"消费扶贫月网上行"等17场消费扶贫活动，2019年以来完成贫困地区农产品采购额1200多亿元。广东东西部扶贫协作产品交易市场、深圳海吉星消费扶贫中心被原国务院扶贫办授予"全国消费扶贫示范单位"称号。

三是市场主体及市场机制为小农户对接大市场提供了强大的联结工具和较大的市场空间。广东的减贫治理实践表明，通过农超对接、消费扶贫网络、消费扶贫平台等市场化工具及行政性消费市场构建〔如通过行政规制引导广东消费贵州、广西等帮扶省（区）的农产品和引导珠三角地市消费非珠三角贫困村的农产品〕，市场机制为小农户对接大市场提供了较大市场空间。消费扶贫网络（如深圳"1+10"消费扶贫中心网络）、消费扶贫平台是促成扶贫产品规模化、"供需"无缝对接的重要实践工具，也是打通产业扶贫"产销"链条的关键。消费扶贫实际是一种不特定人群（有仁爱之心、有一定的社会责任感，且有消费意愿和消费能力的社会大众）面向特定人群（贫困地区村民）所实施的特定购买行为（并非内在必须购买，而是基于善良的内心驱使）。[①] 可见，蕴含在消费扶贫实践中的政府推动（行政机制）、信息嵌合与资本互动（市场机制）、企事业单位及社会组织参与和公众响应（社会机制）这三重机制的协同互嵌有力助推了广东减贫治理和区域共富目标的实现。广东省农业农村厅原厅长顾幸伟指出，省农业农村厅围绕破解影响农民增收致富和乡村产业发展的市场体系不完善、产销对接不紧密、供需关系不平衡、利益联结不稳定等问题，探索出了一套可复制、可推广的农产品"12221"市场体系。广东农产品"12221"市场体系，即建立"1"个农产品市场大数据，以大数据指导产销，组建销区采购商和培育产区经纪人"2"支队伍，拓展销区和产区

---

① 刘良军：《把握"消费扶贫"的内涵与外延》，《当代农村财经》2020年第11期。

"2"大市场，策划采购商走进产区和农产品走进大市场"2"场活动，实现品牌打造、农民致富等"1"揽子目标。①

四是市场主体积极响应政策支持与行政导引，兴办扶贫工厂、扶贫车间等为贫困家庭与农户就近就业提供有效支撑，政府和市场充分发挥各自优势，协同推动减贫与脱贫。企业在农村兴办的扶贫车间有效运行，既需要企业投入资金和管理，也需要政府提供土地甚至厂房，还需要政府修建好交通设施和配套基础设施。这个过程实际上就是市场机制与行政机制精准协同的呈现过程。人社部数据显示，中国90%以上建档立卡贫困人口得到了产业扶贫和就业扶贫支持，2/3以上主要靠外出务工和产业脱贫。截至2020年，广东建成扶贫车间、扶贫工作坊1022个，帮助全省40.86万贫困劳动力就业，其中就地就近就业22.65万人，人均就业增收1.8万元。②

（三）社会机制及其道德基础的减贫作用与协同机理

虽然行政机制及其治理工具在减贫实践中发挥了重要的作用，但从宏观、长远来看，这种作用需要靠政府大量人力物力财力的投入才能持续，容易加大行政成本，导致减贫边际效用递减。同时，这样的单维度减贫模式不利于激发和整合市场与社会力量和资源，难以可持续。为此，习近平总书记指出，"要大力弘扬中华民族扶贫济困的优良传统，凝聚全党全社会力量，形成扶贫开发工作强大合力③。同时习近平总书记强调，"必须坚持充分发挥政府和社会两方面力量作用，构建专项扶贫、行业扶贫、社会扶贫互为补充的大扶贫格局……引领市场、社会协同发力"④。孙迎联和吕永刚从共享发展的角度出发，认为精准扶贫中的多元主体应该进行积极的沟通合作，并建立整合各方利益、共同承担责任的新型扶贫协作关系。⑤

---

① 《广东省农业农村厅厅长顾幸伟：可复制的"12221"，带动越来越多农民增收》，广东省农业农村厅网站，http://dara.gd.gov.cn/mtbd5789/content/post_3495713.html。
② 《解决相对贫困难题 广东有攻坚"密码"》，搜狐网，https://www.sohu.com/a/421936388_120214184。
③ 《习近平：在河北省阜平县考察扶贫开发工作时的讲话》，中国人民政治协商会议全国委员会官网，http://www.cppcc.gov.cn/zxww/2021/02/18/ARTI1613609821522112.shtml。
④ 习近平：《在打好精准脱贫攻坚战座谈会上的讲话》，人民出版社，2020，第8~9页。
⑤ 孙迎联、吕永刚：《精准扶贫：共享发展理念下的研究与展望》，《现代经济探讨》2017年第1期。

广东丰富的社会扶贫实践表明，企业、社会组织等主体在扶贫中扮演了重要角色，发挥了重要作用。如社会组织凭借专业优势和公益特性，提高了扶贫资源的配置效率，更好地回应了贫困家庭的多样化需求。2019 年，党的十九届四中全会通过的《中共中央关于坚持和完善中国特色社会主义制度 推进国家治理体系和治理能力现代化若干重大问题的决定》首次提出，要"重视发挥第三次分配作用，发展慈善等社会公益事业"，明确了第三次分配与慈善事业在经济和社会发展中的重要地位。[①] 广东大力弘扬慈善文化和济困良知，发展慈善等社会公益事业，积极倡导和支持社会力量参与减贫治理。实践表明，具有社会资源优化配置作用的社会机制及其道德基础是减贫治理的重要机制之一，社会力量参与、慈善公益等具体实践是减贫治理实践体系中不可或缺的重要构成，社会机制与市场机制、行政机制协同互嵌，在推动减贫目标实现过程中发挥了重要作用。

一是政府通过文化宣导和道德感召动员、集合社会资源参与减贫治理，这是精准减贫资源集的重要来源和补充，与市场机制及其市场基础协同合力推动区域、群体共富发展。慈善共治与社会机制配置资源是国家治理、互助共济文化在减贫治理多元格局中的映射，是私人慈善、宗教慈善、国家慈善以及社会慈善等多元慈善形式在新发展阶段的存续发展与融合，也是国家和社会互动、协同共治的缩影。[②] 在多重机制协同减贫治理模式实践中，广东通过"万企帮万村"帮扶对接机制、互联网慈善多元协同对接机制等政策工具有效整合社会与市场资源，将其协调配置至减贫对象和区域，成为推动区域协调发展和群体共富的重要支撑。

二是社会主体通过项目、专业服务赋能农户，即通过项目化装置、专业化方式提升减贫服务供给与需求对接的精准度，提升农户、贫困人口的内生动力与能力。社会组织具有渠道优势、专业化优势和技术带动的减贫优势，可以在精细化帮扶贫困人口能力提升、精准解决贫困人口发展的现实问题等方面发挥重要作用。[③] 社会组织通过开展教育、文化、助残等减

---

① 杨斌：《重视发挥第三次分配作用 探寻中国特色公益慈善之路》，新华网，http://www.xinhuanet.com/politics/2020-01/02/c_1125415972.htm。

② 马金芳：《多元慈善合作及其法律规制》，《江西社会科学》2013 年第 9 期。

③ 杨灿明：《中国战胜农村贫困的百年实践探索与理论创新》，《管理世界》2021 年第 11 期。

贫项目，基于需求为扶贫对象提供实用科学知识和技术技能，使扶贫对象通过参加学习掌握和应用脱贫致富的技术技能。[①] 同时，政府与社会力量协同合作，政府通过购买服务发挥社会力量和社会组织的多样性和专业性优势，在贫困人口和现代社会之间建立起互通的多层次渠道，促使其吸收和接纳现代化的理念、观点和思维，逐步调适自己的生活方式和提升生计能力。

四　结语

贫困的宏观表征是区域发展、群体发展不平衡与不充分。为此，减贫治理的核心是解决政策、资源、机会问题，以及贫困群体的行动意愿、行动能力、行动机制问题。这些问题的解决既要依靠政府（行政机制配置资源），也要依靠市场（市场机制配置或分配资源），还要依靠社会（社会机制配置资源）。行政机制及其治理基础为广东减贫治理成功提供了基础支撑，但广东脱贫成功的"密码"还在于雄厚的市场经济基础和市场力量、社会力量的广泛参与，以及由此生成的在助力脱贫过程中所体现出来的市场机制与社会机制。不同机制在减贫治理过程中具有不同优势，发挥不同作用。如行政机制既能够通过科层体系的制度安排集中力量办大事，又能够通过内化机制降低市场交易中的不确定性和交易成本，而市场机制可以通过竞争体系的制度安排提高竞争效率，降低科层体系下的组织控制成本。[②] 社会组织的优势在于其接地性、专业能力与使命意识。市场机制、社会机制、行政机制三重机制在减贫治理中协同互嵌，合力推动减贫目标实现，形成了广东特色的多重机制协同减贫治理模式。

丰富深厚的传统岭南扶危济困文化与在市场经济环境中养成的现代公益文化认知相融合，在政府减贫政策引导下，有效支撑了广东市场力量、社会力量的减贫参与和主体性作用发挥，这是广东减贫模式的鲜明特色。

---

① 莫光辉、祝慧：《社会组织与贫困治理——基于组织个案的扶贫实践经验》，知识产权出版社，2016。

② 黄祖辉、李懿芸、马彦丽：《论市场在乡村振兴中的地位与作用》，《农业经济问题》2021年第10期。

广东行政机制及其治理基础植根于本土开放、务实的治理风格和独具特色的岭南文化，一定程度上限制了其经验的可复制性和普适性。同时，在我国减贫治理实践过程中，由于中心统筹决策与强大的行政动员和压力型体制，基本是通过大投入、大项目和大动员在较短时期实现脱贫奇迹，扶贫干部主要着力在收入脱贫上，在帮助贫困户形成生计能力、内生动力方面下的力气不够，在一定程度上形成了基于政策和资源投入的路径依赖性，使得这种模式的可复制性与可持续性受到影响。因此，在未来相对贫困治理中，既要采取有效措施提升智志减贫的效能，又要通过构建高质量社会保障体系改善贫困群体生计福利。同时，广东社会减贫治理实践表明，社会组织或社会力量在减贫治理大格局中具有独特优势和不可替代的作用，必须持续引导和积极支持社会力量参与乡村振兴，为巩固拓展脱贫攻坚成果提供重要支撑。

　　总的来看，广东多重机制协同减贫治理模式实践表明，有效实现减贫目标和可持续脱贫，必须持续优化政府、市场和社会多元主体及行政机制、市场机制与社会机制减贫的精准协同性，在发挥行政机制统筹、引导资源配置与组织协调作用的同时，使其与市场机制、社会机制相互协同、动态互嵌，形成减贫合力。多重机制协同减贫治理模式本质上是减贫资源不同配置方式或机制的配比均衡状态。欠发达地区之所以需要发达省份帮扶，是因为其需要补齐在资源配置机制方面"协同失衡"的短板。当然，政府、市场与社会行动者之间如何动态协同，三种减贫资源配置机制到底应该如何实现理想的配比均衡，是需要因地制宜、因时制宜、因势制宜进行实践探索的。

第三章　广东减贫治理的基本经验、挑战与未来路向

消除贫困、改善民生、逐步实现共同富裕，是社会主义的本质要求，是我们党的重要使命。改革开放以来，广东省委、省政府始终把扶贫开发、减贫治理作为全省经济社会发展布局中的重点任务，不断完善扶贫开发和减贫治理的体制机制。尤其是党的十八大以来，以习近平总书记重要扶贫论述为指引，广东省委、省政府精心谋划、创新制度和积极实践，如期实现精准扶贫、脱贫攻坚目标，取得了广东减贫治理历史上的最好成绩，形成了具有广东特色的减贫治理经验，为中国减贫事业贡献了广东力量和广东方案。

随着脱贫攻坚战的胜利收官，广东减贫治理进入了后脱贫时代，减贫核心是建立解决相对贫困的长效机制及构建高质量治理体系。广东必须提前深入研究，科学研判新时代新形势下贫困的演化趋势及可能的致贫风险点，积累减贫经验，增加知识存量，为相对贫困解决提供新思想和新路径。同时，要及时梳理和提炼广东减贫治理的经验，为全国、全球高质量减贫贡献广东方案和广东经验，助力构建人类命运共同体，全面迈向共同富裕之路。

一　广东减贫治理的基本经验

广东积极探索、精细谋划，以习近平总书记重要扶贫论述为根本遵循，在中央扶贫开发政策的指导下，逢山开路、敢为人先，从"先行一

步"到"走在全国前列",为中国扶贫开发和国际减贫治理提供了公平与效率可以并行、经济发展与环境保护可以兼顾的样板示范。广东精准扶贫精准脱贫实践中所形成的减贫治理经验为全国或其他国家提供了具体的新路径与有益借鉴。

（一）尊重经济发展与区域发展规律，把减贫治理放在广东经济社会发展全局中统筹谋划和推进

广东始终坚持以深化改革、务实发展为主动力，尊重经济发展与区域发展规律，推动扶贫减贫与全省经济社会发展战略相衔接、与区域发展战略相统筹，形成战略互补、工作互促的协同发展新格局。一是与粤港澳大湾区和深圳先行示范区"双区"建设、广州和深圳"双城"联动相衔接。充分发挥粤港澳大湾区和深圳先行示范区"双区"建设以及广深"双城联动"的强大势能，推动产业、人才、技术、信息等向粤东西北地区梯度转移，共建产业合作园区，共同发展特色优势产业，构建以大湾区为核心、粤东西北地区为基地的合作发展新格局，使粤东西北地区广大农村成为"双区""双城"建设的源头活水、产业基地，让广大贫困户参与"双区""双城"建设，共享发展红利。二是与"一核一带一区"区域发展格局相衔接。广东欠发达地区主要分布在粤东西北地区，是北部生态发展区的主要区域。在"一核一带一区"区域发展格局的战略框架下，广东坚持保护与发展相协调的理念，发挥粤东西北地区的生态优势和资源优势，大力发展生态经济，统筹推进特色种养、乡村旅游、文创康养等产业的发展，真正使绿水青山变成金山银山，使粤东西北地区广大农村成为支撑"一核一带一区"区域发展战略的生态花园、重要后院，使美好的生态资源变成扶贫脱贫的重要资产。

（二）遵循贫困识别与减贫治理一般规律，坚持开发式扶贫和保障式扶贫相结合，强调精准施策，保障稳定脱贫

广东在全国率先探索实践"规划到户、责任到人"的"双到"扶贫模式，并围绕新时期扶贫"八项工程""五个一批""六个精准"来创新扶贫减贫方式，探索广东精准减贫之路。同时，坚持开发式扶贫与保障式扶贫相统筹、"输血"与"造血"相结合，全面深化到村到户到人的精准扶

贫工作。一是基于贫困地区地理优势和资源禀赋基础，构建产业扶贫带贫益贫机制，推动三产融合发展。坚持宜农则农、宜林则林、宜游则游原则，把建设现代农业产业园、"一村一品、一镇一业"作为发展富民兴村产业、打赢脱贫攻坚战的重要抓手，连片打造特色优势扶贫产业，提升区域产业辐射带动力和可持续发展能力。截至2020年，粤东西北地区累计创建省级现代农业产业园100个，建设"一村一品"基地1048个，实施产业扶贫项目3.6万个，带动贫困人口62.8万人，年人均产业增收2400多元。① 二是提升就业扶贫稳定性和精准性。深入实施人力资源社会保障精准扶贫"1+4"行动（三年行动方案+就业扶贫、技能扶贫、社保扶贫、人才扶贫等4个行动计划），制定完善就业补贴公益性岗位管理办法等一系列惠民配套政策，根据贫困群体的共性特征和共性需求，积极开发保洁、保安、护林等公益性岗位，优先安置贫困劳动力；加强珠三角地区与困难地区的劳务输出合作，强化跟踪服务，加强技能培训，提高就业扶贫组织化程度，全面稳定就业脱贫质量。三是统筹推进民生保障扶贫，夯实减贫治理、稳定脱贫的社会政策基础。将农村公共服务优先列入各级政府民生实事工程，推进城乡重大民生资源均衡配置。优先发展农村教育，县域义务教育发展基本均衡，覆盖率达100%；加快推进健康村镇建设，基本实现卫生站标准化建设全覆盖；村级综合性文化服务中心覆盖率达99%；建立城乡统一社会保障制度，全面实现省内异地就医直接结算，全省基本医疗保险参保率达98%，重点医疗救助对象"二次救助"扎实推进，因病致贫返贫保障体系全面建立；农村危房改造全覆盖；符合城乡居民养老保险参保条件的贫困人员实现应保尽保。总的来看，广东通过社会保障基础设施建设和具体制度的优化发展，夯实了减贫治理和稳定脱贫的社会政策基础，实现了真脱贫、脱真贫目标。

（三）尊重资源配置机制协配规律，坚持综合运用和科学融合行政机制、市场机制与社会机制推动减贫治理，形成政府主导、市场参与和社会协同的精准减贫治理大格局

经济学理论表明，资源配置具体有三种配置方式：权力配置资源（行

---

① 《广东奏响精准扶贫最强音》，腾讯网，https://new.qq.com/rain/a/20200518A07MSM00。

政机制）、市场配置资源（市场机制）和道德配置资源（社会机制）。广东减贫治理战略布局和具体实践始终注重将行政机制、市场机制和社会机制等三大机制科学融合，全面彰显政府、市场和社会的各自优势和协同作用。广东所建立的大扶贫格局具有两个基本特征：一是改变了过去政府占绝对主导地位、扶贫部门单一推进的传统扶贫做法，形成了政府主导、市场参与和社会协同的多方联动良性运行的大扶贫机制；二是动员全社会参与，各部门各行业立足自身优势，多措并举、互为支持，形成专项扶贫、行业扶贫、社会扶贫"三位一体"的大扶贫格局。

总的来看，通过建立多元主体参与的减贫治理大格局，政治优势和制度优势得到充分发挥，市场主体和社会主体活力得到激发，全社会的减贫资源实现较好整合，这为区域减贫治理、贫困人口持续增收提供了政策、机制、资金等基础要素的保障。

一方面，综合运用行政机制和市场机制，坚持把对口帮扶、定点扶贫作为脱贫攻坚资源的具体配置方式，先后实施了"双转移"战略、"双到"扶贫战略、粤东西北振兴发展战略，加快粤东西北地区发展进程，缩小区域发展差距。一是通过精准对口帮扶机制，实现了省直和中直驻粤单位、企业、学校、科研院所、军队和社会团体等对省扶贫开发工作重点地区的全覆盖，实现了单位资源、减贫治理人力资源与贫困地区村与户的精准对接配置。二是通过"先富带动后富"方式，推动珠三角经济发达地区与粤东西北部贫困地区携手奔小康，实现全省区域资源对接和协调发展。建立珠三角 6 市和粤东西北 12 市精准扶贫对口帮扶关系。连续 20 多年开展党政机关和企事业单位定点扶贫工作，推动扶贫开发成为全省全社会的共同自觉。2016 年以来，全省共动员 17268 个党政机关和企事业单位的 6.5 万名干部参与脱贫攻坚。[1]

另一方面，科学融合市场机制和社会机制，鼓励企业、社会组织积极参与扶贫。深入推进"万企帮万村"精准扶贫行动，深化结对帮扶、村企共建。充分发挥民营企业的资源优势、市场优势和管理优势，深入实施村企共建、县企共建，将民营企业扶贫资源精准有效地配置到村到户。截至

---

[1]　杜联藩：《广东探索建立解决相对贫困长效机制主要做法与经验》，记录小康工程·广东数据库，https://gdxk.southcn.com/llwzllzz/content/post_509592.html。

2020年，全省已有1786家民营企业结对帮扶2331个村，帮扶相对贫困人口12万多人。[①] 广东坚持创新推动社会扶贫工作，构建社会扶贫平台。在全国首创"广东扶贫济困日"平台，广泛动员社会力量参与扶贫、扶老、助残、救孤、助学等扶贫济困活动，该平台逐步成为全省参与面最广、惠及范围最大、社会效果较好的扶贫济困爱心平台。2016～2019年，社会各界通过"广东扶贫济困日"、全国"扶贫日"等平台认捐善款158.6亿元。[②] 同时，以消费扶贫创新推动社会扶贫，建立广东东西部扶贫协作产品交易市场，创设电商平台"东西优选网"和粤港澳大湾区"菜篮子"平台，开展"百县千企万品进湾区"行动。2020年，广东省政府采购贫困地区农副产品预留份额共19073.28万元，全省在政府采购贫困地区农副产品网络销售平台注册预算单位9085家。[③]

（四）尊重内因外因辩证作用规律，坚持扶贫与扶志、扶智相结合，激发贫困人口内生脱贫动力，促进外在帮扶与内源发展协同并进

广东在减贫治理过程中，遵循内因外因辩证作用规律，以党建为抓手，注重扶贫与扶志、扶智相结合，把外源式帮扶与内源式脱贫结合起来，不断激发贫困人口进取精神和内生动力，帮助贫困人口实现自主脱贫，保障贫困人口稳定脱贫。一是高质量选派第一书记等扶贫干部，建构减贫治理中的"外部主体"，精准嵌入、融入贫困村。同时，通过"外部主体"培养村"两委"班子，全面提升其业务素质。"火车跑得快，全靠车头带"，扶贫驻村工作队切实发挥"传、帮、带"作用，结对帮扶提升村干部综合素质，潜移默化中促进村干部强思想、变思路、转作风、提能力，打造思想与业务都过硬的村"两委"班子，带领村民脱贫致富。二是树典型，发挥示范带头作用。扶贫驻村工作队充分挖掘培养群众身边的致富能手、产业大户、创业标兵，通过劳务合作、产业合作、金融合作等方式，发挥乡土人才的示范带头作用。注重发挥典型脱贫户对未脱贫户的示

[①] 杜联藩：《广东探索建立解决相对贫困长效机制主要做法与经验》，记录小康工程·广东数据库，https://gdxk.southcn.com/llwzllzz/content/post_509592.html。

[②] 原广东省扶贫办提供。

[③] 《广东省搭好平台 打通渠道 今年以来实现消费扶贫逾230亿元》，"中国发展网"百度百家号，https://baijiahao.baidu.com/s?id=1674901223445891831&wfr=spider&for=pc。

范引领作用，加大惠民政策供给保障力度，营造"脱贫户快跑大干、未脱贫户奋力追赶"的良性互动局面。三是强化技能培训，大力培养适应现代农业发展的"有文化、懂技术、会经营"的新型职业农民，增强贫困人口脱贫致富内生能力。推动"粤菜师傅""广东技工""南粤家政"三大工程向纵深发展，加强对贫困劳动力的就业技能培训，提升其脱贫能力和内生脱贫动力，从而帮助贫困群众稳定脱贫。

（五）遵循"以人民为中心"的发展理念与治理规律，推动脱贫攻坚与乡村振兴有效衔接，探索建立解决相对贫困的长效机制

广东将脱贫攻坚的先进理论和优秀经验接续到乡村振兴中，探索解决相对贫困的长效机制。按照乡村振兴的总体目标，在对现有扶贫政策进行梳理的基础上，遵循"以人民为中心"的发展理念，有针对性地将先进理论和优秀经验用于乡村振兴政策体系和战略实践。一是保持保障式扶贫政策的稳定性。主动落实摘帽不摘责任、摘帽不摘政策、摘帽不摘帮扶，进一步改善相对贫困地区经济状况，为乡村振兴提供条件。二是提高个体农户发展能力，解决农户家庭与市场经济对接面临的问题。通过产业扶贫、就业扶贫、消费扶贫、资产收益扶贫等有效帮扶措施，实现"两不愁三保障一相当"，准确、高效解决相对贫困户增收问题。三是将发展集体经济作为凝聚农户利益、共享乡村发展红利的重要方式。积极拓展集体经济收入来源，优化农民收入结构。探索帮助农户建立规范的农村经济合作组织，引导帮扶参与主体、社会资本以入股合作的方式与农户建立稳定的利益联结，提高集体组织能力和行动能力，全面促进乡村振兴。四是打造农村优美生活环境。按照美丽乡村建设标准，全面改善农村基础设施，提升农户生活质量。实施"千村示范、万村整治"工程，全面开展"三清三拆三整治"，加强农村交通物流、水利、能源等基础设施建设，系统推进生态环境整治。2020 年数据显示，贫困村人居环境综合整治完成率达 100%，20 户以上自然村雨污分流、建设污水处理设施覆盖率分别达到 65.7% 和48.2%。200 人以上贫困自然村路面硬化任务全面完成，贫困行政村和自然村集中供水率分别在 95%、90% 以上。贫困村公共服务站、标准化卫生站、快递物流覆盖率分别达 99.8%、98.5%、80.2%，全部连通 100 兆以

上光纤，全省 14.2 万个 20 户以上自然村光网覆盖率达 95.4%、4G 网络覆盖率在 97.3% 以上。①

（六）遵循区域梯度发展与协同发展规律，充分发挥改革开放先行区的优势，推动东西部扶贫有效协作，走先富引领区域共富的脱贫奔小康之路

广东从服务"两个大局"的高度，扎实推动东西部扶贫协作，积极推动区域协调发展，把帮扶桂、川、黔、滇四省（区）脱贫攻坚与推动粤港澳大湾区建设和西部大开发深度融合，深入推进珠江-西江经济带、粤桂黔滇高铁经济带建设，努力打破城市、区域界限，在基础设施互联互通、产业升级转移、旅游文化交流和生态保护等方面开展全方位、多层次合作，变"输血式扶贫"为"造血式扶贫"。一是加大资金帮扶力度。广东在东部 9 个省（市）中帮扶贫困县数量最多，工作任务最重，投入力度也最大。2017~2019 年，广东累计投入东西部扶贫协作资金 145 亿元，每个县平均投入超过 4200 万元；2020 年增加到县均 5899 万元，拨付到位资金达到 54.86 亿元，超额完成协议目标。二是加强干部人才支援。率先派出由厅级干部担任组长的 6 个扶贫协作工作组，开展学校、医院"组团式"结对帮扶，2019 年共派出 351 名党政干部和 4278 名教师、医生等各类专业技术人员。②加强学校结对帮扶、开办贫困村扫盲夜校、实施贫困人口职业技能培训、免费兜底招收贫困"两后生"到广东接受职业教育，提高贫困群众文化素质和劳动技能。推广粤桂扶贫协作首创的"双培双带双促"致富带头人培育模式，推动贫困人口创新创业。三是大力开展消费扶贫。依托粤港澳大湾区市场优势，不断完善产销渠道，建设广东东西部扶贫协作产品交易市场，在商场、社区设立线下专柜专区，利用中国社会扶贫网等线上平台，销售广西、四川、贵州、云南地区的特色农产品，销售金额总计达 224.5 亿元。自新冠疫情发生以来，广东共采购 17.28 亿元的农畜产品。③ 四是持续深化产业合作。建设粤桂合作特别试验区、深百产

---

① 杜联藩：《广东探索建立解决相对贫困长效机制主要做法与经验》，记录小康工程·广东数据库，https://gdxk.southcn.com/llwzllzz/content/post_509592.html。
② 笔者在原广东省扶贫办调研时获得的数据。
③ 笔者在原广东省扶贫办调研时获得的数据。

业园、毕节·广州产业园、佛山·凉山花卉产业园、滇粤产业园等园区，促进产业梯度转移。建设广药集团贵州百亿刺梨产业、越秀集团黔南州生猪养殖示范基地等大型帮扶项目，引导华为、平安、万科、腾讯等龙头企业到西部地区投资，2019 年共引导 1590 家企业到被帮扶地区投资，带动 28.87 万贫困人口脱贫。五是深入推进劳务协作。抓实"三个三"就业体系，即搭建校企合作、用工招聘、就业信息三个平台；畅通异地转移就业、就近就地就业、就业权益保障三个渠道；抓好"粤菜师傅"和"南粤家政"定制化培训、"保姆式"服务、"全覆盖"激励三项工作。截至 2020 年，全国 24 个省（区、市）约有 331.21 万贫困劳动力在粤就业，被帮扶四省（区）在粤务工贫困人员有 198.43 万人。①

总的来看，广东在消除绝对贫困和缓解相对贫困方面已经取得巨大成就，形成了减贫治理的广东经验和广东方案，实现了广东减贫治理历史上的最好成绩。

二　广东减贫治理面临的挑战

广东减贫治理取得了决定性成效，走在全国前列。然而，对标新发展阶段的发展要求、巩固拓展脱贫成果的要求和迈向共同富裕的要求，广东减贫治理仍存在一些困难和挑战，主要表现为三大风险和三个不足。

（一）宏观层面存在三大风险

我国已进入风险社会，风险无处不在、无时不有。脱贫攻坚战胜利收官之后，党中央、国务院高瞻远瞩，在 2021 年的中央一号文件（《中共中央 国务院关于全面推进乡村振兴加快农业农村现代化的意见》）中明确提出，要实现巩固拓展脱贫攻坚成果同乡村振兴有效衔接。在"两个一百年"奋斗目标的历史交汇期，广东积极推进巩固拓展脱贫攻坚成果同乡村振兴有效衔接，充分研判潜在致贫或返贫等风险，完善减贫治理体制机制，提高减贫治理能力。

---

① 笔者在原广东省扶贫办调研时获得的数据。

1. 脱贫不稳定导致的返贫风险

经典著作《新风险 新福利：欧洲福利国家的转变》中的相关论述表明，随着经济全球化和市场化的深化，全球化和市场化所带来的不一定是发展机遇，更多的可能是一种不适感、无力感，使人们面临更大、更深层的生存发展风险，加大了贫困脆弱性和返贫风险。[①] 与此同时，不均衡的区域发展、复杂的政治经济环境、未全覆盖的社会保障导致新时期贫困出现相对性、复杂性和长期性的特征[②]，其中相对贫困包括转型贫困、流动性贫困、多维贫困、发展性贫困、结构性贫困和特殊群体贫困[③]。新时期贫困类型发生了变化，长期贫困与转型贫困并存，物质贫困、经济贫困向非经济贫困、多维贫困转型，特别是新型贫困（工作贫困、权利贫困、能力贫困、精神贫困、心理贫困），其多样性和复杂性加大了贫困识别的难度，增加了返贫风险，为减贫工作的推进和相关治理带来了新的挑战。对此，2020 年 5 月 11 日，习近平总书记在山西考察时强调，脱贫后最应关心的是如何巩固脱贫、防止返贫。[④] 返贫一直是我国扶贫开发的顽疾，返贫率最高达 30%，且随着贫困标准的提高而上升。2020 年消除绝对贫困后，全国巩固脱贫、阻断返贫大致需要 5 年时间。防止返贫也是广东当前及今后一个时期扶贫工作的重要任务，要特别关注因疫因病因灾造成的"遇困户"、未能享受帮扶政策的贫困"边缘户"、脱贫基础不扎实的脱贫"边缘户"等"易贫群体"。根据风险来源，返贫可分为源自政府供体的政策性返贫、源自贫困主体的能力性返贫、源自环境载体的环境性返贫。一是政策变动引发的政策性返贫风险。从脱贫依赖症来看，一些贫困户太依赖扶贫政策，一旦绝对贫困消除，优惠政策取消，很可能会返贫。在大力实施消费扶贫的政策背景下，部分扶贫农产品过于依赖帮扶单位"包销"，产品自身定位不准、价格高、质量参差不齐，缺乏市场竞争能力。全面脱贫后，"照顾式"消费扶贫逐步退场，扶贫农产品销售应创新思路，开拓

---

① 〔英〕彼得·泰勒-顾柏编著《新风险 新福利：欧洲福利国家的转变》，马继森译，中国劳动社会保障出版社，2010。

② 李小云、许汉泽：《2020 年后扶贫工作的若干思考》，《国家行政学院学报》2018 年第 1 期。

③ 邢成举、李小云：《相对贫困与新时代贫困治理机制的构建》，《改革》2019 年第 12 期。

④ 《蹚出新路子 书写新篇章——习近平总书记山西考察纪实》，中国青年网，http://news. youth. cn/sz/202005/t20200514_12327152. htm。

稳脱贫需要的产品销售之道。从就业持续性来看，如果就业扶贫劳务输出组织化程度降低，转移就业门路就会变窄，就业的稳定性就会降低，从而就会存在返贫风险。二是贫困主体自身原因引发的能力性返贫风险。从素质型贫困来看，脱贫人口中文化层次低、发展能力弱、劳动技能缺乏、收入渠道单一的群体存在较大返贫风险。从产业扶贫来看，有的地方产业扶贫较重视"短平快"，依托优势和打造特色不强、发展规模化和长效化产业不足，抵御市场等风险能力还比较弱，帮扶单位撤走后，扶贫项目没人管或管得不到位，存在返贫风险。三是环境变化引发的环境性返贫风险。从自然环境来看，气候恶劣、自然灾害易发多发的地区容易返贫。从社会环境来看，经济下行、国内外形势严峻、社会发育程度低、疫情等也容易引起返贫。

2. 盲目提高扶贫标准形成的悬崖效应风险

由于扶贫脱贫工作非常重要，广东对其重视程度非常高，一些地方自觉或不自觉地把扶贫标准拔高了，甚至不同地区之间互相攀比看谁的标准高，对贫困户做了一些不切实际的承诺，设置的地方性考核指标明显超过"两不愁三保障"的标准。如个别部门去检查脱贫攻坚工作时，如果发现贫困户家里没有电视机就断定没有通电视信号；有些危房改造不单要房子改造好，还要家具电器配齐。这样一来，就使贫困户和非贫困户待遇差别过大，使"贫困村吃得撑，非贫困村吃不饱"，出现"悬崖效应"。而且，由于福利具有刚性特点，福利保障存在"上去下不来"效应，即增加容易减少难。可以说，随意拔高减贫标准一定会加大脱贫攻坚的难度、加大财政负担，是不可持续的，是兑现不了、不切实际的承诺，容易损害党和政府的公信力。另外，如果制定的"两不愁三保障"标准被突破了，社会会产生新的不公，会有很多贫困户不愿意脱贫、不愿意摘帽，容易陷入"福利陷阱"或诱发福利依赖。"个人努力+政府责任"蜕变成单方面"吃财政"，全民税收补贴"福利懒汉"的情况就会发生。如调研发现，一些贫困患者小病大治，甚至治愈后还"躺在床上"不走；一些子女眼看着体弱多病的老人不去赡养，而是通过"分家"方式，把贫困人口交给政府兜底。

3. 脱贫攻坚与乡村振兴战略衔接不畅的风险

脱贫攻坚和乡村振兴战略都是为实现"两个一百年"奋斗目标确定的

国家战略，具有战略举措的互补性与基本目标的统一性。但两大战略的差异明显：脱贫攻坚是特殊性、局部性和紧迫性的政策安排，而乡村振兴则是综合性、整体性和长期性的战略选择。脱贫攻坚战略与乡村振兴战略在政策目标、作用对象、施策方式等方面存在差异，两大战略在衔接过程中因靶向性与整体性、特惠性与普惠性等矛盾容易引发衔接不畅的风险。

一是靶向性与整体性的矛盾导致衔接面临"合作困境"。现阶段我国的贫困特征决定了脱贫攻坚战略必须以贫困群体为瞄准对象，以超常规帮扶举措实现贫困户"两不愁三保障"，所以政策举措以贫困户个体为对象。精准帮扶政策准确高效地解决了贫困户的温饱与增收问题，但在许多贫困地区，短期内过于强调精准会不可避免地在一定程度上使贫困户与非贫困户产生隔阂和对立，导致原有社区内部的利益平衡被打破，互助共济的传统受到冲击。而乡村振兴战略则强调乡村发展的整体性，在贫困地区个体农户发展能力总体较弱的现实条件下，必须通过有效方式让农民建立起紧密的合作关系，解决原子式农户家庭与现代市场经济对接存在的问题和风险。因此，脱贫攻坚推进中，贫困地区农户集体行动能力在原有基础上的相对削弱，会造成脱贫攻坚与乡村振兴战略衔接面临不同程度的"合作困境"，这无疑是脱贫攻坚和乡村振兴战略有效衔接中需要通过政策创新重点解决的突出问题。

二是特惠性与普惠性的矛盾导致政策实施存在路径依赖风险。脱贫攻坚政策强调帮扶对象的特惠性，而乡村振兴的政策取向则更加重视普惠性。在精准扶贫政策路径依赖的"锁定效应"下，乡村振兴战略实施中事实上存在仍以特定群体为施策对象的目标偏离问题。精准扶贫对贫困户高度集中的政策帮扶和物资投入在一定程度上将贫困户固化为乡村的"特殊利益群体"，在不少呈现整体性贫困特征的地区，非贫困户尤其是边缘贫困户的不满情绪较大，所以引发的矛盾较尖锐。为了平衡不同群体利益，顺利完成脱贫任务，不少贫困地区采取许诺预期利益的方式安抚非贫困户，以矛盾后移缓解利益冲突。在此背景下，乡村振兴战略实施带来的各种政策利益将难以避免强化非贫困户补偿性争夺各类优惠政策的心理动因，地方政府也可能迫于压力而有选择地向其倾斜政策利益，结果是乡村振兴的普惠性政策转变为弥补扶贫战略中"非既得利益群体"的补偿性政策，贫困地区整体性乡村振兴发展目标的实现仍将遭遇阻碍。

（二）微观层面存在三个不足

党的十八大以来，广东深入实施精准扶贫精准脱贫攻坚工程，率先完成国家标准下绝对贫困减贫任务，率先开展解决相对贫困的探索，为全面高质量建成小康社会奠定了坚实基础。但是，调研发现，对标中央要求和高质量扶贫脱贫标准，广东减贫治理微观实践中存在以下三个不足。

1. 内生脱贫动力不足

广东减贫实践中的内生脱贫动力不足主要表现为"三不"，即不愿脱贫、不信脱贫和不能脱贫。一些贫困地区因循守旧、安于现状、穷不思变，缺乏开拓创新意识，只顾眼前利益，主动脱贫意识不强，存在精神贫困。一是一些贫困村扶贫干部、村干部开展扶贫脱贫工作的耐心与动力不足，存在松懈、厌战、畏难、急躁等消极情绪，在扶贫与扶智、扶志相结合上思路不宽、办法不多。这些村干部一方面以"贫困村"自居，另一方面对于扶贫规划、扶贫措施关注少思考少，不主动配合扶贫工作队落实扶贫措施，让不少好的措施错过实施时机。二是一些群众上进心或脱贫动力不足。运动化、包揽式治理思维和扶贫模式容易导致贫困地区、贫困人口成为扶贫项目的被动参与者，基层扶贫工作者常常抱怨："总是我们在动，而老百姓缺乏热情，事事依赖政府。"[1] 部分贫困群众人穷志短，存在"等靠要"思想，习惯性依赖外部扶持、依赖"输血"，存在"靠着墙根晒太阳，等着别人送小康"现象，陷入"越穷越要、越要越懒、越懒越穷"的困境。如调研发现，连南瑶族自治县三排镇镇委书记反映，他要求一贫困户早上 9:30 到镇上办理产业扶贫项目申请手续，但到 10 点钟该贫困户还没有到，打电话过去问，说还没有起床。还有一些贫困户因被清退而频频上访。如调研时了解到，惠州市大亚湾区澳头街道前进村村民苏某，2008年以患有鼻炎、无工作能力申请低保补助，后被核定为低保户。2017 年初，经民政部门年审认定，苏某身体无重大疾病且具备劳动能力，取消了其低保补贴资格。对此，苏某认为政府剥夺了其享受扶持政策的权利，多次上访要求继续领取补贴金。三是一些贫困群众脱贫信心和能力不足。一

---

① 万兰芳、向德平：《中国减贫的范式演变与未来走向：从发展主义到福利治理》，《河海大学学报》（哲学社会科学版）2018 年第 2 期。

些地方的基层党建存在短板和弱项，少数贫困村党组织软弱涣散，带领贫困群体脱贫奔小康的信心和能力不足。同时，一些贫困群众通过自身努力去改变贫困面貌的"精气神"不足，缺乏脱贫致富的意志力、勇气和斗志。有的贫困群众就业观与客观实际有偏差，存在求体面、求稳定的选择性就业倾向，不愿从事市场岗位多、需求大的快递行业、家政行业等，不愿干"体力活"，择业标准与自身能力不相符。

2. 乡镇对贫困村的辐射带动能力不足

广东全省 2277 个相对贫困村中有 77 个是镇政府所在的行政村。一些乡镇在对贫困村的帮扶方面，存在无人管事、无人干事、无钱办事现象。一是人力带动不足。乡镇扶贫力量与脱贫任务不匹配，各市县镇扶贫系统存在不同程度的"小马拉大车"现象，尤其是乡镇一级的扶贫工作人员不足的问题更为突出。镇村两级扶贫干部待遇低、任务重、责任大、力量弱，与脱贫攻坚任务不匹配，疲于应付日常事务，调研检查指导、督查督促力量不够。一些镇村干部想干不会干、苦干不实干，结合实际落实政策的办法不够多。部分镇对脱贫攻坚工作过多强调迎接检查考评，很少具体研究解决贫困群众的实际困难的方法。一些镇村党员干部和乡贤大多是经营自己的事业，"头雁"观念淡薄，较少自觉地考虑乡村整体发展和扶贫共富。贫困村村"两委"干部普遍存在年龄偏大现象，文化水平比较低、工作能力比较薄弱。2020 年 4 月调研的清远、韶关、河源 12 个贫困村的村支部书记年龄全都在 55 岁以上，村"两委"干部的政策理解力和执行力都亟待加强。一些乡镇干部存在思想认识不到位、能力素质不够高、工作作风不扎实等问题，缺乏带领群众增收脱贫的有效办法。二是财力带动不足。一些乡镇产业选择空间小，扶贫资金沉淀较多，闲置问题突出。一些地方扶贫资金拨付进度慢，资金在乡镇一级结存滞留，没能及时到村落地。乡镇财政资金投入不够，难以引入社会资金扶贫。三是镇域经济辐射不足。有些地方镇域经济发展水平较低，扶贫产业发展缓慢，镇村主导产业处于起步和培育阶段，产业链条不长，一些关键性的技术难题还需要突破。同时，农民专业合作社和龙头企业大多层次低、规模小、数量少、实力差，产业带贫益贫利益联结不紧密、扶贫新业态发展不足。有些镇经济基础薄弱、区位优势较差，产业项目选择难、实施难、配套难等问题还不同程度存在，有效脱贫模式还不够多。一些地方建设特色小镇没有因地制宜，与城市雷同，缺乏乡土气息，画虎类犬、不伦不类，难以吸引城里人去观光旅游或休闲度假。

3. 公共服务供给不足

研究表明，公共服务供给不足、不均衡是相对贫困发生的重要原因。此种失衡不仅体现在城乡间、区域间、群体内部享有公共服务的不均衡上，也体现在服务供需的错位上。调研表明，粤东西北地区整体经济发展水平偏低、公共基础设施落后和基本公共服务供给能力偏低，导致其对脱贫攻坚的支持力度不够，弱化了农村家庭生计资本，容易诱致贫困发生，不利于脱贫稳定性和可持续发展。

一是基础设施落后。由于相对贫困地区特殊的自然地理环境，政府对其长期投入有限，造成其交通道路、通信等基础设施发展滞后。粤东西北地区的公共基础设施与珠三角地区的差距十分明显。以高速公路覆盖率（密度）为例，粤东西北地区的高速公路密度低于全省平均水平，特别是粤西地区仅为全省平均水平的一半。粤东西北地区普遍存在国省道和农村公路优良路率低、危桥线段多、路面状况差、安全设施少等问题。综合客运枢纽建设滞后，各种运输方式衔接不顺畅，一体化运输服务水平亟待提升。有些镇到村的路太窄，乡镇通产业园区的路不通畅。有些地方农村路建好、管好了，但没有护好、运营好，与"四好农村路"优化村镇布局、利于农村经济发展和广大农民安全便捷出行的要求相去甚远。

二是基础教育落后，人口素质较低、工作技能较差。贫困村农民受教育水平偏低，生计资本不足，生计能力较弱。贫困户基本上受教育程度很低，即使是外出务工人员，也因学历条件限制，工作收入较低，发展难度较大。留守劳动力观念老化，接受新知识和新技术的能力较低，无法改变自身的生存环境。经济管理类干部和专业技术人才缺乏，使得政策宣传、技术推广普及工作难以深入，而农民也由于自身素质问题，不熟悉扶贫政策，以至于不能充分享受政府提供的服务，扶贫政策往往难以发挥作用，也影响基本公共服务效果。城乡教育中心化以后，学校离家较远，接送学龄儿童很浪费劳动力，影响贫困户全职就业。同时，农村幼儿园覆盖面不能满足农民需求。

三是社会保障不足，难以维持脱贫成果。农村社会保障的有效推进使得农民在医疗卫生等领域的一些难题得到了一定程度的解决，然而，生活水平低和看病难等诸多问题没有得到根本性解决。社会保障不足，群众缺乏自我发展的能力，在遇到疾病、自然灾害、高额学习费用或是帮扶力度减弱等情况的时候，容易返贫或致贫。珠三角地区人均卫生资源明显高于粤东西北地区，广东全省 80% 以上的优质医疗资源集中在珠三角地区。63.4% 的在岗职工和 58.1% 的床位集中在珠三角地区，粤东西北地区在岗职工和床位仅占全省的 36.6% 和 41.9%①；高端设备在粤东西北地区相对缺乏，高端人才在粤西、粤北地区相对不足，重点专科在粤东西北地区设置相对较少。在困境儿童救助保障方面，珠三角地区孤儿的基本生活最低养育标准普遍高于粤东西北地区，广州、深圳、佛山、珠海、惠州、东莞、江门、肇庆、揭阳的标准均高于全省最低标准，广州、东莞、惠州还建立起集中供养和散居孤儿统一标准保障制度，而粤东西北地区则基本维持在全省最低养育标准线上。珠三角地区的儿童福利机构设施设备齐全、服务水平较高，而粤东西北地区的儿童福利机构设施设备简陋、护理人员和护理经费缺乏，基本处于养育层次，治疗、康复、教育工作难以开展。调研发现，农民的城乡居民基本养老保险平均待遇与城镇职工基本养老保险平均待遇相比，不到其 1/4，由此可见农村社会保障力度不足，难以起到巩固拓展脱贫攻坚成果的有效作用，更难以促进共同富裕。

三　广东减贫治理的未来路向

习近平指出："消除贫困，自古以来就是人类梦寐以求的理想，是各国人民追求幸福生活的基本权利。"② 2020 年底，我国脱贫攻坚战取得胜利，全面建成小康社会，根据形势的变化，党中央对减贫战略也做出调整。2020 年，中央一号文件要求"加强解决相对贫困问题顶层设计，纳入实施乡村振兴战略统筹安排。抓紧研究制定脱贫攻坚与实施乡村振兴战略有机衔接的意见"③。随着广东减贫事业进入后脱贫时代，减贫治理的目

---

① 笔者在原广东省扶贫办调研时获得的数据。
② 习近平：《携手消除贫困 促进共同发展——在2015减贫与发展高层论坛的主旨演讲》，人民出版社，2015，第 2 页。
③ 《全面建成小康社会重要文献选编》（下），人民出版社、新华出版社，2022，第 1152 页。

标、方式和路径需要重新思考。

（一）减贫治理目标从全面消除绝对贫困向巩固拓展脱贫成果和治理相对贫困转变

党的十九届四中全会提出，"建立解决相对贫困的长效机制"，力促中国反贫困战略的提升和贫困目标瞄准的转换，指明了2020年后中国减贫治理的发展方向。减贫治理目标转向巩固拓展脱贫成果和治理相对贫困，这对应了2020年农村绝对贫困消除以后，农村相对贫困依然存在、贫困的特征和空间分布格局发生变化和继续以不同方式展开减贫工作的客观需要。随着农村绝对贫困消除，大规模、集中式扶贫模式的合理性显然会大大降低，巩固拓展脱贫成果、防止贫困的再产生以及协助相对弱势和困难群体使其不再陷入贫困陷阱则自然成为2020年之后减贫工作的主要内容。因此，将巩固拓展脱贫成果和治理相对贫困作为未来减贫的主要目标会使得未来的减贫治理有机地转型并融入国家整体发展战略框架中。①

减贫目标的转变，一是对人民对美好生活的向往的进一步诠释。实现贫困群体对美好生活的向往，是党初心和使命的体现。随着物质文化需求水平不断提高，生活在农村的居民的视野不断开阔，原来的思维方式和生活方式被打破，能够与不同的思想和文化接触和碰撞。随着经济社会的发展，农民思想活动的独立性、多样性、选择性增强，自我意识、权利意识、公平意识逐渐觉醒，使个体层面的卑微、焦虑和无力感在一定程度上消退，促使农村贫困群众开始着手对人生进行自觉的、理性的决策和安排，把更多注意力放在对自身命运、全国人民命运乃至世界人民命运的关注上。② 二是契合"共建一个没有贫困、共同发展的人类命运共同体"的时代主题。党的十八大以来，以习近平同志为核心的党中央站在历史与现实相交汇的时代制高点上，对世界格局和发展大势做了深入观察和科学思考，开启了中国内政治理和外交拓展的新征程——"共建一个没有贫困、共同发展的人类命运共同体"，体现出了中国作为一个负责任大国将自身命运和前途同世界命运和前途紧密联系在一起的一种自我定位，以及对人

---

① 李小云、苑军军、于乐荣：《论2020后农村减贫战略与政策：从"扶贫"向"防贫"的转变》，《农业经济问题》2020年第2期。
② 周芸帆：《十八大以来中国农村贫困治理研究》，博士学位论文，电子科技大学，2019。

类前途的关心、为人类发展做出更大贡献的真诚愿望。

（二）减贫治理方式从集中式攻坚向建立常态化制度化长效机制转变

进入小康社会后，贫困依然会以新的形式存在，相对贫困将是发展不平衡不充分的重要表现。在新发展阶段，应逐步将现行的脱贫攻坚措施调整为针对相对贫困的常态化帮扶措施，减贫治理要从运动化、集中式、事后型治理向常态化、制度化、事前预防型治理转变，尤其要重视建立解决相对贫困的长效机制。

一是建立城乡融合的多维贫困治理机制和创新减贫治理工具。要通过生产要素在城乡间合理流动和优化配置，促进城乡经济和社会协调发展，逐步缩小直至消灭城乡在教育、医疗、基础设施、公共服务等方面的差距。[①] 一直以来，我国的扶贫标准是单一的收入标准，随着绝对贫困的消除，人民对物质生活和精神生活都提出了更高要求，围绕人的全面发展和经济发展、政治参与、文化学习、社会交往、生态文明建设等多样需求的减贫思路不能仅着眼于单纯的收入，还要遵循减贫治理的客观规律，从着眼于一维收入贫困向关注多维贫困转变。贫困不仅仅是经济上收入低下的表现，更是一种权利缺乏或者其他条件不足的表征，体现了社会参与能力、收入创造能力与机会获取能力的缺失。因此，应根据社会经济综合发展水平，制定动态多维相对贫困标准，即一个包含收入、医疗、教育、住房等多个指标的多维贫困量度标准，并根据经济发展水平适时动态调整。同时，重视减贫治理类别化，即贫困群体分类精准与救助瞄准，如针对能力贫困、工作贫困、特殊家庭贫困、儿童贫困、老年贫困等有不同救助措施。创新减贫治理工具，如政府购买服务、民营化等市场化工具以及社区治理、志愿者、公众参与等社会化工具，这些工具可以为提升扶贫脱贫政策的精准度和绩效提供更多选择，有利于加强返贫防控。

二是建立城乡一体化减贫机制。现行的扶贫政策主要在农村实施，由各级扶贫部门负责，不涉及城市。城市缺乏系统的扶贫体系和政策，城市的贫困救助工作主要由民政部门协调开展，没有专设扶贫机构。城乡两套

---

① 江立华：《相对贫困与2020年后贫困治理战略》，《社会发展研究》2020年第3期。

扶贫政策体系在救助标准、救助对象、救助手段和救助目标等方面存在较大差异。在消除绝对贫困以后，相对贫困的范畴更加广泛，不应区分城乡。随着城乡联系的加强，低收入群体在城乡之间的流动性加强，两个标准和不同扶贫机构容易使大量的相对贫困群体被排斥在救助范围之外。城乡不同的救助标准，在全面建成小康社会后也不利于缩小城乡差距，容易造成新的社会不公。因此，要打破城乡二元贫困治理格局，逐步实现生产要素在城乡之间合理流动和优化组合。相对贫困治理应由聚焦农村转向城乡统筹，逐步建立城乡统一的减贫机制，整合扶贫办、民政部扶贫救助主体职能，实现贫困线和低保线两线合一，搭建统一的救助平台，解决城乡低收入人群的后续发展问题，实现城乡低收入群体的同步发展。在此基础上，还应建立完善城乡统一的贫困治理组织机构、统计指标、体制机制和政策体系。①

三是建立统筹整合的减贫机制。现有减贫政策的部门化、碎片化特征依然明显。减贫政策的作用可能因政策部门化、碎片化而被限制，出现资源浪费或耗损，造成低效率。对此，一方面应适当打破政策的部门化限制，加强相对贫困地区相关政策的整合与制度的衔接，针对相对贫困区域和相对贫困人口的特征，强化不同政策间的结合和补位，提高扶贫措施的适用性、针对性和时效性，织好社会政策的安全网，使政策的减贫效益最大化，提升防止返贫的长效性。另一方面应依托并完善减贫部门的综合协调职能，形成多部门参与的相对贫困治理新格局，强化顶层设计，加强信息共享、资源整合，建立减贫综合治理的长效机制。

（三）减贫治理路径从攻克贫困堡垒向协同推进乡村振兴转变

脱贫攻坚是实施乡村振兴的基础，乡村振兴是稳定脱贫攻坚成果的有效保障。研究表明，城乡发展不平衡和乡村发展滞后是贫困与相对贫困产生的根源。乡村振兴是减缓贫困与相对贫困、缩小城乡差距的必由之路。城乡发展规律表明，城乡二元将最终走向城乡融合，必须通过体制机制创新破除乡村发展障碍，加快补齐基础设施和公共服务短板，改善发展环

---

① 江立华：《相对贫困与 2020 年后贫困治理战略》，《社会发展研究》2020 年第 3 期。

境，激发乡村活力。① 然而却存在一个客观事实：精准扶贫对贫困户高度集中的政策帮扶和物资投入同步进行，这无形之中拉大了贫困户与非贫困户、贫困村与非贫困村之间的差距，导致出现"悬崖效应"。在新发展阶段，减贫治理应当以乡村振兴为契机，在保障脱贫质量的基础上，通过体制机制创新，统筹战略规划，整合资源，进一步强化乡村产业融合发展，持续推动基本公共服务均等化，积极培养和激发乡村振兴主体意识与内生动力，推动脱贫攻坚与乡村振兴之间顺利和有效衔接。

一是强化乡村产业融合发展。产业振兴是乡村振兴的重要基础。习近平总书记强调，要积极发展乡村产业，方便群众在家门口就业。② 产业振兴具有较强的枢纽带动性、便于操作性和成效显著性，各地在乡村振兴实践中一般把产业振兴放在非常重要的位置。因此，必须立足本地特色资源，盘活农村资产，拓展强化产业链条，促进产业融合发展。

在乡村全面振兴发展过程中，广东相对贫困问题的解决和乡村产业振兴需要遵循产业发展规律。在以市场为基本取向的改革进程中，要按照产业兴旺、生态宜居、乡风文明、治理有效、生活富裕的总要求，依靠全面激活要素、主体和市场，促进乡村产业振兴，全面激活农村资源，加快推进农业农村现代化。③ 为此，必须重视益贫产业发展，夯实消减农村贫困家庭生计脆弱性的经济基础。益贫式增长理论认为，经济增长是减贫的必要不充分条件，经济增长必须配合更加公平的收入分配制度，才能实现贫困快速减缓的效果。因此，要增强产业扶贫与乡村振兴中的产业兴旺等具体举措的有效协同，加大公共服务和基础设施建设的投入力度，形成有利于穷人的增长方式和发展环境，增加相对贫困家庭的生计资本，增强其发展能力，在减少贫困的同时改善不平等。立足县域振兴大格局，大力发展县域经济，深化产业结构调整，健全县域产业体系，带动镇域经济发展。同时，因地制宜发展特色鲜明、产村（产镇）融合、充满魅力的特色小镇和小城镇，以镇带村、以村促镇，推动镇村联动发展。积极探索小农产业发展，创新土地流转方式，盘活农户资产，增加其资产性收益。强化科技

---

① 张琦：《减贫战略方向与新型扶贫治理体系建构》，《改革》2016 年第 8 期。
② 《习近平春节前夕赴贵州看望慰问各族干部群众》，江苏先锋网，http://www.jsxf.gov.cn/jsxf/ydtj/202102/t20210210_461351.html。
③ 江立华：《相对贫困与 2020 年后贫困治理战略》，《社会发展研究》2020 年第 3 期。

赋能乡村产业发展，拓链强链补链，构建全链条技术服务体系。因地制宜发展乡村旅游、休闲农业等新产业新业态，构建农文旅研学一体化发展模式，积极推动形成特色优势产业，促进产业融合，增加农业产品的附加值，让农民分享到更多的产业发展收益，实现乡村产业兴旺和农民增收。为此，需要加快推进农村重点领域和关键环节改革，激发农村资源要素活力，完善农业支持保护制度，尊重基层和群众创造，不断优化乡村产业振兴的制度环境和政策驱动体系。

二是持续推动基本公共服务均等化。党的十八届三中全会提出"统筹城乡基础设施和社区建设，推进城乡基本公共服务均等化"；党的十九大报告提出"要建立健全城乡融合发展体制机制和政策体系，加快推进农业农村现代化"，而实现农业农村现代化的基本要求就是实现城乡基本公共服务均等化。现实表明，乡镇作为市县与村相联系的节点，必须加强其在基本公共服务供给和特色产业发展方面的重要枢纽作用，补齐农村在幼儿养育、养老服务、护理服务、残疾人康复服务、失能老人照料服务等方面的短板。为此，要大力持续推动建立城乡一体化的、均等的公共服务和社会保障体系，并激发家庭、社区等非正式支持网络的社会保障与福利功能①，为乡村振兴提供坚实的基础。另外，必须全方位补齐农村的基本公共服务短板，提高教育、养老、医疗和人居环境水平。

在教育保障和劳动力培训方面，可以将针对贫困户的教育保障措施扩大至非贫困人口，全面控辍保学。加强农村教育基础设施建设，加强区域城乡之间学校结对共建，推动城市优质教育资源向农村扩散。充分利用信息化、人工智能等新技术、新手段赋能农村教育，推动"互联网+教育"发展和教育服务城乡均等化。有条件的地区需逐渐将学前教育、高中教育纳入义务教育范畴。完善农村劳动力转移政策和就业培训机制，重视新型农民、农民工的就业技能与素质培训制度构建，增进其人力资本积累，增加农民、农村贫困家庭生计资本，增强其应对风险冲击的决策能力。

在养老、医疗保障和服务方面，由于农村老龄化、失能化、空巢化程度不断加深，应鼓励和支持乡镇敬老院适度有偿开放。同时，加快建设农

---

① 万兰芳、向德平：《中国减贫的范式演变与未来走向：从发展主义到福利治理》，《河海大学学报》（哲学社会科学版）2018 年第 2 期。

村居家养老照料中心或服务中心，逐步在全省农村建立老年配餐与补贴制度，实现城乡养老服务均等化。鼓励基层医疗服务机构和人员与敬老院、农村居家养老服务中心合作，探索农村医养结合养老服务模式，既缓解农村老人缺乏照料的问题，也增加基层医疗服务内容和收入来源。健全基层医疗卫生服务体系，办好县级医院，推进标准化乡镇卫生院建设，改造升级村卫生室，消除医疗服务空白点。稳步推进紧密型县域医疗卫生共同体建设。全面实施门诊统筹，提高统筹层级和门诊报销水平，切实解决慢性病患者长期门诊治疗费用报销问题。提高医疗服务经办水平，实现省域内住院先诊疗后付费和"一站式"即时结算。

在人居环境改善方面，开展"四好农村路"示范创建，整治"畅返不畅"路段，做好路面提质拓宽、病险路段改造，深入推进行政村通客运公交。扎实推进贫困村村内道路路面硬化建设，统筹布局农村污水和垃圾处理设施，有序推进农村雨污分流，改善农村人居环境。

三是积极培养和激发乡村振兴主体意识与内生动力。必须着力壮大村集体经济，提升农民经济地位，为减贫治理与乡村振兴协同奠定村级经济基础。贫困的实质不是收入的低下，而是可行能力的贫困。相对贫困的治理更需要提升低收入者的能力。为此，一是要引入社会工作者和相应的社会服务组织，应用专业方法整合资源、组织活动、增能赋权，激发村民的内生动力和治理潜能。在解决贫困者基本生活困难的同时，拓展有助于提高他们社会参与和社会竞争能力的服务项目，挖掘他们的发展潜力，增强他们的发展能力，增加他们的发展机会，由"他助"转换成"自助"，克服消极被动的思想，使他们依靠自己的力量实现向上流动。[1] 二是要开展农业技术培训提升农民的科学素质和劳动素质，开展先进文化教育提升农民的精神文化水平，培养发展农民人才队伍提升农民治理乡村的能力。三是要继续强化"志智双扶"。乡村振兴，既要塑形，也要铸魂。[2] 优秀乡村文化能够提振农村精气神，增强农民凝聚力，孕育社会好风尚。因此，要综合运用村内宣传栏和文化墙、移动客户端、农村远程教育等平台，大力宣传习近平总书记关于巩固拓展脱贫攻坚成果同乡村振兴有效衔接的重要

---

① 江立华：《相对贫困与 2020 年后贫困治理战略》，《社会发展研究》2020 年第 3 期。

② 《乡村振兴既要"塑形"也要"铸魂"》，人民网，http://tj.people.com.cn/n2/2021/1019/c375366-34963080.html。

论述、党全面推进乡村振兴的战略部署以及传统优秀文化，提振乡村振兴工作队、村干部和农民积极投身乡村振兴、巩固脱贫成果的意愿。四是要建好"农民夜校""讲习所""道德讲堂"等教育阵地，组织党员干部、技术人员、致富带头人、脱贫模范等开展讲习。总之，要从不同层面强化农民的内源性力量，推进农民提高主体意识、责任意识、自我发展能力，从而从根本上保障脱贫攻坚成果，夯实乡村振兴的内在动力基础。

第四章　相对贫困治理：广东实践、基本经验、难点与治理路径

党的十九届四中全会提出要"建立解决相对贫困的长效机制"，这就表明，2020 年农村绝对贫困问题解决后，解决相对贫困问题成为改善民生和推进国家贫困治理的战略重点。同时，国家乡村振兴局强调，消减或缓解农村相对贫困将贯穿现代化的全过程。传统观点认为，一国经济发展程度越高或经济总量越大，贫困人口越少。然而，国际经验表明，一个国家的经济越发达，需要救助的人或贫困的人可能越多。我们既要消解绝对贫困问题，又要关注和缓解农村相对贫困问题。李小云和许汉泽认为，由于农村贫困人口生计的脆弱性、兜底保障的有限覆盖性以及贫困线可能的变动性，2020 年现有扶贫标准下贫困人口全部脱贫目标的完成并不意味着农村贫困的终结，农村贫困将进入一个以相对贫困为特点的新阶段。[1]《中共中央关于制定国民经济和社会发展第十四个五年规划和二〇三五年远景目标的建议》以及《中华人民共和国乡村振兴促进法》的颁布为推进农业农村现代化指明了新的前进方向，也为全社会同步推进城乡融合发展、扎实推动共同富裕注入了新的活力。绝对贫困问题的解决并不意味着减贫治理的终结，在新发展阶段，以地区产业发展不稳定、就业质量不高、人民生活质量悬殊等为表现的相对贫困问题仍客观存在，并贯穿农业农村现代化的整个过程。作为自党的十八大以来始终致力于相对贫困治理的先行地区，广东在遏制区域性相对贫困问题、满足相对贫困人口发展型需求等方

---

[1] 李小云、许汉泽：《2020 年后扶贫工作的若干思考》，《国家行政学院学报》2018 年第 1 期。

面开展了多维且丰富的政策实践，形成了较为有效的相对贫困治理经验。这些既有成果为未来阶段在全国范围内开展相对贫困治理、走出中国特色减贫治理道路提供了宝贵的理论经验与参考方案。

一　相关文献简述

脱贫攻坚战胜利收官，中国进入新发展阶段。在此背景下，学界政界对于相对贫困治理的理论研究与实践探索逐渐增多，涌现了一些极具启发性的研究成果。近年来，"相对贫困"问题的研究成果的快速增加也证明了这种发展趋势。在不同社会发展阶段，相对贫困问题的具体政策话语会有所变化，公共治理的侧重点也会有所不同，但总体来说对如何帮助那些"满足了基本生存需求但生活水平仍较低"的低收入群体的理论与实践关注都不曾中断。总体来看，相对贫困及其治理的学理研究和实践探索在国内尚处于初级阶段，学界政界对于相对贫困的概念、影响因素、治理路径等的研究成果不少，但研究观点有时存在较大争论。由于贫困问题形成的复杂性、系统性，围绕相对贫困展开的研究表现出多学科、多视角、多研究方法特点，使得相对贫困内涵十分丰富。

科学界定相对贫困的概念与内涵是有效治理相对贫困的重要前提。从理论角度而言，"相对贫困"中的"相对"使这个概念与"绝对贫困"相区别，而如何理解这种"相对"并没有一个统一的标准，因为"相对"源于"比较"，但"比较"则既可以是主观判断，也可以是客观存在。杨立雄总结比较了国内对于相对贫困的多个常用定义，认为相对贫困概念相比于绝对贫困概念，更注重从"社会需求"视角来看待部分群体的"匮乏"问题，由此区别于从生理视角出发定义的绝对贫困概念。[①] 胡原和陈光燕认为，作为治理对象的农村相对贫困的概念已发生了由绝对性向相对性、标签化向概念化、多维度向特殊维度的转变。[②] 也有学者认为，相对贫困主要描述了由收入差距引致的低收入群体在经济福利和社会发展机会获取

---

① 杨立雄：《相对贫困概念辨析与治理取向》，《广东社会科学》2021年第4期。
② 胡原、陈光燕：《2020年后农村相对贫困治理：对象界定与基本思路》，《四川农业大学学报》2021年第3期。

方面处于相对不足或"被剥夺"的境遇和状态，具有多维性、长期性和动态性。① 还有学者将相对贫困的基本属性界定为相对性、多维性、长期性和变化性。②

社会学视角下相对贫困的内涵在界定时被认为应当打破绝对贫困问题界定中对于低收入家庭生活方式的"绝对定义"，而更加强调"贫困"内涵中，随着社会习俗和时空背景不断变化的动态性和相对性，同时仍应当遵循一个家庭"生活所必需"的价值判断内核。③ 这种从生活方式的差异性出发界定相对贫困的方法，重视家庭单元贫困成因的综合性，反映出对"贫困"内涵中的"公"与"私"边界的理解实际上是因人而异的。也就是说，当我们将"贫困"与私人的"生活方式"相联系时，实际上就是在考量究竟应当在多大程度上把"贫困"作为一个公共问题来治理、在多大程度上将其作为一种不可被政策改造的私人生活状态，这两者之间往往存在一定的张力。

由于对相对贫困现象的理解是多元的，所以在度量"相对贫困"的范围和程度时就更需要选择科学合理的方法和指标。近年来，如何采用科学合理的方式将相对贫困纳入公共政策实操的路径之内是被关注的重点，相对贫困的测度和解构的学术研究成果也较多。如何测度相对贫困？国内学者主要从收入维度进行测算。如王小林认为，可将人均年度纯收入的 25% 作为相对贫困线④；程中培和乐章将家庭人均收入中位数的 30%~40% 作为相对贫困识别的最低标准⑤；张琦认为，人均收入中位数的 40% 是当前比较契合我国实际的相对贫困标准⑥。从研究的范式来看，相对贫困的测度多采用定量模型和大体量的统计数据，而采用的计量模型则种类多样，例

① 李鹏、张奇林、高明：《后全面小康社会中国相对贫困：内涵、识别与治理路径》，《经济学家》2021 年第 5 期。
② 姜安印、陈卫强：《论相对贫困的成因、属性及治理之策》，《南京农业大学学报》（社会科学版）2021 年第 3 期。
③ 唐钧：《后小康时代的相对贫困与贫困家庭生活方式》，《党政研究》2021 年第 3 期。
④ 王小林：《贫困测量：理论与方法》，社会科学文献出版社，2017，第 58 页。
⑤ 程中培、乐章：《美好生活的社会保护水准：社会政策体系中基本生活需要标准的建构》，《求实》2020 年第 2 期。
⑥ 张琦：《论缓解相对贫困的长效机制》，《上海交通大学学报》（哲学社会科学版）2020 年第 6 期。

如修正 AHP 赋权法改进 AF 法[①]、双参数项目反应理论 IRT 模型[②]、Alkire-Foster 多维贫困测度方法[③]等。在具体指标选取方面，相关研究均选择了与相对贫困人口生活息息相关的测量内容，但具体包含哪些指标则同样千差万别，部分测量方法还将相对贫困人口的主观体会纳入[④]，加强了对于"贫困"问题个体主观感受的学术研究。例如，祝志川等构建了生活水平、可行能力、经济状况和主观感受 4 个维度 18 个指标的测量体系[⑤]；汪三贵和孙俊娜则是通过划分西部地区、农村地区、山区、少数民族地区来考察区域性的相对贫困程度[⑥]；左停等构建了包含家庭人口情况、人力资源情况和农业生产情况 3 个维度 9 个指标的测量体系。[⑦]

　　研究表明，贫困与相对贫困的产生是一个复杂的过程。由于相对贫困的相对性、长期性以及多维性等特征，学者们基于不同的学科视角、不同的研究范式形成了制度结构、贫困文化、权利与能力、贫困心理等方面的多种不同的致贫归因论或解释范式。从现有研究来看，个体所拥有的资源禀赋情况、个体所在的群体所能提供的支持、地区和城乡之间的发展水平差异，以及由公共治理和技术进步带来的现代化的推进，在相对贫困问题的形成和发展之中均起到了较为显著的作用。一般来说，相对贫困较容易发生在那些健康水平[⑧]和受教育水平[⑨]较低的个体以及生计模式和资产形

① 祝志川、薛冬娴、孙丛婷：《基于 AHP 改进 AF 法的多维相对贫困测度与分解》，《统计与决策》2021 年第 16 期。

② 霍增辉、张玫、吴海涛：《基于项目反应理论的农户相对贫困测度研究——来自浙江农村的经验证据》，《农业经济问题》2021 年第 7 期。

③ 方迎风、周少驰：《多维相对贫困测度研究》，《统计与信息论坛》2021 年第 6 期。

④ 左停、刘文婧：《教育与减贫的现实障碍、基本保障与发展促进——相对贫困治理目标下教育扶贫战略的思考》，《中国农业大学学报》（社会科学版）2020 年第 6 期。

⑤ 祝志川、薛冬娴、孙丛婷：《基于 AHP 改进 AF 法的多维相对贫困测度与分解》，《统计与决策》2021 年第 16 期。

⑥ 汪三贵、孙俊娜：《全面建成小康社会后中国的相对贫困标准、测量与瞄准——基于 2018 年中国住户调查数据的分析》，《中国农村经济》2021 年第 3 期。

⑦ 左停、李泽峰、林秋香：《相对贫困视角下的贫困户脱贫质量及其自我发展能力——基于六个国家级贫困县建档立卡数据的定量分析》，《华南师范大学学报》（社会科学版）2021 年第 2 期。

⑧ 刘俐、邓晶、于雪等：《相对贫困视域下医疗保障对农村中老年人群因病支出型贫困的减贫效果分析》，《中国卫生政策研究》2021 年第 5 期。

⑨ 陈杰、詹鹏、韦艳利：《我国农村相对贫困的代际传递及影响机制——基于不同队列的分析》，《南京社会科学》2021 年第 6 期。

式①较为单一的家庭之中，而且相对贫困的个体往往存在内生动力不足的问题。从支持获取的角度来看，个体的社会正式组织参与水平越高（例如参加了农业合作社）、社会资本越多，就越不容易产生相对贫困中的"相对剥夺"问题。② 一些学者也关注到了城市中的相对贫困现象的存在，研究发现城市的相对贫困人口总体上难以达到当地居民的常规生活水平，发展能力较弱，面临较高的生活风险。③ 从社会现代化角度来说，对于现代化的工具——例如金融工具④和农业机械⑤——使用不足也会引发相对贫困问题。此外，公共政策的公平性不足而造成的群体间的社会福利的差异化，以及社会保障政策福利的不足也是引发相对贫困问题的重要因素。⑥

综观全球，相对贫困问题已经成为一个世界性议题，各个国家或地区都根据自己的经济、社会、文化等实际情况，通过经济发展、构建完善的福利体系或社会保障体系等路径治理相对贫困问题。中国作为一个后发型现代化国家，可以充分利用后发优势，学习借鉴其他国家治理相对贫困的有益经验。陈琦等认为，英国相对贫困治理的政策经验比较丰富，其通过发展型社会福利制度模式的构建，形成了教育、工作导向型福利、就业、住房、医疗等方面的具有特色的政策实践经验。⑦ 美国在治理贫困问题时将相对贫困与绝对贫困纳入了一套统一的指标体系，根据家庭的人口构成和收入水平划分了 48 条贫困线，以便向各类贫困家庭提供不同组合的救助项目。⑧ 欧盟在治理相对贫困问题时提出了社会"贫困风险率"指标，该指标是指人均可支配收入低于贫困风险阈值的人群所占的比重，贫困风险

---

① 张莎莎、郑循刚：《农户相对贫困缓解的内生动力》，《华南农业大学学报》（社会科学版）2021 年第 4 期。

② 罗明忠、刘子玉、郭如良：《合作参与、社会资本积累与农户相对贫困缓解——以农民专业合作社参与为例》，《农业现代化研究》2021 年第 5 期。

③ 关信平：《我国城市相对贫困呈现的新特点及治理对策》，《人民论坛》2021 年第 18 期。

④ 方舒、王艺霏：《金融能力与相对贫困治理——基于 CFPS2014 数据的实证研究》，《社会学评论》2021 年第 3 期。

⑤ 邱海兰、罗明忠、唐超：《农机社会化服务采纳、效率提升与农户相对贫困缓解——基于城乡比较视角》，《农村经济》2021 年第 5 期。

⑥ 解垩、李敏：《相对贫困、再分配与财政获益：税收和转移支付的作用如何？》，《上海财经大学学报》2020 年第 6 期。

⑦ 陈琦、王蓓、彭彤：《构建发展型社会福利：英国相对贫困治理的实践和启示》，《江汉大学学报》（社会科学版）2021 年第 5 期。

⑧ 解安、侯启缘：《中国相对贫困多维指标建构——基于国际比较视角》，《河北学刊》2021 年第 1 期。

阈值设定为经平均加权后全国人均可支配收入中值的 60%，并且"贫困风险率"是根据每个欧盟成员国的实际情况来测量的，而不是采用一个共同的阈值。① 拉丁美洲的国家则使用多维贫困测量框架，将社会权利水平（包括教育、住房、医疗等）和区域情况（包括交通情况和社会融合情况等）考虑在内。②

许多国家在确定相对贫困的政策目标群体时会首先瞄准那些相对贫困问题高发的社会居民和社会群体。例如法国和德国在治理贫困问题时重点关注了单亲家庭、失业者、青少年以及未成年人较多的家庭；日本在治理相对贫困时以社会保障制度（特别是低保制度）为侧重点，旨在提升国民整体的生活质量③，这种治理理念实际上是将提升居民生存质量作为遏制相对贫困问题的具体路径，有利于提升居民生活的获得感和幸福感，降低被剥夺感。通过提供社会福利来缓解相对贫困问题的做法在欧盟、美国等是较为普遍的，但也有研究认为，美国的福利体系会遗漏包括流浪者在内的一些真正贫困但不符合救助标准的困难群体④，这可能体现出了不同国家对于哪些贫困人口应当被救助的观念差异。可见，各国在界定相对贫困以及救助相对贫困人口的具体政策方面表现多样，但普遍是以能够反映社会居民中等收入水平的指标（例如人均可支配收入）作为基本参照。此外，帮扶计划的针对性和精准性在治理相对贫困问题中更加受到重视，这也与相对贫困在被界定出时就具有的"复杂性"相一致。

国内相对贫困问题的治理路径十分多样，但大体上与治理绝对贫困问题的政策路径一脉相承，这为在新阶段保持帮扶政策的稳定性提供了现实可能。向德平和向凯认为，相对贫困治理应坚持参与性与包容性相结合。一方面，应提升相对贫困治理对象自身的参与性与主体意识和社会大众的参与性；另一方面，应积极倡导包容性发展，消除社会排斥、社会区隔、

---

① 周力：《相对贫困标准划定的国际经验与启示》，《人民论坛·学术前沿》2020 年第 14 期。
② 郭之天、陆汉文：《相对贫困的界定：国际经验与启示》，《南京农业大学学报》（社会科学版）2020 年第 4 期。
③ 解安、侯启缘：《中国相对贫困多维指标建构——基于国际比较视角》，《河北学刊》2021 年第 1 期。
④ 周力：《相对贫困标准划定的国际经验与启示》，《人民论坛·学术前沿》2020 年第 14 期。

污名所产生的社会不公正及权利贫困问题，实现平等参与、机会平等。[①]在相对贫困治理中，应当首先着重改善贫困人口的人力资本构成，即健康资本与文化水平，不断促进基本医疗公平，保持低收入人口医疗保障政策的延续性，大力发展符合相对贫困人口需求的职业教育，建设完善公平的社会教育体系。治理相对贫困不仅需要降低贫困家庭生计的脆弱性，还需要着力发展多元化的地区产业从而建立扶贫的长效机制。[②] 林闽钢提出，应当在社会中构建起"政府主导、社会参与、市场促进"的贫困治理整体性机制[③]；王小林和张晓颖认为，相对贫困治理更应强化社会力量的参与，应利用大信息时代大数据平台的"双边"撮合能力，动员更加广泛的社会主体参与相对贫困治理[④]。就政策干预的时机而言，治理相对贫困也应当将事后救助政策与农村养老、基本医疗等能够在事前进行干预的政策结合起来，从而有利于从根源上降低家庭的脆弱性、降低其落入困境的风险。[⑤]李棉管和岳经纶认为，相对贫困的治理需要一个体系化的政策集合，发展型社会政策所倡导的人力资本投资、社会资本投资和市场机会开发等社会投资战略在相对贫困治理中具有重要的参考价值。[⑥]

综上所述，学界对相对贫困治理议题非常关注，成果不断出现，提出了经济发展范式、人力资本提升范式、社会政策范式等不同的治理范式。相对贫困的衡量指标，随着时代、地区和人群的改变呈现多样性；贫困的成因仍旧无法逃脱相对贫困人口本身及其所处的家庭和社会网络的"资源匮乏"的状态，并且相对贫困问题更多地开始考虑个体对于群体的融入与排斥的问题。在未来相对贫困治理中，激发贫困人口的内生动力、激活贫困地区经济-政治-文化协同发展的良性循环、充分调动全社会之力形成益

---

① 向德平、向凯：《多元与发展：相对贫困的内涵及治理》，《华中科技大学学报》（社会科学版）2020年第2期。

② 唐明霞、朱海燕、陈建军等：《应用马斯洛需要层次理论构建缓解相对贫困的差异性长效机制——基于江苏省南通市缓解相对贫困实践的研究》，《江苏农业科学》2021年第11期。

③ 林闽钢：《相对贫困的理论与政策聚焦——兼论建立我国相对贫困的治理体系》，《社会保障评论》2020年第1期。

④ 王小林、张晓颖：《中国消除绝对贫困的经验解释与2020年后相对贫困治理取向》，《中国农村经济》2021年第2期。

⑤ 桂华：《相对贫困与反贫困政策体系》，《人民论坛》2019年第7期。

⑥ 李棉管、岳经纶：《相对贫困与治理的长效机制：从理论到政策》，《社会学研究》2020年第6期。

贫式新型增长模式，是缓解相对贫困的关键。文献梳理表明，立足省域视角，从中观层面梳理相对贫困治理的样态及探求其中蕴含的有益经验从而为新发展阶段减贫治理提供参考和借鉴，尚有较大拓展空间。广东作为沿海发达地区，在相对贫困治理方面形成了一定的先行经验，但也面临不少问题，这些都需要进一步梳理和研究。

二　广东相对贫困人口状况及致贫因素

广东是中国东部沿海发达地区，先进的发展理念、良好的经济基础和丰富的人才资源共同决定了其在探索相对贫困治理方面具有得天独厚的优势。然而，相对贫困问题具有高度的复杂性和治理过程的长期性，广东要做到有效治理，必然要厘清相对贫困人口的状况和致贫因素。

（一）　广东相对贫困人口与区域分布

一般认为，以人均可支配收入的中位数作为参照是较为合理的标准，这种标准在理论研究中得到了较多使用。广东在划定相对贫困人口范围时同样选择了以农民人均可支配收入作为参照标准。党的十八大以来，广东以全省农民人均可支配收入的 33% 作为贫困标准，在全国率先开启解决相对贫困问题的探索。2013~2015 年，广东以 3480 元作为相对贫困标准，全省认定了 20.9 万户 90.6 万相对贫困人口。[1] 后标准提高，截至 2020 年，现行标准下广东 2277 个相对贫困村全部出列，161.5 万相对贫困人口全部脱贫；2277 个相对贫困村人均可支配收入达 20739 元，村均集体收入达 33.5 万元，全省贫困人口全部实现"两不愁三保障"。[2]

数据显示，广东全省相对贫困户主要致贫原因排前 5 位的分别是因病

---

① 《广东相对贫困精准减贫治理的基本经验》，南方网，https：//news.southcn.com/node_5e7906bf0c/cfb7e901da.shtml。

② 《广东 161.5 万相对贫困人口全部脱贫 2277 个相对贫困村全部出列》，广东省人民政府网站，http：//www.gd.gov.cn/zwgk/zdlyxxgkzl/fpgzxx/content/post_3231450.html。

（36.2%）、缺劳力（23.3%）、因残（19.9%）、因学（4.9%）、缺资金（4.5%），全省有88.8%的贫困人口因这5大因素而贫困，其他因素，比如因灾、因婚、缺土地、缺水、缺技术、交通不便等占11.2%。[①] 可见，如果从个体层面看相对贫困人口的特点，因人力资本的缺乏（因病、因残、缺劳力）导致的无法自主形成稳定的生计系统的问题，以及因家庭负担较重（以因学致贫为代表）导致的家庭生计系统不堪重负的问题，均是贫困产生的主要原因。

一项针对广东茂名、汕尾、汕头、清远、梅州、肇庆6市建档立卡脱贫家庭（即广东省定相对贫困家庭）的实证研究显示，在204个样本家庭中，家庭人口规模集中在3~5人，家庭人口受教育程度在初中及以下的人口占比远高于高中及以上人口占比；84.54%的家庭人均年收入不超过2万元，有22.5%的家庭在脱贫时仍旧没有储蓄，而且没有一例家庭进行非储蓄类金融产品投资；不及50%的家庭就业人口超过总人口的一半，脱贫家庭人口就业途径更偏重务工；大部分家庭与村子其他人的关系融洽，但在"家中是否有人担任村干部"、"家中是否有公职人员"、"家中是否有中共党员"以及"家中是否有人参加社会组织"这几项中，选择了"是"的受访家庭不到10%。[②] 这表明相对贫困人口普遍受教育程度较低、资产状况较差、家庭生计稳定性以及集体认同与集体归属要素明显不足，综合而言就是生计资本不充分，抗风险能力弱，因而容易陷入绝对贫困境地。

从空间分布来看，广东的相对贫困问题更集中于粤东西北区域。根据广东省统计局公布的数据，2012年，粤东西北地区基本符合"相对贫困"标准（农民人均纯收入的33%，3479元）的户数和人数分别占到了全省总量的83.92%和84.76%（见表4-1），由此可见该区域相对贫困问题较为突出。

[①] 《广东贫困户因病致贫比例超过1/3》，广东省乡村振兴局网站，http://rural.gd.gov.cn/xcyw/jdxw/content/post_3479063.html。

[②] 魏璇：《广东脱贫家庭生计脆弱性测度与消减政策优化研究》，硕士学位论文，华南农业大学，2021。

表 4-1　2012 年广东农民人均纯收入低于全省平均水平的户数和人数

全省平均水平的比例	全省		珠三角		粤东西北	
	户数（万户）	人口（万人）	户数（万户）	人口（万人）	户数（万户）	人口（万人）
30%（3163 元）	23.4	89.1	4.0	15.1	19.4	74.0
33%（3479 元）	31.1	127.3	5.0	19.4	26.1	107.9
35%（3690 元）	37.1	159.6	6.4	25.5	30.7	134.1
40%（4217 元）	55.5	257.4	9.7	39.5	45.8	217.9

资料来源：《广东农村相对贫困现状与分析》，广东统计信息网，http://stats.gd.gov.cn/tjfx/content/post_1435113.html。

从省定相对贫困村的区域分布来看，包含相对贫困村最多的前 5 个市分别为梅州市（349 个）、韶关市（278 个）、清远市（261 个）、河源市（255 个）以及湛江市（218 个）（见表 4-2），仅这 5 个市就包含全省相对贫困村总量的 59.77%。因此，无论是从区域性相对贫困问题的严重性还是从贫困人口的数量多少来说，粤东西北地区均是广东解决相对贫困问题的主战场。

表 4-2　广东 2277 个省定相对贫困村的市级分布以及区位分布

单位：个

相对贫困村所在市	相对贫困村数量	区位
梅州市	349	东部
韶关市	278	北部
清远市	261	北部
河源市	255	东部
湛江市	218	西南部
茂名市	180	西南部
揭阳市	162	西部
汕尾市	142	东南部
肇庆市	111	珠三角
云浮市	105	西部
阳江市	88	西南部

相对贫困村所在市	相对贫困村数量	区位
惠州市	46	珠三角
潮州市	45	东部
汕头市	37	东部

资料来源：贫困村名单来源于原广东省扶贫办。区位分布是根据广东省人民政府官网公布的《广东年鉴 2019》中的"广东省政区图"进行的大致划分。

（二）广东相对贫困人口的主要致贫因素

相对贫困人口的致贫因素或根源是多维的、综合的。基于已有研究文献，结合实地调研，广东相对贫困的致贫因素主要有以下三个。

1. 区位自然条件中的脆弱性始终是相对贫困问题的根源性因素

一般而言，生活在偏远、环境恶劣农村地区的农民获得生计资本的机会相对有限，生活条件相对较差，因而相对贫困问题较突出。可以说，区域性自然要素导致的恶劣生产生活条件是引发相对贫困问题的重要原因。从地理位置来看，广东位于中国东南部，在气候类型上属于亚热带季风气候，水、热、光资源总体充足。全省降水较多，但降水在时程和地区上分布不均，年内降水主要集中在汛期 4~10 月，占全年降水量的 70%~85%；年际相差较大，全省最大年降水量是最小年降水量的 1.84 倍，个别地区甚至达到 3 倍；水资源时空分布不均，夏秋易洪涝，冬春常干旱；沿海台地和低丘陵区不利蓄水，缺水现象突出，尤以粤西的雷州半岛最为典型；部分河流中下游河段由于城市废污水排放被污染，存在水质性缺水问题。[①]而从地形地貌来看，广东多山而少平地，非平原地貌（山地、丘陵、台地）占到全省土地总面积的 72.8%。地势总体北高南低，北部多为山地和高丘陵，而南部则为平原和台地，平原以珠江三角洲平原面积最大。[②]

地形地貌起伏大、降水量多且集中的特点会使广东部分地区自然灾害（洪涝、山体滑坡、泥石流等）多发，使得区域在整体上呈现较为脆弱的状态。例如，河源市在 2019 年就发生了"6·10""6·12"特大暴雨灾

---

① "水资源"，广东省人民政府网站，http://www.gd.gov.cn/zjgd/sqgk/wzzc/index.html。

② "地貌"，广东省人民政府网站，http://www.gd.gov.cn/zjgd/sqgk/zrdl/index.html。

害，洪涝、地质灾害暴发导致群众受损严重，造成了 207 户 602 人返贫，贫困户普遍存在抗灾能力差的问题。① 这种脆弱状态不仅会导致部分以农业为主的地区的产业发展由于频繁被灾害冲击而受阻，还会导致这些地区无法承受重度开发，从而高效益但是重度改造自然条件的第二、第三产业难以落地。长此以往，就会使得支撑地方发展的物质基础难以夯实，区域就会陷入整体性的贫困状态。这种由短期内难以改变的自然要素引发的贫困问题与相对贫困问题中的"长期性"相一致。

2. 区域间发展不平衡导致比较性贫困问题

实证研究发现，在绝对贫困得到有效遏制的阶段，群体间的多维相对贫困差异更为显著，城乡间和群体间发展的不平衡现象依然严重②，这种区域性发展进程不一致也是广东相对贫困问题产生的原因之一。

广东从 2013 年起开始开展相对贫困治理，因此可以考察广东各市在 2013 年及之前的发展水平，以观察区域性相对贫困的初始情况。如图 4-1，将 2013 年及之前广东省人均 GDP 的增长情况与包含 2277 个省定相对贫困村的市（以下简称广东 14 市）的人均 GDP 增长情况进行对比可以发现，2000~2013 年，广东 14 个市的人均 GDP 水平和增速都低于广东省的总体水平；广东 14 市人均 GDP 的中位数与平均数起初的差异较小，在后期随时间的推移差异拉大，并且中位数水平逐渐低于平均数水平，表明广东 14 个市之间的人均 GDP 的离散度正在增加，即地区与地区之间的发展差距正在拉大。这就表明广东内部区域间发展不平衡引发了相对贫困问题。

从发展成果的获得充足性来说，相对贫困地区的经济水平、财政水平以及社会组织的发展水平要显著落后于较发达地区。而从发展成果的累积性来说，与平原地区相比，在较高自然脆弱性的区域内进行生产活动以及基础设施建设本身就需要更高的成本；而在频繁的自然灾害冲击下，山区地带需要不断修复被损坏的公共基础设施，因此过往的建设成果也难以累积。由此地区与地区之间产生了较大的发展进程差异，从而在贫困表现方面形成了相对贫困的相对性与多维性特点，不同区域之间、城乡之间、群体

---

① 河源市乡村振兴局提供的扶贫工作报告。
② 方迎风、周少驰：《多维相对贫困测度研究》，《统计与信息论坛》2021 年第 6 期。

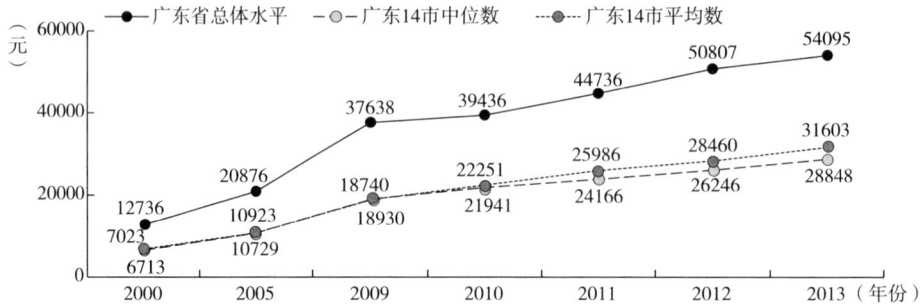

图 4-1　2000~2013 年广东省人均 GDP 与广东 14 市人均 GDP 情况对比

注：广东 14 市为包含 2277 个省定相对贫困村的市；考虑到年份较多以及数据获取的便利性，图中只包含主要年份数据，所以年份不连续。

资料来源：广东省人均 GDP 和 14 个市的人均 GDP 来源于《广东统计年鉴 2014》，广东 14 市的 GDP 中位数和平均值为根据原始数据计算。

之间的发展差距逐渐拉大，相对贫困问题由此凸显。

3. 人力资本存量不足与人才缺乏容易引发低水平发展恶性循环风险

人力资本存量不足是相对贫困形成的关键原因，贫困群体的人力资本存量不足具体表现在健康、教育、技能等多个方面。[①] 舒尔茨的研究表明，人力资本存量不足是重要的致贫原因，摆脱贫困的关键在于人力资本的提升。[②] 由人力资本理论和家庭生计脆弱性理论可知，当个体劳动力的文化和健康水平不够高时，个体就会因较低的劳动力技能水平而难以获得较高的收入；当家庭缺乏充足的健全劳动力时，家庭也会处于较高的生计脆弱性之中，面临致贫风险。同样，当一个地区缺乏有能力支撑起社会与经济发展的高质量的人才时，该地区也同样会面临较大的发展问题。

区域性的贫困问题之所以难解决，是因为区域性贫困的成因和结果之间往往相互交织、相互影响。经过一个较长时期的缓慢发展之后，本地的产业发展水平和行业工资水平整体上来说都会处于一个相对落后的状态。由于在本地就业难以获得充足的收入，本地劳动力外流严重。考察 2003 年、2006 年、2009 年、2013 年包含相对贫困村最多的 3 个市——梅州、

---

① 张林、邹迎香：《中国农村相对贫困及其治理问题研究进展》，《华南农业大学学报》（社会科学版）2021 年第 6 期。

② 〔美〕西奥多·舒尔茨：《对人进行投资——人口质量经济学》，吴珠华译，商务印书馆，2020。

韶关和清远的净迁移人口数①占当年户籍总人口数的比例，即"准净迁移率"②可以发现，这3个市在2014年之前的多数年份中，准净迁移率为负数，即迁入人口少于迁出人口，这与广东总体准净迁移率在所有年份中均为较高的正值的情况形成了明显的对比。在2013年开展相对贫困治理之前，在全省总体人才涌入势头较好的大背景下，贫困地区长期处于人才对外输送而内部人才流失无法弥补的发展逆势之中。由此说明，本地经济发展缺乏最重要的人才要素支撑。

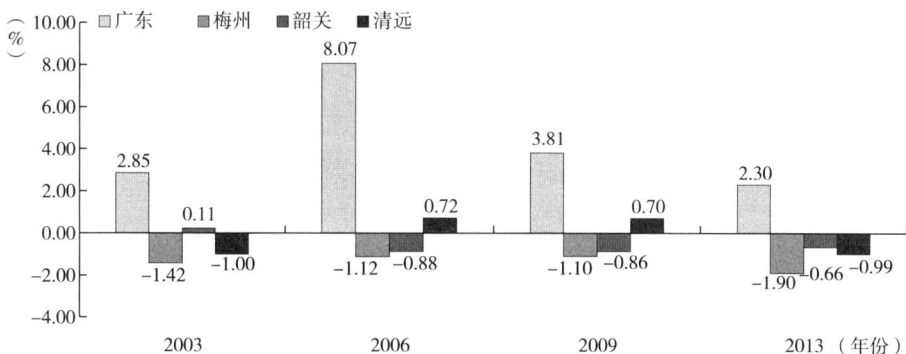

图4-2 广东省相对贫困地区净迁移人口数占户籍总人口数的比例

资料来源：相关年份《广东统计年鉴》。

本地人力资本存量不足，劳动力总体素质不高，主要是年纪大或者自我发展能力低（例如身患重病、残疾，或者受教育水平过低甚至是文盲）的困难群体留守农村，导致发展比较落后的农村地区内部居民发展意愿不强、缺乏带头人以及村级基层自治缺乏必要的资源支撑等一系列难题。同时，由于缺乏必要的物质基础和管理动力，以村"两委"和村集体经济为代表的基层公共治理主体难以发挥公共事务治理（例如管理盘活土地资源、维护宜居生态环境等）和提供充足的公共福利（例如建设养老院、文化设施等）的作用，这进一步拉大了不同地区间居民基本公共福利享受的

---

① 根据《广东统计年鉴》界定，单年净迁移人口数=当年迁入人口数-当年迁出人口数，因此当迁入人口较多时，净迁移人口数为正，反之则为负。

② 根据《广东统计年鉴》中对于"净迁移率"指标的界定，在计算一个地区净迁移率时需要使用（年初户籍人口数+年末户籍人口数）/2来计算地区平均人口数，而市级的净迁移率在统计年鉴中没有给出，并且缺乏充足的数据予以计算，因此仅使用"年末户籍人口数"来进行类似计算，并以"准净迁移率"作为代称。

差异。可见，相对贫困的起因与结果在同一时空中相互交织。

2018 年开展的一项针对广东连州市的贫困测度研究表明，如果将该地区的贫困程度分为轻度、中度和重度的话，那么重度贫困村的贫困是由人力资源条件、地形条件以及气候条件所共同导致，并且两因子相交会增加对贫困率的影响①，即单项致贫因素相叠加会引发新的次生效应，产生总体大于部分之和的效果。由此可知，在广东相对贫困问题中产生了"低经济发展水平—低财政能力—低公共事务治理能力—低生活质量—劳动力外流—发展人才缺失—低经济发展水平"的恶性循环，从个体、农村社区到区域整体均存在诱发相对贫困问题的潜在要素。

三　广东相对贫困治理的实践与基本经验

为有效治理相对贫困，2016 年广东扶贫办印发了《关于做好新时期精准扶贫精准脱贫建档立卡工作的通知》（粤扶办〔2016〕76 号），2018 年广东省委、省政府印发了《关于打赢脱贫攻坚战三年行动方案（2018—2020 年）》，各扶贫相关部门也相继印发了《新时期相对贫困村定点扶贫工作方案》（2016 年广东省扶贫开发领导小组制定）、《扎实推进产业精准扶贫工作指导意见》（2018 年广东省扶贫办等联合制定）、《广东省东西部扶贫协作三年行动方案（2018—2020 年）》（2018 年广东省扶贫开发领导小组制定）等多个专项扶贫的纲领性指导文件，为相对贫困治理有序推进提供了坚实的制度保障。

（一）广东相对贫困治理的实践

广东结合本省实际情况精准施策，通过产业扶贫帮助贫困地区夯实发展的物质基础，通过推进美丽乡村建设补齐相对贫困地区和村庄的基础设施和公共服务短板，通过扩大反贫困参与的社会主体来促进全社会形成包容性和益贫式的发展路径，通过完善基层治理来形成激发群众自我发展和

---

① 常敏：《贫困村致贫因素探测及其土地资源利用——以广东省连州市为例》，硕士学位论文，广州大学，2018。

自我管理的长效机制，构建了相对贫困治理多维度体系与多元共治格局。

1. 促进产业扶贫，夯实相对贫困治理的物质基础

自脱贫攻坚以来，广东用好"一县一园、一镇一业、一村一品"等发展载体，培育壮大农民合作社、农业龙头企业、家庭农场等新型经营主体，统筹推进产业扶贫和富民兴村产业发展，由政府为本地产业培育和市场机制培育注入力量。产业扶贫的具体实践包括以下几个方面。

一是创新开发机制，选择适合当地的主导型扶贫产业。广东各地按照宜农则农、宜林则林、宜生态旅游则生态旅游原则，充分发挥自身比较优势，立足本地资源禀赋壮大优质产业。截至 2021 年，广东共建设现代农业产业园 226 个，打造农业特色专业镇 200 个、专业村 1000 个，实施特色扶贫产业项目 4.2 万个。①

二是创新运营机制，扶持经营主体。为了同步培育产业扶贫背后的市场机制，广东多方扶持经营主体，建立健全各经营主体与相对贫困人口之间的利益联结机制，深化集体资产"三变"改革，推动经营主体与贫困村、贫困户抱团发展，累计有 1009 家省级以上重点龙头企业、1778 个农民合作社示范社、18420 个家庭农场参与了脱贫攻坚。

三是创新产销机制，培育特色品牌。为了将社会现代化和信息化的成果与扶贫相融合以及充分利用较发达地区广阔的消费市场，广东构建了"电商+"模式，实现线上线下相结合，开启"消费+"实现省内省外相联通，融合"文化+"培育特色农业品牌。截至 2021 年，广东已基本建成"以东西部扶贫协作产品交易市场为中心，各地市消费扶贫中心（市场）、消费扶贫双创中心等为骨干，展销门店及专柜、专窗等为终端"的消费扶贫线下交易体系。

四是创新监管机制，加强风险防范，守好扶贫的"钱袋子"。广东始终坚持把风险防范放在首位，按照"五有"标准，即有规模、有组织、有风险防控、有市场对接机制、有收益保障机制，规范扶贫资金投向；利用扶贫资产管理公司对所有扶贫资产进行统筹管理，将扶贫资产分级确权给县镇村，界定资产权属，做好登记管理，明确运营主体、监管主体、利益

---

① 原广东省扶贫办提供的相对贫困问题工作报告。下文中未单独标注出处的统计数据均来源于此工作报告。

分配，实行滚动投资、多重监督，为扶贫项目保驾护航。

2. 补齐基础设施和公共服务短板，消除基本民生福利的区域差异

在相对贫困治理过程中，广东在注重精准到人的前提下，加大力度统筹解决贫困地区基础设施建设和基本公共服务问题，改善发展环境，以公共治理手段弥补发展不平衡造成的贫困问题。2016 年以来，广东以 2277 个相对贫困村为重点，聚焦乡村产业、基础设施、公共服务、人居环境、基层组织等领域，村均投入 1500 万元，全面推进贫困村创建新农村示范村工作，补齐发展短板，推动贫困村从"后队变前队"。截至 2020 年底，2277 个贫困村年人均可支配收入达 17456 元，村均集体经济收入达 28 万元。[①] 补短板的主要做法包括以下几个。

一是深入推进基础设施建设，围绕水电路气网等重点领域开展水利、电力、交通、网络扶贫。在脱贫攻坚期间，广东投入财政资金 25.7 亿元，财政的大力投入为贫困地区的基础设施建设水平带来了跨越式提升。原广东省扶贫办数据显示，截至 2021 年，广东乡镇通客车率达到 100%，贫困行政村和自然村集中供水率分别在 100%、96% 以上，饮水安全保障率达100%；提前两年达到国家新一轮农网改造升级目标，综合电压合格率和供电可靠率均达到 99.9%；2277 个贫困村全部完成开通 100M 光纤宽带并建立 4K 电视体验点的任务。

二是深入推进基本公共服务均等化，民生服务保障水平显著提高。广东按照全省一盘棋、城乡统筹、制度对接、标准统一要求，强化综合服务、文化服务、卫生服务、物流服务，深入推进基本公共服务均等化。原广东省扶贫办数据显示，在医疗方面，广东 2277 个贫困村卫生站标准化建设全部完工，建档立卡贫困人口家庭医生签约率达 79.45%。在促进电商发展方面，广东建成国家级、省级电子商务综合示范县 69 个、镇村级服务站点 6406 个，其中相对贫困村站点 1035 个，覆盖贫困村内 26.7 万建档立卡贫困人口，带动超 4000 建档立卡贫困人口就业创业。

三是全域推进人居环境整治，干净整洁目标基本实现。为深入贯彻中共中央办公厅、国务院办公厅《农村人居环境整治三年行动方案》，广东

---

① 《4 年来广东助 161.5 万相对贫困人口全部脱贫》，新浪网，https://finance.sina.com.cn/tech/2020-11-27/doc-iiznezxs3904627.shtml。

按照整治、提升、巩固的步骤，编制完善村庄规划、整治提升村容村貌、推进生活垃圾和污水处理全覆盖、推进厕所革命工作。原广东省扶贫办数据显示，截至 2021 年，2277 个相对贫困村中 1.9 万个自然村全部完成村庄规划编制工作，村庄基础整治完成率在 99% 以上，标准垃圾屋（垃圾点）建设、保洁员配备实现全覆盖。建有终端污水处理设施的自然村占比达 62.1%。全省共完成农村卫生户厕改造建设 1351.9 万户，无害化户厕改造建设 1349.8 万户，农村人居环境得到显著改善。

3. 鼓励社会力量参与，促进形成益贫式和包容性发展路径

益贫式发展模式的形成不仅要求在制定公共政策时能够充分考虑贫困人口的实际需求，还要求社会中的各个领域能够始终不忘"共同富裕"的社会发展愿景，在考虑发展效率的同时给予贫困人口以适度的关怀。鉴于此，广东积极探索创新构建专项扶贫、行业扶贫、社会扶贫等多方力量有机结合和互为支撑的"三位一体"大扶贫格局。具体来说，包括以下几方面。

一是强化对口帮扶。广东把脱贫攻坚纳入全省经济社会发展战略全局，充分发挥粤港澳大湾区和深圳先行示范区"双区驱动"效应，推动对口扶贫与全面对口帮扶深度融合。原广东省扶贫办数据显示，珠三角 6 市累计向粤东西北地区 12 个市 1719 个相对贫困村派驻了 5597 名驻村干部，投入了 130.94 亿元，帮扶相对贫困户 11.82 万户、相对贫困人口 36.78 万人，创造了广清一体化发展、深汕特别合作区建设、广州梅州产业共建园区等一系列特色帮扶项目，推动扶贫小产业与园区大项目深度对接。

二是强化定点扶贫。广东组织全省 1.8 万个党政机关和企事业单位，选派近 6.5 万名驻村干部，长期驻村开展帮扶工作。各帮扶单位累计投入帮扶资金 240 多亿元，实施各类帮扶项目 7.85 万个，极大地改善了贫困地区的生产生活环境。

三是强化企业扶贫。广东深入推进"万企帮万村"精准扶贫行动，将民营企业扶贫资源精准有效地匹配到村到户，9115 个企业累计投入帮扶资金 66.5 亿元，涌现了碧桂园等一大批扶贫成效比较好的民营企业帮扶典型。

四是强化资源匹配。广东在全国首创"广东扶贫济困日"平台，引导企事业单位、社会组织、志愿者、爱心人士等积极投身扶贫开发事业。

2010~2020 年，"广东扶贫济困日"活动共吸引 1000 多家社会组织、近 1 万家企业、100 多万名志愿者、2000 多万名爱心人士参与，募集社会资金 300 多亿元。①

4. 激发群众主体性，为从村级层面治理相对贫困赋能赋权

广东坚持"帮钱帮物，不如建个好支部"总体思路，深入实施基层党建三年行动计划，充分发挥基层党组织战斗堡垒作用和先锋示范作用，把党建优势转化为扶贫优势，为提升乡村治理能力提供坚实的组织基础。一方面，通过党支部下沉拉近基层群众与党组织之间的距离，使得党的领导与决策始终与广大人民群众的实际需求紧密相连；另一方面，通过激发低收入人群自我发展的内生动力，为有意愿、无能力发展的低收入人群广开发展门路，提升其内部资本，从源头上杜绝"懒汉式"相对贫困问题的产生。具体做法有如下几个。

一是全面建强基层党组织。广东实施了基层党组织"头雁"工程和"党员人才回乡计划"，向贫困村、软弱涣散村、集体经济薄弱村、红色村选派第一书记，大力整顿软弱涣散村党组织。2016 年以来，广东全省共选派第一书记 1 万多名、驻村工作干部 6.5 万名，这些党组织人才成为打赢脱贫攻坚战的重要力量。在全国首创"三个在先"党建工作机制，即党组织优化设置在先、党组织领导决策在先、党员作用发挥在先，全面提升党组织引领脱贫攻坚的组织力。

二是全面提升党员带动能力。广东建立五级书记遍访贫困户、专题研究、深度调研、年度报告和考核评估制度，对分散的相对贫困人口实施"一人一户"包户销号制度。例如在仁化县，地方政府为了打破干群之间的信息壁垒、贯彻实事求是解决问题的原则，探索建立了"民情夜访"工作制度，把领导干部与镇村干部谈心谈话、晚上走访村小组长和访谈贫困户作为规定动作，让干部既做政策法规的"讲解员"，又做倾听群众心声的"贴心人""暖心人"，制度实施以来为群众办民生实事 3000 多件，有效破解了服务脱贫"最后一公里"难题。

三是从风尚引导、教育引导、技能引导和能人引导四个方面全面激发群众内生动力。在强化风尚引导方面，广东通过开展"五好家庭"评选、

---

① 笔者到原广东省扶贫办及原广东省扶贫基金会调研时收集了解到的数据。

建设"一村居一志愿服务队"等文化项目推进移风易俗，引导贫困群众树立健康文明新风尚。在强化教育引导方面，广东创办脱贫攻坚"农民夜校""讲习所"等，加强思想、文化、道德、法律、感恩教育，帮助贫困群众转变消极思想。在强化技能引导方面，广东深入推进"粤菜师傅"、"南粤家政"、"农村电商"和"广东技工"等培训，脱贫攻坚期间累计开发扶贫车间和扶贫工作坊1041个、公益性岗位17693个，实现技能脱贫。在强化能人引导方面，广东深入开展脱贫致富带头人、新型职业农民培训，健全"1+N"（1个致富带头人+N个贫困户）带贫机制，共培育脱贫致富带头人7246名，累计带动约3.68万户12.57万贫困人口实现增收。

通过以上多个方面的政策实践，广东实现了对相对贫困问题中贫困的相对性、动态性以及多维性特点的精准把脉，从而实现了对相对贫困问题的有效治理。

（二）广东相对贫困治理的基本经验

广东是相对贫困治理的先行与先导省份，在治理相对贫困的历程中积累了丰富的减贫经验。

1. 强化产业扶贫，构建相对贫困治理长效机制

广东尝试通过探索帮扶的长效机制、做好不同时期的政策衔接工作来巩固脱贫成果和防止返贫现象发生。长效机制既包括政策帮扶方式的长效性，也包括政策效果的长效性，这两者往往相互促进、互为因果。

广东产业扶贫的政策实践从多方面、多角度体现了建立相对贫困治理长效机制的方式。广东强调产业扶贫要"因地制宜"，选择更贴合当地初始条件的产业项目"扶上马、送一程"，这远比盲目引进高新高产但不符合本地实际的产业项目更能够提高政策性投资的成功率。可以说，这种产业选择的思路贴合相对贫困地区各自独特的自然条件和气候规律，从而有利于避开自然条件的脆弱性要素，在产业发展领域做到"扬长避短"。

广东建立健全产业资金监管体制，将扶贫资产分级确权给县镇村的做法则体现了扶贫资产"谁使用、谁管理、谁负责"的理念，不仅解决了后期产业运行过程中频繁层层审批导致的效率低下问题，还有利于提高地方政府对发展资本的自主管理能力，从而实现对行政引导和市场机制自主运行的同步培育，对相对贫困地区帮扶的长效机制也由此体现。

2. 重视基础设施均等化，改善贫困家庭生计环境与生计结构

针对相对贫困的相对性特点，必须重视基本发展需求层面的区域性不平等并精准应对。从相对贫困概念界定中可以看出，群体与群体之间、区域与区域之间在经济水平、人民生活水平等方面的"相对性差异"是其重要的内涵之一。适度的差异有利于激发个体对更加美好的生活的追求动力，而过度的差异则会阻碍个体获得多数人享有的生存与发展权利，阻碍社会主义共同富裕目标的实现。

广东通过大力推进美丽乡村建设，夯实乡村公共基础设施建设基础，向那些生活环境不好和生活质量相对不高的乡村提供整体性解决方案。一方面，坚持"乡村规划为行动指导"，避免"千村一貌"一刀切式的错误改造方式；另一方面，以生活用水（包含污水处理）系统完善、垃圾处理体系升级、厕所改造、网络提升等为具体提升路径精准切中提升农村家庭生活质量的关键性条件，为农村家庭直接注入改善生活的力量与资本，从而间接改善家庭的生计结构。

如果说地区性的公共基础设施建设为地区整体经济发展提供了坚实的基础，那么美丽乡村建设则是为每一个生活在其中的农村家庭"保持温饱、追求小康"打下了坚实的基础。区域性基础设施的建设侧重于宏观层面相对公平的实现，而新农村建设则是侧重于微观层面相对公平的实现。

3. 强化党组织建设，激发贫困家庭发展的内生动力

广东针对相对贫困的动态性和长期性特点，以调动贫困主体的主动性和主人翁意识来实现针对动态贫困的管理。从基层实践的角度来看，扶贫与党建之间的关系是相互促进的，精准扶贫与基层党建之间的新型耦合秩序为农村基层治理提供了新的治理结构。[①]

从相对贫困治理实践中可以看到，广东一方面强调在意识方面，通过党支部阵地弘扬宣传社会主义核心价值观，并通过党员的引领示范调动群众的积极性；另一方面强调在行动方面，通过开展就业培训、多渠道增加就业岗位（例如公益性岗位等）、树立看得见摸得着的发展榜样（例如村中的脱贫致富带头人）等多种形式消除相对贫困人口依靠自己的劳动能力

---

① 徐明强、许汉泽：《新耦合治理：精准扶贫与基层党建的双重推进》，《西北农林科技大学学报》（社会科学版）2018 年第 3 期。

摆脱贫困的阻力。广东通过"意识+行动"的双重改变，从外部和内部同时培育和激发低收入人口的发展主动性。而只有当低收入人口主动发展、能够发展并最终实现不依靠帮扶而独立发展时，相对贫困问题产生的个体因素的源头才能够得到遏制，相对贫困发生的风险才能够有效而动态地获得管理。

从外部主体——政府对相对贫困问题的治理来说，政府为基层治理注入人才活力有利于从根源上减小公共政策落实的阻力，提高贫困治理的精准性。由于相对贫困问题相比绝对贫困问题更具复杂性，所以对于相对贫困人口的认定也依赖更多的衡量指标。例如，江门市在 2019 年对农村低收入对象进行识别时，就设计了收入差额、家庭结构、住房情况、生产资料、生活资料 5 个维度，这 5 个维度共有 35 个测量指标。[①] 在治理相对贫困时需要充分而及时地更新相对贫困人口的生存境况信息，即在治理过程中应当更加注重信息监测的时效性。将党支部建设与激发相对贫困主体内生动力相结合的做法，有利于通过完善基层治理体系来夯实信息动态监测工作的群众基础，不仅能使衡量指标更加符合低收入人口的实际困难情况，也有利于通过加强干群关系减小向低收入人口收集信息的阻力，使得对象识别更加精准、识别工作更加快速有效，走好相对贫困治理的第一步。

4. 重视构建多元共治格局，提升多维相对贫困治理能力

不论是从相对贫困的理论研究还是从广东相对贫困治理的实践来看，多维性都是相对贫困显著而重要的特征，政策实践当中测度标准的多维度本质上体现了影响相对贫困程度的因素的多元性。广东着力构建的"三位一体"大扶贫格局，实际上是在推动相对贫困治理形成多元共治新格局。

在新发展时期构建多元共治新格局已经在多个领域中逐渐得到重视和应用。例如，在社会养老保障建设领域，多地已经成功运行"政府+社会组织"的协作治理模式，即由政府财政在社区层面建设养老服务的硬件设施，同时联合当地社会组织来保证提供养老服务的工作人员配置到位，从而实现公益性老年服务的社会化。[②] 而在相对贫困治理领域构建多元共治

---

① 原江门市扶贫办提供的《江门市相对贫困治理成果汇编》。
② 唐悦：《分层分类救助、适老化改造、多元共治 江苏民生保障，"高分"之后再"升级"》，中国江苏网，http://jsnews.jschina.com.cn/jsyw/202102/t20210201_2720707.shtml。

新格局，同样有利于充分调动多主体的力量，针对多样化、高复杂性的相对贫困问题对等性地提供多种可选择的政策抓手与治理工具，这种"以多维治多维"的治理理念不仅对各个参与主体的实力提出了较高要求，也对能够实现跨时空协作的技术条件（例如信息化程度、物联网水平、劳动力素养等）提出了较高要求。而广东作为较发达的区域，在探索构建这种较为先进的相对贫困治理模式方面具有天然的优势，因此能够在社会力量参与扶贫方面取得良好的效果。

从广东的具体实践路径来看，对口帮扶、定点帮扶与企业帮扶较好地实现了发展资源（包括资金和人才储备）在发达地区与相对贫困地区之间的流动共享，而通过"广东扶贫济困日"活动构建的社会力量参与扶贫平台则更倾向于在全社会营造对相对贫困问题普遍关注的文化氛围，将对社会弱势群体的关注根植于社会各界的发展理念之中，长远来看，十分有利于营造对社会弱势群体的包容性氛围，从价值观层面逐渐形成包容性的发展理念。

长久以来，我国的社会现代化建设进程尤其是与民众生活息息相关的社会领域工作的推进，实际上遵循以政府为主导、企业和社会组织共同参与的发展路径，这种政府主导的发展路径从历年中央一号文件中主要政策工具类别的变化中能够得到证实。① 实践证明，这种发展路径对于维护社会公平、促进全社会成员共享发展成果是有效的。因此在未来，这种一专多元的供给主体框架可能会得以延续，正如我国的基本经济制度为"公有制为主体、多种所有制经济共同发展"一样，相对贫困治理领域多元共治格局的搭建也同样需要将政府主导与多主体各展所长相结合，举全社会之力向"共建共享、共同富裕"的发展目标前进。

四　广东相对贫困治理的难点与未来路径

广东的相对贫困治理实践起步较早，成效显著，也形成了可供其他地

---

① 魏丽莉、张晶：《改革开放 40 年中国农村民生政策的演进与展望——基于中央一号文件的政策文本量化分析》，《兰州大学学报》（社会科学版）2018 年第 5 期。

方参考的有益经验。但是，相对贫困治理是一个长期性难题，区域自然禀赋条件的差异、发展先后的差别、公共服务城乡均等化的局部失衡都容易造成区域发展的不协调或发展差距，从而形成相对贫困。进入新发展阶段，实际就是进入了相对贫困治理阶段，更多维的贫困现象、更多样的贫困类型等都将是治理相对贫困实践进程中必须面对的一个个"坎"。

（一）治理难点

数据显示，截至 2017 年底，广东有相对贫困户 62.8 万户，有相对贫困人口 162.45 万人，贫困发生率为 4.37%。到 2020 年底，经过精准扶贫和脱贫攻坚，广东的绝对贫困户和相对贫困户全部脱贫。有学者测算表明，综合不同假设条件预测相对贫困发生率，采用城乡统一标准的相对贫困线，农村的相对贫困发生率高达 30%，仅看贫困发生率这一数值，相当于 1998 年的绝对贫困水平（按 2300 元贫困线标准计算为 30.38%），到 2035 年农村相对贫困发生率依然高于 20%，考虑发展因素之后，依然在 10% 左右，相当于 2009 年的绝对贫困水平（9.75%）。[①] 可见，相对贫困在后脱贫时代将是减贫治理的新重点。作为经济发展水平可以和发达国家媲美的发达省份，按照国际一般标准，如家庭可支配所得中位数的 50% 测算，广东农村相对贫困人口不少，相对贫困问题不容忽视。研究表明，相对贫困的形成根源是多维的、多元的、复杂的，加上现实中政策标准、观念认知、经济发展水平差异等因素的影响，相对贫困的识别和精准治理存在一些难点，且主要表现在以下几个方面。

第一，脱贫家庭由于生计脆弱存在一定的返贫风险。数据显示，2020 年有近 200 万脱贫人口存在返贫风险，300 万边缘人口存在致贫风险。[②] 由于脱贫攻坚是在大投入、大动员、限时间等条件约束下取得的胜利，产业基础和体系还不够坚实，加上疫情对经济和就业的影响，相对贫困家庭与脱贫家庭的生计依然存在较大脆弱性，一旦受到自然灾害、重大疾病等突发因素影响，容易滑落为绝对贫困户，影响脱贫质量。

第二，农村基础设施滞后于发展需要及人居环境基础设施后续管护不

---

① 陈宗胜、黄云：《中国相对贫困治理及其对策研究》，《当代经济科学》2021 年第 5 期。
② 汪三贵、郭建兵、胡骏：《巩固拓展脱贫攻坚成果的若干思考》，《西北师大学报》（社会科学版）2021 年第 3 期。

力影响脱贫稳定性。调研表明，不少偏远乡村的基础设施，如道路、路灯、通信信号等滞后于乡村振兴发展需要。农村贫困治理资源投入巨大，形成了大量的"扶贫资产"，特别是物质资产，其中很多就是人居环境基础设施，如污水处理及管网系统。调研发现，由于缺乏管护资金和专业人员，一些村的污水处理及管网系统形同虚设，从建好到现在从未发挥过作用。如有些村道，由于缺乏修缮资金，路灯基本不亮，路面坑洼不齐。特别是扶贫投入形成的扶贫产业，由于市场变化、人才流失或对口单位力不从心，无法发挥提供就业从而助力减贫的作用。

第三，贫困对象内生脱贫动力和能力不足。由于扶贫政策多用经济补贴的形式对贫困人群进行帮扶，群众在一定程度上形成了"福利依赖"，对政策的依赖度较高，"等靠要"思想在不少地方客观存在。同时，有些地方职业技能培训抓得不实，困难群体对生产生活所需劳动技能、市场知识和信息等掌握不够，村庄产业支撑能力不足，再加上传统减贫治理思维中缺乏以贫困群体为主体立场的"优势视角"，多种原因综合作用，导致贫困对象的内生脱贫动力和能力不足。

（二）未来治理路径

学界对如何推进相对贫困治理的讨论非常丰富。陈宗胜和黄云认为，大力推动乡村振兴与提高农业现代化是破解由城乡差距导致的贫困陷阱的重要途径，也是破解城乡发展不平衡不充分问题的治本之策。[①] 益贫式增长理论认为，经济增长是治理相对贫困的必要非充分条件，经济增长必须配合更加公平的收入分配制度，才能使贫困快速减缓。社会保护政策具有明显的益贫（减贫）效应，它既能够缓解和消除暂时性贫困，也可以降低周期性贫困人群落入贫困陷阱和贫困代际传递的风险。杨立雄和魏珍认为，应该构建相对贫困的长效治理机制，即参与机制、政府购买服务机制和绩效评价机制，后者包括兜底保障机制、生计发展机制和收入调节机制。[②] 贾玉娇将相对贫困理解为人民对美好生活的期待与实现这一美好生活的可行能力之间的差距；将治理机制理解为通过宏观和中

[①] 陈宗胜、黄云：《中国相对贫困治理及其对策研究》，《当代经济科学》2021 年第 5 期。

[②] 杨立雄、魏珍：《相对贫困治理机制研究——基于新公共管理理论的视角》，《社会政策研究》2021 年第 2 期。

观层面的制度优化改革，提高微观层面个体的"可行劳动能力"，增加"可持续生计维持机会"的可及性。① 总的来看，由于相对贫困的多维发生机理，相对贫困治理的路径也是综合的，需要从宏观、中观、微观不同层面，从经济发展、公共管理、社会政策等不同维度，系统构建治理体系。

从广东相对贫困问题的成因、贫困分布和贫困人群特征以及相对贫困的治理实践可以看出，广东相对贫困问题的治理不仅需要提升贫困人口内在发展能力，激发其发展动力，还需要从家庭、社区和地区层面同时发力，努力缩小相对贫困人口与"社会中的大多数人"之间在满足基本需求方面的巨大差异。这种差异的缩小既依赖区域的整体性进步，也依赖公共政策对低收入人口或相对贫困群体的重点帮扶。

1. 培育相对贫困地区自我发展长效机制

构建支撑市场主体和产业力量参与贫困地区发展的长效机制对相对贫困治理具有重要作用。一个地区的产业发展水平决定了该地区的经济发展水平，而经济发展良好则是地区整体形成良性发展的物质基础；只有当一个地区内的市场经济蓬勃发展、产业兴旺时，该地区内的社会居民的就业质量才能得到稳步提升，区域的自我发展的长效机制才能形成。广东相对贫困问题的成因中，人才外流严重、劳动力素质不高和缺乏自主发展的能力是重要的因素。从广东过去的相对贫困治理实践中可以看到，政府在针对相对贫困地区进行产业帮扶时，以"因地制宜"为基本原则，以对口帮扶、定点帮扶、企业帮扶等为路径，为相对贫困地区提供了大量的产业发展机遇，同时通过开展形式多样的职业技能培训来为劳动力的素质提升提供外部助力。这些针对产业和就业的帮扶措施从长远来看十分有利于形成区域性的长效发展机制，但也面临扶贫周期的变动可能带来的政策的断档。因此建议在未来治理相对贫困时，继续以产业帮扶为抓手，保证政策的稳定性，大力夯实乡村振兴战略实施所必需的物质基础以及人才基础。

2. 促进相对贫困人口的社会融合与包容发展

在相对贫困问题的表现中，相对贫困人口的社会参与缺失导致的"社会排斥"问题是十分常见的，它是相对贫困问题中"与社会多数人的情况

---

① 贾玉娇：《2020 年后相对贫困治理应关注的重点》，《人民论坛》2021 年第 14 期。

相偏离"的一种具象。从广东相对贫困人口的社会参与度较低也可以看出显著的"相对贫困"特征。以"村落"为治理单元，以铺路、建网、改厕、垃圾分类等形式多样的民生保障工程为治理方式，直接抬高村级基本公共福利的底线水平，可缩小相对贫困人口在基本生活体验方面与中等收入家庭之间的落差感，提升其进行社会交往、参与公共事务治理的信心和直接获得感。因此，在未来建设乡村地区时，应继续将建设美丽乡村和大力推进民生保障工程作为促进相对贫困人口社会融入和遏制相对贫困生长的重要途径。同时，构建相对贫困治理参与渠道和支持机制，形成包容性增长。一方面，提升相对贫困对象自身的参与性与主体意识。贫困者有权参与市场，培育相对贫困对象的市场参与能力是治理相对贫困的核心举措之一。① 另一方面，推进社会力量参与发展。在乡村振兴阶段，农村的留守人员服务问题、老龄化失能化问题、传统村庄空心化与活化利用问题、易地搬迁社区治理问题，依靠政府力量无法有效解决，需要社会力量的积极参与，因此需要将健全社会参与组织体系、加强参与能力建设纳入相对贫困治理的制度设计中，引导公众及社会组织参与相对贫困治理的公共决策，引导贫困群众在参与过程中激发其内生发展动力，形成包容性增长。②

3. 完善社会政策以应对相对贫困的多样性

相对贫困的标准具有动态性，随着社会经济发展的变化而变化，很难以一种"底线"逻辑来界定相对贫困，而且相对贫困人口在需求层次方面的最基本的生存需求已经得到满足，向上追求更高层次的需求满足，必然会使贫困呈现更为多样的形式。邢成举和李小云根据相对贫困的内涵及其产生原因将相对贫困总结为 6 种类型，包括转型贫困、流动性贫困、多维贫困、发展性贫困、结构性贫困和特殊性贫困。③ 因此，面对相对贫困的多样性，需要完善社会保障与社会政策，坚持分层分类治理原则。同时，应持续优化社会保障政策，其具有重要的收入调节和收入维持功能，特别是社会保险。吴高辉和岳经纶认为，打破当前社会保险制度存在的城乡户

① 李棉管、岳经纶：《相对贫困与治理的长效机制：从理论到政策》，《社会学研究》2020年第 6 期。
② 向德平、向凯：《多元与发展：相对贫困的内涵及治理》，《华中科技大学学报》（社会科学版）2020 年第 2 期。
③ 邢成举、李小云：《相对贫困与新时代贫困治理机制的构建》，《改革》2019 年第 12 期。

籍、单位所有制等多重分割，推进城乡基本公共服务均等化和一体化，对中国开展相对贫困治理具有重要的意义。[①] 例如针对失能等特殊贫困群体，建立健全医疗保障体系和福利救助体系；针对有劳动能力的相对贫困户及脱贫家庭，加强因人制宜的"个性化"机能培训、创业指导、金融支撑、帮扶平台建设、风险防范机制建设等，助力巩固拓展脱贫攻坚成果同乡村振兴有效衔接。因此，在未来相对贫困治理中，应当针对不同的家庭（例如失能家庭、单亲家庭、失独家庭、残疾人家庭等）和贫困类型（如流动性贫困、能力贫困、参与贫困等）制定不同的相对贫困识别标准或构建系统的多维贫困标准体系，适度突破既往"贫困"治理的固有思维，从而避免让相对贫困问题的治理单纯地变为对更高水平的绝对贫困问题的治理。同时，应借鉴国际经验和学者智慧，构建政策体系，采取具体制度行动，推动相对贫困家庭的资产建设。美国学者迈克尔·谢若登认为，贫困者之所以难以摆脱贫困的恶性循环，是因为难以对资产进行积累。因此，为贫困群体提供一些能够促进其资产积累的福利政策（比较典型的是英国政府的"住房股权计划"、"儿童信托基金"以及"储蓄通道"，这些都是以资产建设为基础制定的福利政策），使其能够积累资产是有效减贫的重要路径和关键。[②]

[①] 吴高辉、岳经纶：《面向 2020 年后的中国贫困治理：一个基于国际贫困理论与中国扶贫实践的分析框架》，《中国公共政策评论》2020 年第 1 期。

[②] 陈琦、王蓓、彭彤：《构建发展型社会福利：英国相对贫困治理的实践和启示》，《江汉大学学报》（社会科学版）2021 年第 5 期。

第五章　党建扶贫：作用机理、实践评估、基本经验与未来路向

党的十八大以来，习近平总书记站在全面建成小康社会和构建人类命运共同体的高度，把脱贫攻坚与减贫治理内化于国家治理体系与治理能力现代化战略宏图中，对脱贫攻坚与中国减贫之治作出了一系列重要论述和全面部署，与全国人民一起创造了中国减贫奇迹。广东作为经济改革发展先行区，经济发展走在全国前列，减贫治理成效显著。数据显示，截至2020年，广东全省现行标准下161.5万相对贫困人口全部脱贫，2277个相对贫困村基础设施和基本公共服务达到全省中等以上水平，贫困村年人均可支配收入达17456元，村均集体经济收入达28万元，[①] 实现了广东减贫史上最好成绩。自精准扶贫以来，广东省委、省政府以习近平总书记重要扶贫论述为根本遵循，把党建优势转化为减贫治理优势，探索走出了一条具有广东特色的党建扶贫之路。

随着脱贫攻坚战胜利收官，面对短期内脱贫攻坚创造的"奇迹"，现实中表现出对扶贫脱贫的稳定性、返贫问题的担忧。随着经济全球化和市场化的深化，全球化和市场化所带来的不一定是发展机遇，也可能是一种更强的不适感、无力感，从而加大贫困家庭的生计脆弱性和返贫风险。[②] 同时，不均衡的区域发展、复杂的政治经济环境、未全覆盖的社会保障易

[①] 《广东脱贫攻坚工作取得历史性成就 超160万相对贫困人口全脱贫》，新浪网，https://k.sina.com.cn/article_2131593523_7f0d893302000unk7.html。

[②] 〔英〕彼得·泰勒-顾柏编著《新风险 新福利：欧洲福利国家的转变》，马继森译，中国劳动社会保障出版社，2010。

导致新型贫困出现①，其中相对贫困包括多维贫困、发展性贫困、结构性贫困等②。研究发现，返贫问题是我国减贫治理的难点，返贫率最高达30%，且随着贫困标准的提高而上升。③ 脱贫攻坚战胜利收官并不意味着绝对贫困彻底消失，攻坚期后存在脆弱性返贫和冲击性致贫风险。④ 2020年消除绝对贫困后，全国巩固脱贫、阻断返贫大致需要 5 年时间。⑤ 因此，后脱贫时代对可持续脱贫、稳定脱贫存在的风险不能掉以轻心。尽管党建扶贫取得巨大成就，返贫防控和治理新型贫困仍是需要关注的重要任务，需要特别关注接近建档立卡标准的"贫困边缘户"和脱贫后生计资本与能力不够强的"脆弱群体"或"易返贫群体"。

笔者基于对广东党建扶贫实践的调研考察，厘清和回应以下几个问题。一是党建扶贫内涵及党建扶贫的作用机理是什么？二是如何评价党建扶贫成效？三是党建扶贫实践形成了哪些基本经验？四是如何进一步提升党建扶贫的稳定性和可持续性？

一　党建扶贫：内涵界定与机理解析

（一）内涵界定

精准扶贫和脱贫攻坚是党中央统一部署的重要战略，构建了"五级书记抓扶贫"与脱贫攻坚的工作体系和"第一书记"扶贫工作推动机制，形成了中国特色的党建扶贫模式。从内涵来看，党建扶贫就是党建强化、党建引领和党建融合产业扶贫、消费扶贫、就业扶贫、社会扶贫等所实现的减贫过程和结果呈现。党建扶贫是否可持续、脱贫结果是否稳定，具体表现为党建扶贫的支撑性、稳定性和内生性。从微观角度看，党建扶贫过程

---

① 李小云、许汉泽：《2020 年后扶贫工作的若干思考》，《国家行政学院学报》2018 年第 1 期。

② 邢成举、李小云：《相对贫困与新时代贫困治理机制的构建》，《改革》2019 年第 12 期。

③ 郑瑞强、曹国庆：《脱贫人口返贫：影响因素、作用机制与风险控制》，《农林经济管理学报》2016 年第 6 期。

④ 檀学文、白描：《论高质量脱贫的内涵、实施难点及进路》，《新疆师范大学学报》（哲学社会科学版）2021 年第 2 期。

⑤ 张琦：《减贫战略方向与新型扶贫治理体系建构》，《改革》2016 年第 8 期。

实际是贫困地区特别是贫困村，加强党组织治理制度、组织队伍建设，提升党组织和党员干部的示范、引领作用和实干的意识与能力，进而通过多样化、组合式的扶贫项目（如产业扶贫、消费扶贫、公共设施建设等），有效改善贫困家庭的生计资本与生计能力（如公共基础设施与服务改善、人力资本提升、政策环境改善等），实现贫困群众脱贫致富的脆弱性消减过程。

（二）机理解析

贫困治理与精准扶贫实践过程中形成了诸多治理模式[①]与扶贫概念，如产业扶贫、消费扶贫、社会扶贫等。党建扶贫也是在这一实践过程中形成的。基于可持续生计分析框架，梁杰等解析了产业扶贫的作用机理，认为"扶贫企业是产业扶贫质量发展的带动者……通过与政府精准识别的贫困农户建立土地入股、雇佣劳动等利益联结方式，提升贫困农户抵御脆弱性环境的能力，改善贫困农户生计资本存量和结构……实现贫困农户真实脱贫"。[②] 英国国际发展署（DFID）在 2000 年从人力资产、自然资产、物质资产、金融资产和社会资产五个方面对农户脆弱性进行分析，建立了农户可持续生计分析框架，该框架影响力很大，在农村贫困问题研究领域得到广泛应用。可持续生计是指面临风险和压力时，不但可以应对和恢复，还能保持甚至加强其资产与能力，同时又不损害自然资源基础的谋生方式。[③] 谋生方式的建立是有条件的，需要能力、资产的支持，而且需要依附一定的生产经营活动，稳定且可持续的生计是我们追求的目标。[④] 基于前述研究，借鉴可持续生计分析框架，农村基层党建强化、党建引领与党建融合对扶贫发展与脱贫成效的作用机理是：在多样化风险或脆弱环境中，党建工作通过政策创设与机制构建、多样化的"党建+产业扶贫""党

---

① 韩喜平、王晓兵：《从"投放-遵守"到"参与-反馈"：贫困治理模式转换的内生动力逻辑》，《理论与改革》2020 年第 5 期。

② 梁杰、高强、徐晗筱：《质量发展视阈下产业扶贫内涵机理、制约因素与实现路径》，《宏观质量研究》2020 年第 6 期。

③ 张开云、李倩、蓝忻怡：《新冠肺炎疫情对脱贫攻坚的影响及其治理路径——基于可持续生计模型的分析》，《岭南学刊》2020 年第 4 期。

④ 潘国臣、李雪：《基于可持续生计框架（SLA）的脱贫风险分析与保险扶贫》，《保险研究》2016 年第 10 期。

建+消费扶贫"等模式、党群服务中心等基础设施与公共服务改善，降低了农户面临的脆弱性风险，建立了较好的利益联结关系，有效改善了贫困家庭的生计资本与生计能力，从而影响生计结果。具体的作用路径主要有三个（见图5-1），通过这三个路径，党建成为扶贫脱贫的基础、载体与原动力，发挥了带贫减贫作用。

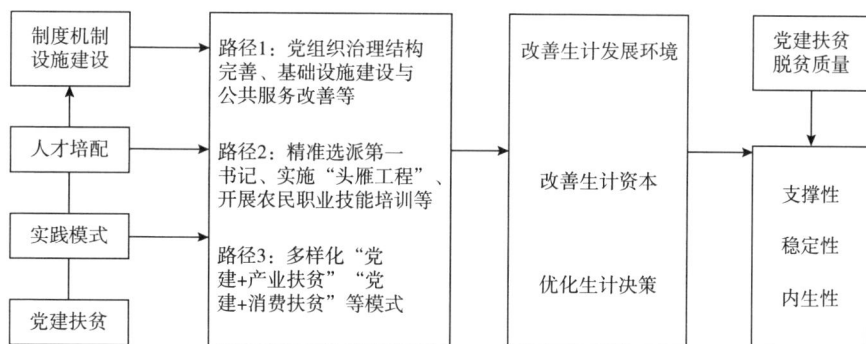

图 5-1　党建扶贫作用机理

一是党建扶贫基于"五级书记抓扶贫"工作体系，通过党组织治理结构完善、基础设施建设与公共服务改善，优化和改善贫困村发展与贫困家庭生计发展的制度环境、设施基础与组织基础，这些"基础"通过降低农户面临的脆弱性风险，间接提升贫困家庭的生计资本，从而助力实现脱贫的稳定性和可持续性。调研发现，不少贫困村的第一书记、党支部及驻村扶贫工作队通过帮扶单位出资、发动群众集资和申请政府配套支持，修建或拓建村庄的外通主干道，便利了村民外出务工和农产品流通，改善了贫困村民的生计发展环境。

二是党建扶贫通过精准选派第一书记、实施"头雁"工程、开展农民职业技能培训等方式，夯实贫困村发展的人才基础，直接提高了贫困家庭的人力资本存量和生计决策能力。第一书记和驻村扶贫工作队与贫困家庭沟通，形成脱贫方案并整合多方资源，支持贫困家庭提升家庭生计资本，鼓励支持其参加技能培训，提升其脱贫信心，改善其生计决策能力。

三是党建扶贫通过多样化的"党建+"模式，如"党建+产业扶贫""党建+消费扶贫""党建+致富带头人工程""党建+扶贫扶志"等，夯实了党建扶贫的产业基础，直接增加了贫困群体的发展机会，提高了贫困群体的心智能力。与全国其他地方一样，广东因地制宜，根据各地的资源禀赋，并借助市场力量，形成了茶叶产业、农文旅研学产业等多样化产业，"党建+产业扶贫"不仅给贫困家庭提供了就业机会，增加了贫困家庭的就业收入，还使其在工作中锻炼了能力和心智；广东大力推动消费扶贫，第一书记、驻村扶贫工作队与帮扶单位是贫困村开展消费扶贫的重要主体，许多第一书记是"直播带货"的主角，"党建+消费扶贫"不仅提升了贫困家庭的市场认知和参与能力，还提高了其农产品的销售收入；"党建+致富带头人工程"不仅给贫困家庭提供了致富机会，还提升了贫困家庭的发展信心。可以说，多样化"党建+"模式综合运用行政机制与市场机制，通过扶贫产业吸纳就业、资产收益扶贫、农产品销售平台搭建与直播带货等具体形式发挥益贫带贫作用，有效改善了贫困家庭的生计资本与生计能力，实现了党建扶贫的稳定性与持续性。

二　党建扶贫：评估指标构建与评估描述

（一）评估维度与指标构建

在借鉴已有研究成果的基础上，笔者根据对广东党建扶贫实践的调研，基于对党建扶贫内涵的界定及作用机理的整合理解，构建了党建扶贫多维度评估指标体系（见表5-1）。

（二）评估描述

多维度评估发现，广东党建扶贫成效较好，通过系列制度创设、党建基础夯实以及"党建+产业扶贫"等一系列项目实施，改善了贫困家庭的生计资本与生计能力，一定程度上激发了贫困人口的内生脱贫动力，改善和夯实了村庄发展的组织、产业、基础设施与人才等多样化基础，实现了"两不愁三保障一相当"和"八有"脱贫标准。[①]

---

① "两不愁三保障一相当"是指稳定实现农村贫困人口不愁吃、不愁穿，义务教育、基本医疗和住房安全有保障，基本公共服务主要领域指标相当于全省平均水平。"八有"脱贫标准是指有稳固住房、有饮用水、有电用、有路通自然村、有义务教育保障、有医疗保障、有电视看、有收入来源或最低生活保障的脱贫标准。

表5-1　党建扶贫多维度评估指标体系

	评估维度	指标	说明
党建扶贫脱贫成效	支撑性	制度基础 组织基础 人才基础 硬件基础	这个维度为党建扶贫的基础性和过程性指标维度，对于改善农户生计环境、提升农户生计资本具有重要作用，从而对党建扶贫具有重要的前导与支持作用
	稳定性	收入增长稳定 贫困率持续下降 就业率稳定	稳定性维度是显性指标维度，是党建扶贫成效的直观表征，反映的是减贫状态或结果
	内生性	贫困人口的脱贫信心 党员干部示范引领及发挥带贫作用 人才储备与致富带头人培养 农民技能培训	内生性指标主要反映农户人力资本情况和心智能力，以及脱贫户发展的内生动力，这些方面决定了脱贫家庭的生计资本和能力，从而对脱贫成效具有重要影响

1. 支撑性维度的评估

支撑性维度是党建扶贫成效的重要保障与基础，主要表现在制度基础、组织与人才基础和硬件基础三个方面。

首先，广东构建了一系列制度机制保障党建扶贫工作有效开展。一是广东出台了《中共广东省委实施〈中国共产党农村工作条例〉办法》，全面加强党对农村工作的领导，筑牢精准扶贫与乡村振兴的制度基础。该办法构建了党建扶贫的领导机制，成立了广东省委农村工作领导小组，由省委和省政府主要负责同志分别担任组长和常务副组长，领导小组办公室日常工作由省委农办承担。[①] 二是构建了有效的工作机制。广东在全国首创"三个在先"工作机制，即党组织优化设置在先、党组织领导决策在先、党员作用发挥在先。[②] 村内"三重一大"事项由党组织研究讨论决定后，交由村民自治组织、经济组织及其他组织实施，并向党组织报备。如汕头市建立村（社区）基层组织向党组织请示报告制度，对基层各类组织"三重一大"事项审核把关，将村级重大事项"四议两公开"落实到村级组织

① 《中共广东省委实施〈中国共产党农村工作条例〉办法》，广东省农业农村厅网站，ht-tp：//dara.gd.cn/nyyw/content/post_3014847.html。

② 毕式明、潘俊宇、邵组、邵轩：《韶关抓党建促脱贫攻坚见实效，乡村振兴蹄疾步稳》，《南方日报》2018年6月28日。

运行中，提升了党组织引领脱贫攻坚的组织力。三是构建了精准联系与包干制度。广东建立五级书记遍访贫困户、专题研究、深度调研、年度报告和考核评估制度，对分散的相对贫困人口实施"一人一户"包户销号制度。四是建立了有力的考核机制。将扶贫实绩考核结果纳入市县党政领导班子综合考核，作为干部选拔任用、评先奖优、追责问责的重要参考，并作为政策试点、项目安排、财政资金分配、用地指标安排、机关绩效考核的重要依据。① 五是构建了返贫监测和帮扶机制。根据《国务院扶贫开发领导小组关于建立防止返贫监测和帮扶机制的指导意见》等文件精神，广东省扶贫开发领导小组于2020年4月印发了《关于建立防止返贫监测和帮扶机制的实施意见》，对监测对象、监测范围、监测程序、监测周期和帮扶措施进行了科学界定和指引。六是建立党群理事会制度，在自然村成立由党员、威信较高的村民代表、"说话算数"的乡贤组成的党群理事会，在村级党组织领导下开展工作。

其次，广东重视农村基层党组织与人才建设，夯实党建扶贫的组织基础与人才基础。一是推行党组织优化设置在先，提升农村基层党组织对脱贫攻坚的引领能力。合理调整优化党组织设置，在党员超过50人的或党员人数虽不足50人但因工作需要的行政村党组织，设立党总支部委员会，并设委员5~7名。推进农村党组织向自然村（村小组）一级延伸及向农村经济组织、社会组织覆盖。抓实农村基层党组织的规范化建设，开展"五个基本"（基本组织、基本队伍、基本制度、基本活动、基本保障）基层党组织达标创优活动。二是整顿软弱涣散村党组织。与信访、农业农村、纪检监察、公安、民政等部门"六对接"，加强班子建设，严处涉黑涉恶、党员干部违法违纪，强化"三资"管理，化解土地矛盾。对发现的问题进行部门联动和系统解决，全面整顿基层党组织。2016年以来，全省共排查整顿了1300多个软弱涣散村党组织，加快补齐了基层党建短板，巩固了党在农村的执政基础。如调研了解到，韶关南雄市珠玑镇角湾村党总支，经过优化设置、精准整顿后，已从软弱涣散党组织成功转化为脱贫攻坚"领头雁"，村集体经济年均收入从2600元提高到21.1万元，贫困人口全部实

---

① 《中共广东省委实施〈中国共产党农村工作条例〉办法》，广东省农业农村厅网站，http：//dara. gd. gov. cn/nyyw/content/post_3014847. html。

现脱贫。三是重视人才支撑，精准选派驻村第一书记，大力实施基层党组织"头雁"工程。广东组织各个单位，特别是省直单位、国有企业等向贫困村、软弱涣散村、集体经济薄弱村、红色村精准选派第一书记，指导和协助贫困村优化基层组织治理结构，壮大集体经济，扩大公共服务覆盖面，提高其便利性和可及性。其中，省直和中直驻粤单位选派优秀副处级干部担任驻村第一书记，各地级以上市从市县机关企事业单位选派优秀科级以上干部担任驻村第一书记。同时，广东把基层党组织带头人队伍建设摆在突出位置，实施"头雁"工程。如惠州、清远从外出务工经商人员、返乡大学生等群体中选拔优秀党员担任村党组织书记；韶关、湛江、揭阳分别撤换调整"四不"贫困村党组织书记94名、73名、36名①；肇庆储备贫困村党组织书记206名。四是重视培训学习和能力提升。广东省委组织部和广东省扶贫办联合印发了《关于聚焦打好精准脱贫攻坚战 加强干部教育培训的意见》，组织各地各部门分级分类对扶贫干部和村"两委"干部进行轮训，加强对习近平总书记关于扶贫工作的重要论述、脱贫攻坚政策方针、精准扶贫精准脱贫工作方法的学习，提升基层干部的扶贫担当能力。如阳江在全省率先实现镇级党校全覆盖，并全面设立村级乡村振兴讲习所，建立基层党组织书记年度轮训制度，每年不少于5天。

最后，广东强化党建硬件设施建设，优化服务供给，为党建扶贫提供了有效支撑，改善了村民的生计环境。《广东省加强党的基层组织建设三年行动计划（2018—2020年）》要求，广东各地在原有的村（社区）公共服务中心（站）基础上，继续加大整合力度，建设集公共服务平台、服务群众场所、办公场所、活动场所于一体的村（社区）党群服务中心，做到场所、系统、内容、制度、保障五个方面的统一，并将其作为党和政府在村（社区）联系基层群众的执政阵地。将村（社区）共青团、妇联等组织以及依托党群服务中心设置的党员活动室、党代表工作室等办公与服务室集中统筹，整合成综合服务室。目前，广东村级党群服务中心建设基本实现全覆盖，为党建引领扶贫脱贫奠定了坚实的硬件基础。

2. 稳定性维度的评估

稳定性维度是评估党建扶贫成效的直接表现或结果状态。党建扶贫结

---

① 笔者在原广东省扶贫办调研时获得的数据。

果的稳定性主要表现为收入增长稳定、贫困率持续下降和就业率稳定三个方面。

首先，广东贫困人口收入增长稳定。广东根据经济发展水平与扶贫进程，在《中国农村扶贫开发纲要（2011—2020年）》《广东省农村扶贫开发实施意见》的指导下，贫困认定标准遵循并超过国家贫困标准。2012年后广东开始探索符合省内经济发展水平的贫困标准，2013～2015年以2012年全省农民人均纯收入的33%为扶贫标准；2016～2020年以农村居民年人均可支配收入低于4000元（2014年不变价）作为相对贫困人口的认定标准，以全村年人均可支配收入低于8000元（2014年不变价）、相对贫困人口占全村户籍人口5%作为相对贫困村的认定标准。据统计，2018年贫困村人均可支配收入提高至10560元，相较于2015年增长近86%。①

其次，广东贫困人口不断减少，贫困率持续下降。在贫困标准不断动态提高的背景下，2009～2016年，广东贫困村减少1130个、贫困人口减少106.44万人。2019年底相对贫困人口减至3.95万人、相对贫困户降至3.4万户，贫困发生率仅为0.1%。② 截至2020年10月，广东超过160万相对贫困人口实现了脱贫，2277个相对贫困村全部实现脱贫出列。③

最后，广东贫困人口就业稳定有保障。广东实施和推广"党建+就业扶贫"模式，强化党组织的引导，深入实施就业扶贫"1+4"行动（三年行动方案+就业扶贫、技能扶贫、社保扶贫、人才扶贫等4个行动计划），通过珠三角与粤东西北地区劳务协作机制、"一对一"帮扶机制和公益性就业岗位开发机制等，多渠道促进贫困劳动力稳定就业。如广州和清远联合成立广清就业扶贫办公室，创新"就业扶贫办公室+人力资源机构+驻村第一书记+农村贫困劳动力"就业扶贫模式，搭建就业信息服务平台，开发适合贫困人口的就业岗位，组织刺绣技能、壮瑶宝手工技能、粤菜师傅等多种类型的就业技能培训，助力贫困人口就地就近就业，实现就业增收脱贫。

---

① 广东省扶贫开发办公室：《不忘初心 砥砺奋进 广东扶贫开发取得历史性成就》，《源流》2019年第7期。
② 笔者在原广东省扶贫办调研时获得的数据。
③ 《广东：160多万相对贫困人口脱贫》，人民政协网，http://www.rmzxb.com.cn/c/2020-10-26/2697572.shtml。

3. 内生性维度的评估

内生性维度是党建扶贫成效的重要表征，也是影响脱贫可持续性的重要因素。马克思主义理论关于内因外因的辩证关系论述表明，贫困人口的内生脱贫动力和能力是影响脱贫稳定性和可持续性的关键因素。内生性维度主要表现为贫困人口的脱贫信心、党员干部帮扶脱贫攻坚的决心、本土化人才储备与能力培养三个方面。

首先，广东贫困人口的脱贫信心一般。调查表明，部分新脱贫户、贫困户或相对贫困户在被问到其对 2020 年的就业和收入是否充满信心时，多数人回答"一般"，同时表示对生活有点担忧。[①] 这说明，疫情影响了贫困人口的脱贫信心。在疫情管控高度隔离时期，原有的社区互助、亲戚邻居友好关怀以及村域社会支持网络发生短暂性"失灵"，贫困家庭面对疫情和贫困的无力感相互作用，削弱了贫困家庭的风险抗逆力和脱贫信心。

其次，党员干部示范引领及积极发挥带贫作用，增加了贫困家庭的生计资本，提升了党建扶贫的稳定性。开展农村基层党员包户结对帮扶贫困户活动，动员鼓励本村党员干部、有致富带富能力的党员以及外出党员乡贤等，对本村贫困户进行包户带动、全程帮扶，不脱贫就不脱钩，实现党员包户结对帮扶贫困户全覆盖。发挥党员领办新型农业经营主体的带动作用，鼓励有能力的农村党员成立农民专业合作社、家庭农场等新型农业经营主体发展特色农业或电商产业，贫困户获得租金、分红或就业机会，以"租金+股金+薪金"模式带动贫困户稳定脱贫致富。发展壮大农村集体经济，大力发展特色种养、光伏发电、乡村旅游产业，或党（总）支部领办农民专业合作社等，做强富民兴村特色产业。2019 年，广东共引导外出党员回乡创业 282 人，发展创业项目 277 个，领办或协办经济项目 345 个。据初步统计，梅州有 5.43 万名无职党员参与设岗带富活动，有 2.61 万名农村在岗党员参与示范带富活动，发展经济项目 7846 个。[②]

最后，广东重视本土化党组织人才储备和能力培养，重点培养致富带头人和新型农民，增强了稳定脱贫与乡村发展的内生力量，提高了农户的生计能力。广东实施"党员人才回乡计划"，从农村外出务工经商人员、

---

① 张开云、李倩、蓝忻怡：《新冠肺炎疫情对脱贫攻坚的影响及其治理路径——基于可持续生计模型的分析》，《岭南学刊》2020 年第 4 期。

② 笔者在原广东省扶贫办调研时获得的数据。

创业致富带头人、返乡大学生、退休干部中选拔优秀党员担任村党组织书记。同时，加强党组织书记后备队伍建设，实行"村推镇选县考察"的培养选拔制度，按不低于1∶2的比例配备年轻后备干部队伍。① 目前，全省已有村党组织书记储备人选4.6万名。同时，围绕打造一支"留得住、能战斗、带不走"的工作队目标，通过组织遴选、强化培训、政策支持等方式，在"选、育、带"三个环节统筹推进，建设清远英德连樟村等多个贫困村创业致富带头人与新型农民培训基地，提升其生计资本、生计能力及带动贫困户发展的能力。截至2020年8月，广东全省共培育创业致富带头人7246名，累计带动建档立卡贫困户约3.68万户，12.57万贫困人口实现增收②，村均培育3.18人。

三 广东党建扶贫的基本经验

抓党建促脱贫攻坚，是广东脱贫攻坚的基本经验，是确保高质量打赢脱贫攻坚战的根本保障。

第一，始终注重党的组织建设、队伍建设和制度建设，夯实减贫治理与乡村发展的政治基础。为人民谋幸福是中国共产党矢志不渝的目标，扶贫脱贫共享小康生活是农村福利政治的不懈追求。广东抓党建促脱贫攻坚的实践表明，只要始终坚持做强基层党组织、建优制度和机制、培养和激发组织成员的示范引领作用、减少"争论性决策内耗"、形成"统一性正力量"，就能在微观层面把中国政治体制的优势（集中力量办大事）转化为基层党组织全面统领农村工作的治理优势，推动农村增长性要素和内外资源不断积累，使经济社会不断发展，贫困人口不断减少，福利效用不断增强。

第二，始终注重把党的建设与精准扶贫精准脱贫基本方略科学融合，

---

① 《中共广东省委办公厅 广东省人民政府办公厅印发〈关于打赢脱贫攻坚战三年行动方案（2018—2020年）〉》，广东省人民政府网站，http：//www. gd. gov. cn/gdywdt/gdyw/content/post_157494. html。

② 石静莹：《广东扶贫：善作善成，不获全胜不收兵》，南方网，http：//news. southcn. com/nfzz/content/2020-11/15/content_191719179. htm。

整合资源，精准施策，充分发挥党组织统领农村中心工作的治理效能。广东抓党建促脱贫攻坚的实践表明，党建工作必须紧紧围绕农村的中心工作或战略（如脱贫攻坚、乡村振兴）展开，建立"人民中心""乡村中心"的治理导向。同时，通过党建引领与中心工作的科学融合，聚焦"扶持谁""谁来扶""怎么扶""如何退"的问题，按照"六个精准""五个一批"要求，统筹与精准配置资源，有重点、有策略地持续深化精准扶贫探索，推动开发式扶贫与保障式扶贫有效衔接，因村因户因人施策，需求为本，精准滴灌，充分发挥党组织统领农村中心工作的治理效能。

第三，始终注重综合运用党建机制、行政机制、市场机制和社会机制，全面彰显党组织、政府、市场和社会的作用和优势。广东抓党建促脱贫攻坚的实践表明，广东脱贫奇迹和东西部扶贫协作巨大成效是在党建引领和融合中心工作的过程中，综合运用党建机制、行政机制、市场机制和社会机制取得的。党建机制包括组织共建机制、决策机制、运行机制等；行政机制包括财政投入机制、监督考核机制等；市场机制体现为在尊重市场规律的基础上引领市场主体，如公司、企业等积极参与产业扶贫、消费扶贫等战略实践；社会机制体现为运用道德感召、慈善公益方式引领社会组织、公民个体参与精准扶贫与脱贫攻坚。通过多重机制的精准协同，全面彰显党组织、政府、市场和社会的作用和优势，推动形成专项扶贫、行业扶贫、社会扶贫"三位一体"的大扶贫格局，推动减贫治理从政府主导向党建引领全社会广泛参与转变。

四 广东抓党建促脱贫存在的不足

尽管广东党建扶贫实践取得了巨大成绩，但与稳定脱贫、可持续脱贫及高质量脱贫的目标相比，依然存在一些不足。

（一）内生性不足

调研发现，广东抓党建促脱贫攻坚取得了巨大成就，但是一些地方是通过大规模、短期性外部力量和资源的聚集而实现预期脱贫目标的，这使村庄社会资本发育不充分、人力资本存量增长缓慢，影响了脱贫家庭生计资本的改善。内生性不足主要表现在以下几个方面。

一是本土组织人才内生性不足。2016 年以来，广东共动员 21 个地级以上市 1.8 万个党政机关和企事业单位的 6.5 万名干部参与脱贫攻坚，共选派了 5600 多名第一书记，其中向 2277 个省定贫困村选派第一书记 4454 名、驻村工作干部 6.5 万名。[①] 调研发现，派驻贫困村的第一书记、党建指导员等扶贫工作人员在建强基层党组织、链接扶贫资源、精准选择扶贫产业等方面发挥了重要的作用。相比而言，乡村党组织在地化、本土化的党建人才队伍内生能力不足，作用发挥不够充分。

二是村庄社会资本与资源内生性不足。调研发现，各贫困村获得的各级财政和社会帮扶资金平均不少于 1000 万元。许多贫困村的特色农产品主要通过帮扶单位购买或领导"直播带货"销售，"党建+消费扶贫"未能有效增加贫困村的社会资本。党建引领农村扶贫脱贫主要靠财政资金、帮扶单位筹措的资金或社会捐助的资金，农村内在的社会资本、人力资源、自然资源禀赋的有效利用存在不足。

三是脱贫动力与能力内生性不足。运动式、包揽式、输血式贫困治理思维和扶贫模式容易导致贫困地区、贫困人口成为扶贫政策和发展项目的被动参与者、接受者，基层扶贫工作者常常抱怨："总是我们在动，而老百姓缺乏热情，事事依赖政府。"[②] 同时，集中式攻坚扶贫模式注重基础设施完善和财政投入以及产业带动，属于经济范式的扶贫脱贫模式，虽然可以在短期内较快增加贫困家庭收入，但是由于忽视贫困人口社会支持网络的构建和拓展，再加上贫困家庭本来的社会资本存量不足，会使支撑贫困家庭生计能力的社会结构缺失。调研发现，有的贫困群众的就业观与客观实际有偏差，存在求体面、求稳定的选择性就业倾向，不愿从事市场岗位多和需求巨大的快递行业、家政行业等"体力活"行业，择业标准与自身能力不相符。

---

① 笔者在原广东省扶贫办调研时获得的数据；石静莹：《广东扶贫：善作善成，不获全胜不收兵》，南方网，http://news.southcn.com/nfzz/content/2020-11/15/content_191719179.htm。

② 万兰芳、向德平：《中国减贫的范式演变与未来走向：从发展主义到福利治理》，《河海大学学报》（哲学社会科学版）2018 年第 2 期。

（二）产业选择、发展规划顶层设计与资源整合不足

一是产业选择、发展规划顶层设计不足。在党建扶贫实践中，"党建＋产业扶贫"及党员干部带头示范领办或协办产业是推动贫困村贫困户脱贫的重要路径之一。调研发现，各贫困村的帮扶单位与派驻的第一书记不同，第一书记与党组织往往根据本单位与本村的优势选择产业，导致条件与禀赋类似的村之间产业与项目雷同，但又"各自为政"，缺乏产业发展顶层设计，使得产业雷同、产业过密化与产业"碎片化"，结果是产业发展效果不理想，甚至由于市场波动而面临产业终结的风险。可以说，村与村之间产业选择的顶层规划缺失、镇域与县域产业发展规划顶层设计不足使得扶贫产业发展面临较大风险，这些风险使依托产业脱贫的家庭的生计存在较大脆弱性，影响党建扶贫的稳定性与可持续性。

二是扶贫资源整合不足。在驻村帮村扶户模式下，不同贫困村与不同的单位结对。调研发现，帮扶单位都有扶贫资源投入，不同帮扶单位的"资源动员能力"不同，由于缺乏资源整合机制，不同贫困村获得的资源有较大差别，从而引发一些村质疑资源配置的公平性。这说明，在不同阶段、不同对口帮扶部门背景下扶贫资源的精准统筹与整合力度不同，导致各村的公共设施建设等有差异，由此影响了村民的生计环境与生计资本。

（三）市场导向与人力资本导向不足

一是市场导向不足。在党建扶贫实践中，市场导向不足的核心表现就是"党建＋产业扶贫""党建＋消费扶贫"实践中存在一定的行政干预和局限性。调研发现，一些地方的扶贫产业，要么是基于帮扶单位、第一书记研判的条件优势选择的，要么是响应地方政府号召选择的政府主推产业，产业发展方向和产业项目的选择存在较多的"行政化"色彩或行政干预，市场需求、市场规律与市场作用等对产业选择所具有的导向功能、资源配置功能发挥不足，结果导致产业雷同、项目分散、产业发展持续力不强，弱化了产业扶贫功能，使得脱贫家庭面临较大返贫风险，影响党建扶贫质量。

二是人力资本导向不足。在英国国际发展署（DFID）所提出的农户可持续生计分析框架中，农户生计资本由人力资产、自然资产、物质资产、金融资产和社会资产五个部分构成。其中，人力资产（人力资本）是最重

要、最可持续的资产，因为农户的教育水平、心智能力影响了农户对其他资产的使用方式或使用效率。调研发现，帮扶单位或村党组织协调与讨论帮扶项目时，往往偏好基础设施建设项目、就业扶贫项目或合作社项目，因为这些项目的成果容易显现，能较快改善贫困状况。而有助于增加农户家庭人力资本存量的"志智"双扶类项目则不是首要选择，因为家庭人力资本存量增加在农村是一件较难的事，其对家庭生计资本与能力的影响需要较长时间才能显现。

五　广东党建扶贫发展的未来路向

提升党建扶贫稳定性和可持续性是一个系统工程，是保障与巩固脱贫攻坚成果、推动乡村振兴的根本路径。为此，必须坚持夯实党建基础与优化系统构想相结合，坚持优化生计环境与提升村庄发展能力相结合，坚持构建预防返贫帮扶机制与提升内生发展动力和能力相结合，为巩固拓展党建扶贫成果提供更优的制度基础、组织基础和人才基础，全面改善脱贫家庭的生计环境、生计资本与生计能力，实现稳定脱贫和可持续脱贫。

（一）坚持夯实党建基础与优化系统构想相结合，持续建强农村基层党组织，加强顶层设计，加强市场导向、资源依托和资源整合，改善脱贫家庭的生计资本

一是持续整顿软弱涣散村党组织和优化机制，夯实组织基础。在后脱贫时代，必须坚持党建与减贫治理和乡村振兴相融合的基本方略，全面加强组织建设，健全基层治理体系。按照"增加先进支部、提升中间支部、整顿后进支部"的治理思路，对农村基层党组织进行全面评估，不设比例、逐个整顿、应整尽整。严格把控和审查，坚决不让宗族势力、黑恶势力影响村"两委"换届，不让不合格的、行为不轨的人通过贿选等不正当手段当选。同时，推广和优化"三个在先"党建工作机制，培育和构建有利于党组织在产业选择与发展、集体经济壮大与发展、贫困家庭结对帮扶、村庄公共服务完善等方面发挥"思想库"和引领示范作用的环境和机制，提升农村基层党组织在乡村振兴中的核心作用。

二是强化和提升镇域在减贫治理与乡村振兴衔接融合中的枢纽带动作用，调整优化帮扶方式。一方面，强化镇域在减贫治理和乡村振兴中的枢纽带动作用，使镇级党委、政府成为相对贫困治理与乡村振兴规划衔接、项目衔接和资源衔接的聚合主体。另一方面，调整优化帮扶方式。在后脱贫时代或乡村振兴阶段，帮扶方式应从驻村帮村扶户转换为驻镇帮镇扶村，以镇域为中心全面进行公共服务、基础设施、产业布局等方面的系统设计，优化农村家庭发展的生计环境。习近平总书记强调城镇化发展方向，而很少用城市化，目的就是强调城乡融合。镇域是最贴近农村农民农业的行政层级，广东多数镇域也是以农业为基础的城镇。可以说，城镇或乡镇是城乡融合的契合点和城乡资源要素双向流动的支点。同时，镇域是区域城镇化工业化市民化的重要场域，也是带动乡村产业发展、保障农民就近就业、巩固脱贫攻坚成果的重要载体。

三是加强市场导向、资源依托和资源整合。在"党建＋产业扶贫"、"党建＋消费扶贫"或党组织领办合作社等减贫实践中，一些有利于提升贫困家庭生计资本的项目由于与市场需求不契合，或者主要靠行政化方式推动，抑或项目与贫困村的资源禀赋优势关联度不高，会面临较大的市场风险，从而导致项目失败或停滞。因此，为有效巩固脱贫成果和推动乡村振兴，"党建＋产业扶贫"项目选择和发展必须坚持遵循市场导向，必须依托镇村资源禀赋优势。只有这样，才能改善项目惠及的脱贫家庭或村民的生计资本与生计能力，从而保障脱贫质量。同时，应加强帮扶资源的整合，使其发挥更大联农带农效益。原有的驻村帮村扶户模式主要由对口帮扶单位对所在村进行帮扶（分散帮扶），不同帮扶单位有不同的"优势"，但不同帮扶单位和村之间无法"优势互补"，存在一定程度的资源分散。在乡村振兴期间，必须在帮扶模式上调整优化，由党政机关、企事业单位、科研力量等"分散帮扶"向"组团式"的乡村振兴定点帮扶转变，即多个单位联合驻镇帮镇扶村，使得优势互补，资源整合，更好发挥联农带农作用，巩固拓展脱贫攻坚成果。

（二）坚持优化生计环境与提升村庄发展能力相结合，有效降低生计风险，提升脱贫可持续性

一是全面优化生计环境，提升农户生计资本与能力。广东经过两轮

"双到"扶贫和精准扶贫后，贫困村的整体风貌和收入水平基本在全省位居中游甚至偏上，但这些村只占全部村庄数量的约1/3，可以说，当前相对薄弱的村数量不少，亟须加大公共设施投入，同时应进一步加强农村社会保障制度和基础教育等公共服务供给。从短期攻坚转换到常态减贫与乡村振兴发展阶段，社会保障制度完善、基础教育设施完善、社区医疗网络建设和医疗救助覆盖面扩大对治理相对贫困、预防返贫和改善脱贫家庭生计资本与生计能力具有重要作用。

二是提升村庄发展能力。一方面，要持续加强农村党支部队伍建设，提升村庄发展能力。"火车跑得快，全靠车头带"，农村党支部队伍能力决定了村庄的发展能力和发展程度。因此，县镇党组织在重新组建村"两委"时，要把真正有振兴乡村理想和认同乡村发展的人选作带头人或"头雁"，带领广大村民走向发展之路。同时，加大从本村致富能手、高校毕业生、退役军人中培养选拔村党组织书记的力度，按照政治素质高、群众威信高、致富带头能力强、群众工作能力强的标准选人配人建强组织团队，夯实村庄发展的组织与人才基础。另一方面，要有效打通人才向农村流动的通道，全面提升农村人力资本存量。建立健全人才下乡的保障和特惠机制，打通人才向农村流动的通道，通过人才流动带动智力、技术、管理经验等现代发展要素向农村汇聚。全面畅通外出青年的返乡创业渠道、退休专家领导贡献乡里的助乡路径、异地社会组织服务乡村的公益之路和乡贤及其资源的归农通道。实施新型职业农民、乡村技能人才等培育工程，建立农村科技特派员常态化对接机制和教育、医疗人才常态支农激励机制，推动各类人才到农村创业和服务乡村振兴事业。

（三）坚持构建预防返贫帮扶机制与提升内生发展动力和能力相结合，提升党建脱贫的稳定性

一是建立和完善预防返贫帮扶机制。应进一步完善相关制度，加强政策协同和部门协同，为返贫预防、监测、帮扶提供体制机制保障。同时，应引入第三方评估，常态化监测脱贫家庭发展状况，及时有效发现返贫风险点，并定期进行部门信息共享。另外，应根据脱贫家庭主要生计脆弱风险点，购买相应的保险进行预防和保障。比如，对于因健康风险大而存在返贫风险的脱贫家庭除了为其提供基本社会医疗保险、医疗救助制度保

障，还应为其购买大病商业医疗保险进行保障。

二是提升脱贫家庭的内生发展动力与能力，提高脱贫稳定性。[①] 邓悦等认为，可以通过价值引领和利益驱动提升农民合作组织参与贫困治理的内部动力。[②] 龙少波等认为，可以以农民专业合作社为载体，加强农户的人力资本和社会资本培育。[③] 本书认为，可以根据镇村资源禀赋与发展条件，开展农业技术、信息技术、管理技术等相关技术培训，提升农户人力资本存量，提高农民自我发展的能力，从根本上巩固党建扶贫成果，增强乡村振兴的内在动力和能力。同时，引入社会工作者和相应的社会服务组织，为贫困户、新脱贫户和相对贫困户提供综合家庭社会工作服务、心理咨询和心理疏导服务。脱贫和小康不仅意味着收入脱贫、物质脱贫，还需要帮助贫困群体保持心理健康和搭建积极的社会支持网络。[④] 可以应用社会工作专业方法整合资源、组织活动、增能赋权，增强农户应对脆弱性风险的意识和能力。

---

① 邓悦、吴忠邦、蒋琬仪、汪禹同：《从内生式脱贫走向乡村振兴：山区脱贫质量分析》，《宏观质量研究》2021 年第 2 期。
② 陈家涛：《农民合作组织参与贫困治理的动力机制及制约因素》，《管理学刊》2021 年第 6 期。
③ 龙少波、陈路、张梦雪：《基于可持续生计分析框架的消费扶贫质量研究——以国家扶贫开发工作重点县绿春县为例》，《宏观质量研究》2021 年第 1 期。
④ 张开云、李倩、蓝忻怡：《新冠肺炎疫情对脱贫攻坚的影响及其治理路径——基于可持续生计模型的分析》，《岭南学刊》2021 年第 4 期。

第六章 消费扶贫：理论基础、实践样态、多重困境与未来路向

减贫治理是一个世界性议题。不同国家、地区围绕如何有效治理贫困进行了持续的实践和探索。中国作为具有国际担当的发展中国家，着力推进深度贫困地区和贫困人口精准脱贫，其中贫困群体主要是小农户。在中国各地减贫实践中，产业扶贫成为支撑和带动小农户脱贫的重要政策选择与实践方式，但也产生了农产品同质、产品过剩或与市场需求对接不充分等问题，给原本脆弱的贫困小农户带来了更多的不确定性和生计风险。[①]探寻能够提升贫困小农户自主性、生计能力和内生动力，使其在农产品市场交易中获得更公平合理的价值利益分配份额的有效路径成为减贫治理实践中不可回避的理论与现实需求。[②] 由此，学界进行了诸多旨在增加农户分享的市场价值和提高农产品附加值的实践探索，如中山大学张和清教授在广东省和云南省进行的"绿耕"城乡互助实践和中国农业大学叶敬忠教授牵头在河北省太行山区村庄开展的"巢状市场小农扶贫试验"。[③] 在宏观和政策路径层面，消费扶贫（消费帮扶）成为国家和地方行动的重要政策选择。2016 年 11 月，国务院扶贫办等 16 个部门联合印发的《关于促进电商精准扶贫的指导意见》（国开办发〔2016〕40 号）提出，"动员社会各界开展消费扶贫活动。组织有关电商企业和网络平台，集中购买贫困地区

---

① 叶敬忠、贺聪志：《基于小农户生产的扶贫实践与理论探索——以"巢状市场小农扶贫试验"为例》，《中国社会科学》2019 年第 2 期。
② 黄宗智：《小农户与大商业资本的不平等交易：中国现代农业的特色》，《开放时代》2012 年第 3 期。
③ 叶敬忠、贺聪志：《基于小农户生产的扶贫实践与理论探索——以"巢状市场小农扶贫试验"为例》，《中国社会科学》2019 年第 2 期。

土特产品，培育全社会消费扶贫意识，共同营造消费帮扶的良好氛围"。之后，国务院办公厅发布了《关于深入开展消费扶贫助力打赢脱贫攻坚战的指导意见》（国办发〔2018〕129号），该文件对消费扶贫的概念进行了界定，消费扶贫是社会力量（包括市场主体、社区居民等）通过消费来自贫困地区和贫困人口的产品与服务，帮助贫困人口增加收入从而实现脱贫的一种扶贫方式，是社会力量参与脱贫攻坚的重要途径。在国务院相关文件的指引和制度驱动下，消费帮扶与消费协作成为各地减贫治理体系中的重要制度安排，在消费扶贫实践中，贫困地区与贫困者构成生产端，发达地区和城镇居民组成消费端，区域之间形成"生产—消费"合作链条。消费扶贫成为促进小农户参与、对接大市场的重要路径，在助推小农户增收、实现精准扶贫目标中发挥了重要作用。进入新发展阶段后，消费扶贫概念转换为消费帮扶。消费帮扶作为先富区域带动与支持后富区域或欠发达区域协调发展的重要路径，在进一步帮助农户融入大市场的同时，更加注重联农带农机制建设，促使农户分享到更多产业增值收益[1]，也更加重视激发农户的内生动力，不断增强其自我发展能力。

文献梳理表明，学界围绕消费扶贫（消费帮扶）的作用、存在的问题、减贫机理与机制和可持续发展路径等进行了较为丰富的研究和讨论。孙咏梅和方庆较早关注消费扶贫议题，从消费视角讨论了农村地区的消费贫困及其精准治理问题。[2] 邓利方认为，消费扶贫的核心是通过灵活运用市场化机制，广泛动员全社会力量消费来自贫困地区和贫困户的产品与服务，实现农产品有销路、贫困农户就业有渠道、休闲农业和乡村旅游有活力，筑牢贫困农户脱贫致富的内生动力机制。[3] 陈前恒认为，消费扶贫是适应减贫发展新形势的新式扶贫方式，具有城乡需求对接的桥梁作用。[4]关于消费扶贫减贫机理与机制，有学者认为消费扶贫的作用机理在于激发

---

① 《国家乡村振兴局关于进一步健全完善帮扶项目联农带农机制的指导意见》，国家乡村振兴局网站，http://www.nrra.gov.cn/art/2022/9/30/art_50_196922.html。

② 孙咏梅、方庆：《消费视角下的贫困测度及精准扶贫探索——基于我国农村地区消费型贫困的调研》，《教学与研究》2017年第4期。

③ 邓利方：《消费扶贫的理论与实践价值》，《南方》2020年第12期。

④ 陈前恒：《消费扶贫：架起城乡需求的桥梁》，《人民论坛》2019年第23期。

贫困地区经济增长内生动力和有效发挥市场在减贫中的作用。[①] 龙少波等把消费扶贫的减贫机制概括为内生动力机制、倒逼机制和共享机制。[②] 消费扶贫实践中主要呈现了企业主导式、政府主导式和社会组织主导式三种模式。[③] 研究表明，消费扶贫面临部分产品市场竞争力不足、缺乏成熟的销售运营主体等问题[④]，也面临技术、平台、机制等的约束[⑤]，还存在乡村现实供给与城镇真实需求的衔接失配、定点采购与自由置买的行政冲突、短期支持与长效规划的结合悬浮等问题[⑥]。因此，未来消费帮扶应在减贫多元体系中构建市场安排、教育安排、技术安排和机制安排等综合性实践方案[⑦]，从构建产销机制、加强人才培养、加大政策保障力度等方面着力，推动消费帮扶可持续发展[⑧]。

总的来看，学界研究为深入认识和推进消费扶贫奠定了基础，但对消费扶贫的理论基础研究不多，对省域中观层面消费扶贫实践样态进行梳理的成果也不多见，未来发展思路还有待深入讨论。本章以广东为研究现场，梳理消费扶贫的理论基础，构建理论分析框架，描述消费扶贫实践样态，深入剖析消费扶贫实践困境，并提出未来发展路向，推动消费扶贫高质量发展，助力区域协调发展、迈向共同富裕。

一　消费扶贫：理论基础与分析框架

马克思主义消费理论、巢状市场理论与道义经济理论是消费扶贫或消

---

① 梁琳：《精准扶贫背景下我国消费扶贫的减贫逻辑与实践探索》，《苏州科技大学学报》（社会科学版）2021年第4期。

② 龙少波、陈路、张梦雪：《基于可持续生计分析框架的消费扶贫质量研究——以国家扶贫开发工作重点县绿春县为例》，《宏观质量研究》2021年第1期。

③ 原贺贺：《消费扶贫的实践进展与机制创新——以广东清远市为例》，《农村经济》2020年第12期。

④ 李文：《消费扶贫如何实现可持续性发展》，《人民论坛》2021年第28期。

⑤ 梁琳：《精准扶贫背景下我国消费扶贫的减贫逻辑与实践探索》，《苏州科技大学学报》（社会科学版）2021年第4期。

⑥ 范和生、刘凯强：《从"一时火"到"一直火"：消费扶贫的阶段反思与长效安排》，《学术研究》2021年第3期。

⑦ 范和生、刘凯强：《从"一时火"到"一直火"：消费扶贫的阶段反思与长效安排》，《学术研究》2021年第3期。

⑧ 陈前恒：《消费扶贫：架起城乡需求的桥梁》，《人民论坛》2019年第23期。

费帮扶的重要理论基础与理论支撑。

（一）马克思主义消费理论

马克思主义消费理论与英法空想社会主义消费思想是继替关系，空想社会主义消费思想中的有益观点被吸收到马克思主义消费理论中。周丽认为，英法空想社会主义消费思想对资本主义制度提出了系统批判，同时也憧憬人类未来的美好生活，认为现有生产能力足以让人民过上幸福生活，生产与消费直接结合是未来社会的特征。马克思批判性吸收这些优秀的研究成果，从这些原始资料和数据出发研究消费理论。[①] 马克思认为，生产与消费都是社会再生产过程中的重要环节，其中生产是起始环节，消费是最终环节，生产与消费之间存在辩证统一的关系，相互依存、互为前提。[②] 只有生产没有消费的经济是难以持续和健康发展的。随着社会经济发展，后来的马克思主义者不断发展马克思的消费理论与观点，越来越重视消费在经济循环和国民经济良性发展中的重要支撑作用。可以说，马克思主义消费理论或思想为消费扶贫、"发展产业脱贫一批"精准扶贫方略提供了有力的理论支撑。

（二）巢状市场理论

2010 年，中国农业大学教授叶敬忠等与荷兰学者扬·杜威·范德普勒格以及巴西学者塞尔吉奥·施奈德合作率先提出巢状市场概念[③]，这一新兴市场概念对于有效探索小农户对接大市场具有重要意义。小农户在传统的种植经营活动之中，往往只关注种植本身，忽视市场信息，也难以了解市场变化，这种盲目生产导致种植产品过剩或者不符合消费者的需求，时常会出现农产品滞销的状况，给小农户造成了巨大的经济损失，打击了小农户的生产积极性。从 2016 年开始，全国范围各个农村地区都在如火如荼地进行精准扶贫，其中许多偏远的农村和山区等在各级政府、多方社会力量以及农民的积极配合之下，有效利用当地的生态环境优势发展特色的农

---

① 周丽：《马克思主义消费理论研究》，《合作经济与科技》2020 年第 24 期。

② 邓利方：《消费扶贫的理论与实践价值》，《南方》2020 年第 12 期。

③ 叶敬忠、贺聪志：《基于小农户生产的扶贫实践与理论探索——以"巢状市场小农扶贫试验"为例》，《中国社会科学》2019 年第 2 期。

业产业，生产高品质农产品，形成农产品优势品牌，从而促进贫困地区农民增收。由此，各地纷纷提出"产业扶贫""消费扶贫"等措施，构建消费帮扶产品特有消费平台，打造供销对接的巢状市场。

所谓巢状市场，是指以小农户生计资源为基础，利用新媒体技术、行政动员或熟人介绍等方式形成的小农户（生产者）与消费者（城市社区消费群体）之间直接对接、实名制以及相互信任的一种市场。"直接对接"是为了去除农产品一般交易过程中的中间商等环节（这些环节提高了农产品价格，农户也从中得不到额外收益），让农户在农产品市场交易价值链中具有更高地位和获得更多收益。在生产者与消费者直接对接的情境中，不但生产者（农户）能获得更多的收益，社区消费者支付的价格或购买成本也更低。"实名制"相当于质量监督保障机制与反馈机制。由于生产者与消费者都是实名，消费者知道购买的农产品从哪里来、是谁生产以及是如何生产出来的[1]，如果发生问题，可以直接给生产者提建议或寻根溯源进行解决。同时，生产者了解消费者的偏好、消费量等信息，便于安排和组织生产。"相互信任"是生产者和消费者之间"重复博弈"达成的均衡关系。由于两者直接对接，相互信任非常重要，这关系到双方交易的频率、价格及交易的可持续性。叶敬忠和贺聪志认为，在直接对接、实名制、相互信任等作用之下，"巢状"一词具有两层含义：一是巢状市场是特定人群之间所形成的直接的和边界清晰的产品、现金、信息、服务等的流通圈和交往圈，就像一个个"鸟巢"嵌入主流市场之中；二是巢状市场强调的是生产者与消费者之间的直接而固定的联结关系和基于信任的社会网络，恰如"鸟巢"里的各个节点，生产者和消费者以各种方式紧密地团结在一起，构成一个边界相对明确的市场。只要农产品生产者和某些社区消费者建立了这样固定的、直接的市场交易结构，那这个市场就是一个巢状市场。[2]

总的来看，巢状市场以农户生计资源为基础，通过小农户与城市社区消费者之间的直接对接，为原本被食物帝国控制的市场排斥的贫困地区的

---

[1] 韩喜红、成党伟：《消费扶贫机遇下陕南小农户与现代农业有机衔接模式研究》，《江苏农业科学》2020年第9期。

[2] 叶敬忠、贺聪志：《基于小农户生产的扶贫实践与理论探索——以"巢状市场小农扶贫试验"为例》，《中国社会科学》2019年第2期。

农户提供发展与增收的机会。巢状市场是对食物帝国中小农户生产收益不断流失、生态破坏与食品安全问题的回应，发展巢状市场就是要提高农民的收入，保证消费者获得安全、健康与绿色的农产品。可以说，巢状市场创造的新经济空间和分配机制拓展了小农户生计发展和农村减贫思路。

（三）道义经济理论

道义经济学的理论是消费扶贫实践重要的理论来源。20 世纪 70 年代，詹姆斯·C. 斯科特在东南亚底层农民调研中发现，农民在资源有限甚至危机的生存条件下坚持"安全第一"的生存伦理，使农民宁可千方百计避免经济损失或避开风险，也不冒险去实现收益最大化或增加其生计收益。詹姆斯·C. 斯科特还发现，在危机来临时，地主与农民存在互惠行为，地主必须履行自己的职责给农民以生存保障，同时，农民则以利益让渡和权力让渡作为获得保护的代价，从而使整个农业生产维持着正常秩序。生存伦理是指导农民进行生产活动与交换和互惠等社会安排或者奋起反抗的根本依据，但从经济视角来看，生存伦理与西方经典的"理性经济人"理论中的理性算计、风险投资行为相悖，进而可以推导出道义经济理论。[1]

道义经济理论不仅适用于农民，还适用于企业家和消费者。企业在社会、经济和政治上是与许多其他社会组织和人群相互联结在一起的。一些人或消费者关注的社会问题，如生态环境问题、产品质量问题、农产品安全问题等，本质上与企业社会责任就具有重要关联。从经济上看，履行社会责任是提高企业经济效益的有效工具和手段；从社会关系上看，作为社会结构的一个部分，企业是人类实现幸福生活的重要组织化工具，企业对利益相关者诉求或期望的关注程度与企业的成功程度具有正向关系。[2] 消费者不仅是一个社会人，而且是一个具有特定的地位、认同和形象的个人，消费并不仅仅是对自己可支配的货币和资源的反映，它还反映了人们

---

① 〔美〕詹姆斯·C. 斯科特：《农民的道义经济学：东南亚的反叛与生存》，程立显、刘建等译，译林出版社，2013。

② 刘平、郭红玲：《企业社会责任：工具抑或道义》，《求索》2009 年第 6 期。

对某种价值目标的认同行动。① 研究表明，消费者具有的社会责任意识②、价值认同与企业的社会责任意识相互促进。③ 消费者的道义经济行为与自身对产品品质的要求促使他们转向安全、有机、可溯源的扶贫产品，有力促进了农产品转型升级。可以说，道德消费力的凝聚为消费扶贫提供了重要动力。④

在理论和实践的双重探索和推进下，消费扶贫逐渐变成一种减贫治理的政策工具。各地纷纷制定消费扶贫政策，开展了对消费扶贫的多样化实践与探索，如广东搭建了东西部扶贫协作产品交易网和交易市场；清远构建了消费扶贫平台——众创空间；深圳发放消费扶贫券，带动社会主体购买扶贫产品。

（四）分析框架

阿马蒂亚·森（Amartya Sen）认为，贫困并不仅仅是收入不足，更意味着人们正常消费生活所需权力渠道的阻塞。⑤ 美国社会学家格尔哈特·伦斯基（Gerhard Lenski）和经济学家曼瑟尔·奥尔森（Mancur Olson）等学者的研究认为，消费贫困现象的实质是一种结构对抗（structure confrontation），是社会群体在进行消费利益分配时对有限消费资源争夺的后果，消费结构失衡成为贫穷者的表征。⑥ 理论表明，发展农民道义经济是对传统小农生产方式的一种肯定和认同，也是对当前乡村大量存在家庭种植生产事实的客观把握。在反对食物帝国价值链控制和大资本下乡可能侵蚀小农发展空间的思潮中，巢状市场理论的核心要义就是立足小农生产合理性，通过生产成本的节约或降低与农民价值分配份额的提高来双重增加农户收入，实现脱贫目标。学界推崇甚至在不少地方实践和构建的小农巢状

---

① 王宁：《消费与认同——对消费社会学的一个分析框架的探索》，《社会学研究》2001 年第 1 期。

② J. A. Roberts, "Profiling Levels of Socially Responsible Consumer Behavior: A Cluster Analytic Approach and Its Implications for Marketing," *Journal of Marketing Theory and Practice* 3（4）（1995）：97-117.

③ 马龙龙：《企业社会责任对消费者购买意愿的影响机制研究》，《管理世界》2011 年第 5 期。

④ 刘天佐、廖湘莲：《消费扶贫协同治理研究——基于"制度—结构—过程"分析框架》，《世界农业》2021 年第 3 期。

⑤ 孙大鹏、王玉霞：《理解消费扶贫的一个理论框架》，《财经问题研究》2020 年第 8 期。

⑥ 〔美〕格尔哈特·伦斯基：《权力与特权——社会分层的理论》，关信平等译，社会科学文献出版社，2018，第 33~34 页。

市场，其实质是以小农农业作为扶贫和健康食物来源的基础，构建工业化农业的替代方式，应对大工业食物帝国对价值链控制所导致的利益垄断、贫困和健康风险。这种替代市场是通过在城市与乡村之间构建一种互惠的农产品生产—消费模式实现的。城市附近或周边的乡村贫困农户通过传统种养方式生产农产品，如散养的鸡鸭鹅、以剩菜剩饭和新鲜杂草喂养的土猪、尽可能不使用化肥或农药的粮食与瓜果蔬菜等，直接供给或卖给城市社区居民。农户也可与城市消费者合作种养。这种生产—消费模式打破了主流市场中大资本的定价、截取差价等行为模式，有助于提升农户在生产、交易中的地位和权利，改善其生计和提高其可持续发展能力，增加其在农产品交易链上的价值分配份额。[①]

　　消费扶贫构建了"生产者-消费者"之间互利共赢的价值交换系统。中国政府采取的消费扶贫策略通过构建生产农户与城市消费者之间的价值共识，如新鲜、有机、安全，建立城乡之间健康稳定的对接桥梁，解决食物安全隐患。农户的生计过程就是通过自然交换、市场交换、社会交换及其衔接与外界的经济社会政策环境进行互动的过程。[②] 因此，实现农户生计可持续与城市消费者获得价值认同、安全有机的农产品共时同现这样一种愿景目标，离不开系统有效的网络支撑与机制保障。同时，需要通过信息科技赋能和直播带货等新消费范式，构建小农生产者与城市消费者之间的精准直接对接平台。最后，加强农产品品质保障与监管（如实名制）和技术服务支持是推进可持续产销对接的重要保障。基于以上理论观点指引和广东丰富的消费扶贫实践经验启示，形成本章的逻辑思路与框架，具体见图6-1。

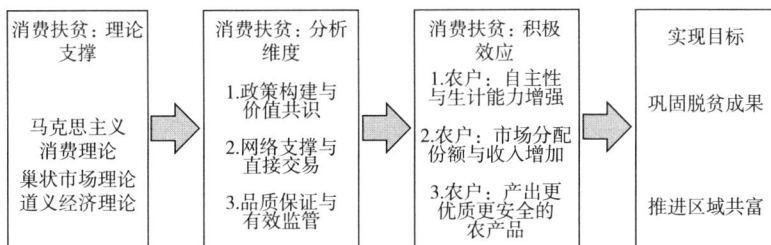

图 6-1　逻辑思路与框架

---

① 贺聪志、叶敬忠、许惠娇：《建构巢状市场：理论、实践与思考》，第六届国际社区支持农业大会暨第七届中国社会农业大会，北京，2015 年 11 月，第 331 页。

② 邢成举、魏程琳、赵晓峰等：《新时代的贫困治理：理论、实践与反思》，社会科学文献出版社，2019，第 19 页。

二　消费扶贫：实践样态

基于理论和政策指引，结合粤港澳大湾区的广阔市场基础和消费空间优势，广东积极构建支撑消费扶贫的制度体系，搭建消费网络和平台，创新交易方式，系统推进消费扶贫，降低小农户参与市场的成本与提高农户的产品价值和附加值，从而使农户增收脱贫。2019 年，广东共采购、销售粤东西北贫困地区农产品 770 多亿元，广西、四川、贵州、云南等扶贫协作地区特色农产品 214.33 亿元，带动省内贫困地区 70 多万贫困人口、4 个扶贫协作地区 15 万多贫困人口增收脱贫。2020 年，广东省政府采购贫困地区农副产品预留份额共 19073.28 万元，全省在政府采购贫困地区农副产品网络销售平台注册预算单位 9085 家。①

（一）积极创新政策，夯实推进消费扶贫的制度基础，倡导和宣传消费扶贫产品，凝聚价值共识

制度经济学理论表明，制度或政策对行为和选择具有重要的规制和导引作用。广东扶贫部门结合国家有关文件，制定和出台系列文件推进消费扶贫发展。2017 年，国务院扶贫开发领导小组印发了《关于广泛引导和动员社会组织参与脱贫攻坚的通知》（国开发〔2017〕12 号），对动员社会力量参与扶贫做了有力部署。随后国务院办公厅下发《关于深入开展消费扶贫助力打赢脱贫攻坚战的指导意见》（国办发〔2018〕129 号），该文件对消费扶贫总要求、参与消费扶贫的路径与方式及保障措施做了全面部署。在国家消费扶贫政策的指导下，2020 年广东省扶贫开发领导小组印发《关于进一步加大工作力度扎实推进消费扶贫的实施意见》，动员全社会力量参与和加大对消费扶贫的支持，对创新推动消费扶贫的方式与路径做了具体指引。同年 5 月，广东省总工会和广东省扶贫办联合下发《关于开展消费扶贫行动的通知》，广东省扶贫开发办公室和广东扶贫济困日活动办公室印发《关于开展"以购代捐"活动的通知》。可以说，这些文件为广

---

① 《今年以来广东实现消费扶贫逾 230 亿元》，人民网，http://xiaofei.people.cn/n1/2020/0812/c425315-31818983.html。

东有效推动消费扶贫深化开展奠定了重要的政策基础，对全社会、多元主体积极参与消费扶贫发挥了有力的导引作用。同时，《关于深入开展消费扶贫助力打赢脱贫攻坚战的指导意见》《关于开展消费扶贫行动的通知》等文件要求各地有关部门要充分运用报刊、电视、广播和网络等媒体，加大宣传推介力度，树立和提升贫困地区贫困群众农产品的品牌声誉，如绿色、有机、安全等，提高农村特色农产品的市场知名度，满足城市社区消费者对农产品的价值诉求，营造全社会参与消费扶贫的浓厚氛围。

（二）积极搭建消费扶贫网络和平台，创新营销方式，拓宽销售渠道

马克思主义消费理论强调的生产端与消费端的相互依存关系，弥补了我们对产业扶贫路径认识的不足，因为只有生产没有消费衔接的综合减贫思路是难以持续的。只关注或聚焦初级生产容易导致种养的农产品过剩或者不符合消费者的消费需求，从而给贫困村贫困户造成经济损失，打击农户参与产业扶贫的积极性。基于此，广东重视构建生产—消费城乡对接网络和平台，创设和倡导生产者与消费者有效对接或直接交易方式。

一方面，广东积极搭建消费扶贫网络与平台。如建立了"广东政府采购扶贫馆"线上平台、"全国消费扶贫广东馆"线上平台、"保供稳价安心"数字平台、深圳"1+10"消费扶贫中心网络、清远农家、广东东西部扶贫协作产品交易网、东西优选网、扶贫专柜等消费扶贫网络与平台。数据显示，全省共建成消费扶贫专柜5289个、专馆254个、专区802个，省级认定消费扶贫示范店15家，并推动广州、深圳、中山、珠海等地建立消费扶贫中心（市场），广州、佛山、东莞等地开设消费扶贫专区、专窗等，增设扶贫带贫产品销售点位，构建起线上线下融合的消费扶贫交易体系。[①]

另一方面，广东构建产销对接机制，并通过信息技术赋能交易方式，推进农产品营销。如推动批发市场、电商企业、大型超市等市场主体与扶贫产业基地和相对贫困村建立长期稳定的产销关系；出台文件要求党政机关、企事业单位、高校等机构带头优先直接采购贫困村贫困户的农特产品；号召爱心企业、爱心人士等社会力量通过"以购代捐"方式采购扶贫

---

① 笔者在原广东省扶贫办调研时获得的数据。

产品；在具备条件的地区创建"互联网+消费扶贫"展销中心，积极打造"电商+龙头企业+贫困户""电商+农民合作社+贫困户""电商+家庭作坊+贫困户"等多种模式，推动贫困地区农产品线上线下多元化销售，拓宽贫困地区农产品销售渠道；广泛开展线下产品展销对接。引导贫困地区农产品参加农博会、农贸会、展销会等，与有大宗产品需求的省份、城市、企业进行直接对接，建立直售渠道。鼓励粉丝量大、知名度较高的主播以网络直播等销售模式，将贫困地区的产品、服务等卖给更多城市消费者。

（三）重视供给端源头治理与有效监管，双向提升扶贫产品品质

广东重视供给端源头治理和农产品品质监管，深入挖掘贫困地区特色资源，帮助贫困地区做大产业规模，打造优质品牌，提升消费扶贫产品供给质量，为消费扶贫良性发展奠定了重要的质量基础。

一是提升农产品生产标准。通过培育建设消费扶贫创业创新基地，加大产销对接力度，推进农产品检测、仓储、加工、运营一体化发展，在深圳、清远等地培育消费扶贫"双创"基地6个。在中西部贫困地区，推广实名认证制度、地理标识、溯源制度①，推进实施粤港澳大湾区"菜篮子"工程，在19个省份认定"菜篮子"生产基地962个、加工企业93家；深圳市在广西认定"圳品"28个、供深基地9个。探索认定省内带贫产品2批3200多种。② 积极引导龙头企业到结对贫困地区投资建设种植、养殖基地，通过"公司+贫困户"实现联农带农，推行标准化生产，从源头提升产品品质。如广州企业在黔南、毕节两地共建设高品质蔬菜种植示范基地1.9万多亩、南瓜种植基地15万亩、生猪养殖示范基地（养殖场）104个、现代农业全产业链园区1个，并将这些基地打造成为粤港澳大湾区市场的"菜篮子""肉铺子"，带动7万多贫困人口增收。③

二是提升产品品牌价值。引导帮扶地区企业强化品牌意识、加强扶贫产品品牌建设，大力实施"粤字号"农业品牌创建行动，提升扶贫产品知

---

① 《"买全国、卖世界"——广东消费扶贫记》，南方杂志网，https：//www.nfzz.net.cn/node_b5de485213/930002b514.shtml.

② 《前11月广东采购扶贫产品352亿元，消费扶贫进入"快车道"》，读特网，https://www.dutenews.com/p/1091798.html.

③ 广东省扶贫开发办公室编《买全国 卖世界——广东消费扶贫纪实》，内部编印资料，2020年8月。

名度和美誉度，增强扶贫产品市场竞争力。如清远市积极引导贫困户在产品质量、特色、品牌等市场核心竞争要素上做文章，成立清远市农业品牌促进会，打造"清远农家"区域公用品牌，对贫困地区绿色产品、有机食品、地理标志农产品开展认证或登记，80%以上的扶贫企业农产品可进行质量安全追溯。随着政府扶贫部门通过制度鼓励和号召社会力量、社区居民等积极购买贫困地区贫困户的农特产品，消费扶贫迅速发展，但在这一过程中，扶贫产品也出现了价值与品质不一致的现象。这是因为，消费者的道义经济行为与自身对产品品质的要求促使他们对来源可溯的扶贫产品具有更高的期待，这有助于促进农副产品转型升级，更加注重区域品牌建设。积极推动"一村一品"建设，各地积极回应消费者价值诉求和品质追求，打造了如"善美韶农""万绿河源"等农产品区域公用品牌，有力地带动了扶贫产品品质提升。通过东西部扶贫协作工作机制，助力协作地区开展品牌建设，帮助打响"融安金桔膏""纳雍土鸡""威宁土豆"等一批品牌的知名度。

三是出台政策强化品质监管和考核。将消费扶贫纳入地级以上市党委和政府扶贫开发工作成效考核、东西部扶贫协作成效评价范畴，强力推动消费扶贫工作落实。同时，制定和出台《关于规范扶贫产品认定管理工作的通知》（粤农扶办〔2020〕75号）等系列文件，加强扶贫产品管理和监督，保障扶贫农产品品质。

三　消费扶贫：多重困境

广东的消费扶贫与消费协作走在全国前列，在拓展产业扶贫成果、联结生产—消费两端、打通小农户与大市场之间的壁垒阻隔、改善小农生计等方面发挥了重要作用。但是，在系统帮扶、集成协作和乡村全面振兴背景下，消费扶贫（帮扶）可持续发展依然存在多重困境。

（一）双重失衡困境

一是供需失衡困境。欠发达地区远离市场，而一旦消费帮扶发挥小农户与大市场的组合链接作用，往往由于小农生产的分散性和季节性，农产品产量有限，难以满足企事业单位持续性、大批量、规模化的农产品需求。有的地方由于有帮扶单位、大型企业等对口采购、保底收购，通过准行政化方式流转土地，扩大种养殖规模，结果又导致供过于求，农产品生产者反而遭受损失。

二是价值失衡困境。小农生产过程的非标准化、非流程化，加上农产品分级筛选、储藏保鲜、快递物流环节设施配套不足，使得农产品品质良莠不齐，无法满足城市消费者或采购主体对新鲜、有机、安全农产品的高质量需求和价值认同，其结果是消费扶贫实践中出现有品无优、体验不佳现象，进而使得消费扶贫异变为"做善事""完任务"，背离市场理性和价值规律，无法支撑小农户在市场流通中获取更多的价值分配，不利于持续巩固拓展脱贫成果。

（二）网络支撑困境

一是政府、市场、社会与居民互构的帮扶主体网络支撑不足。无论是精准扶贫还是乡村全面振兴，都强调通过构建政府、市场与社会多主体协同的大扶贫或大振兴格局来实现战略目标。消费扶贫或消费帮扶是推进乡村全面振兴，拓展产业振兴成果，发挥社区力量、公众力量参与减贫治理和乡村振兴的重要路径。现实表明，"政府引导、市场运作、社会参与"消费帮扶主体网络结构存在非均衡问题，政府主导多，市场与社会参与较为被动。一些地方政府虽然通过发放消费券带动了一定的消费扶贫产品的购买，但是难以起到持续消费扶贫产品的作用。

二是机制联动网络支撑不足。总体来看，支撑消费扶贫或消费帮扶发挥高效作用的机制虽然建立，但衔接和联动不足。产业帮扶机制与消费助推机制未能一体设计和联动衔接，使得消费帮扶不能有效拓展产业扶贫或振兴成果。在消费帮扶实践中，行政机制与政策工具运用较多，而对市场机制和社会机制的尊重和运用则相对不足，未能形成行政机制、市场机制和社会机制协同减贫的网络均衡格局。同时，消费扶贫或消费帮扶过程中生产端、流通端、消费端和售后服务端各环节资源整合不够，无法形成合力促农增收，不利于构建小农户参与大市场整体环节的利益分配格局。

三是小农户社会资本或社会支持网络支撑不足。龙少波等认为，消费扶贫能帮助社会资源发挥其作为公共产品的作用，借助官方和正式社会网络以及农村合作组织增加贫困农户的社会资本。① 现实表明，各地消费帮扶实践中出现一种共性做法——成立农民专业合作社，通过"公司+合作社+农户"或直接的"公司+农户"模式构建生产、收购关联。在大工业食物帝国对价值链控制依旧存在的市场环境中，无论小农户还是相对组织化的合作社，都不具有与大市场主体讨价还价的博弈能力，也没有直接对接城市居民的销售网络或渠道，农户无法分享大市场流通环节的收益。如汕尾上英的番薯，虽然品质上乘，但在地收购价基本是每斤 1~3 元，与终端市场动则十余元一斤的价格相差较远。

（三）多维赋能困境

一是科技赋能与知识赋能不足。农户生产的农产品由于技术标准和生产流程管理缺乏，品质不高、大小不均，与城市社区居民对农产品的需求相比存在偏差。究其根源，就在于科技赋能小农生产不足。同时，小农户、一般的家庭农场主对信息技术和网络销售知识掌握不够，使得其未能很好地运用网络平台拓展直接销售渠道，从而分享更多的流通环节的市场收益。叶胥和蔡睿塈研究认为，脱贫农户在使用互联网等信息技术发展农村电商方面存在明显劣势，受扶农产品在数字经济时代欠缺可持续发展潜力。在农产品品质溯源方面，数字标签可以全过程记录从播种、生产到运输的工艺流程，但由于多数农户数字技术和数字知识匮乏，脱贫区域农产品品牌在数字经济时代竞争力严重不足。②

二是平台赋能消费帮扶不足。各地在消费帮扶实践中搭建了各种各样的线下农产品销售平台、政府采购平台、电商平台，甚至直播带货平台，这些平台在提高贫困地区或农户农产品销售量、促农增收方面起到了积极作用。但是，各个地方、各个层级、不同主体构建的各类平台，信息不共享，是一个个零散的"信息孤岛"，分散有余，合力不足。同时，由于平台多、App 多，消费者面临农产品"信息"轰炸，很难直接选择到自己偏好的新鲜、有机、安全的农产品。同时，由于平台多，特别是在直播带货

① 龙少波、陈路、张梦雪：《基于可持续生计分析框架的消费扶贫质量研究——以国家扶贫开发工作重点县绿春县为例》，《宏观质量研究》2021 年第 1 期。
② 叶胥、蔡睿塈：《消费扶贫到消费帮扶：减贫逻辑、实践困境和路径优化》，《世界农业》2022 年第 7 期。

火爆季，一些平台售出的农产品存在质量良莠不齐问题，加上缺乏规范的售后监管和理赔机制，影响了公众对消费帮扶农产品的认同和购买意愿。

四 消费扶贫：未来路向

进入乡村全面振兴阶段后，消费扶贫转向消费协作、消费振兴，既要在相对贫困治理中发挥作用，又要在区域共富的道路上继续彰显其强大的功能。巩固拓展脱贫攻坚成果，保障和提升脱贫户、低收入户收入从而夯实共同富裕的基础，成为当前乡村振兴重要的阶段性目标。为此，必须通过优化消费振兴多元主体治理结构、创新消费振兴助推机制、优化技术治理和完善交易体系等系统路径，降低农户市场参与成本，提升农户的市场参与能力与在市场交易价值链中的分配份额，推动实现巩固拓展脱贫攻坚成果同乡村振兴有效衔接。

（一）优化结构

优化消费振兴多元主体治理结构，厘清政府、企业、消费者、农户在结构中的分工定位，推动彼此间优势联结。消费振兴的实践系统包括政府、农业企业、城市社区消费者、农户等主体，这些主体基于政策安排和价值共识等构成消费帮扶共同体及相应的治理结构。政府要在协同治理过程中发挥主导性作用，为消费帮扶项目的开展构建顺畅协调的治理环境及健全政策保障，基于政策性文件和行政权威制定优惠政策以激发其余主体参与农产品供应与销售链条的意愿[1]；农业企业应发挥市场运作优势和技术优势，对接重点帮扶镇、脱贫户与低收入户等主体，借助农产品溯源技术及品牌营销优势等提高农产品市场竞争力，基于社会责任、行业准则以及正式制度，积极参与消费振兴实践；消费者应秉持道德、爱心、公益理念，响应政府号召，积极购买有机、新鲜、安全农产品；脱贫户、低收入户具有丰富的传统种植经验和知识存量，"天然"擅长有机种植，在有效

---

[1] 刘天佐、廖湘莲：《消费扶贫协同治理研究——基于"制度—结构—过程"分析框架》，《世界农业》2021年第3期。

发挥其经验优势的同时，应对其加强信息技术运用与标准化种植技术等培训，通过知识赋能、科技赋能提升其内生性市场参与能力，使其为消费者提供安全、新鲜、有机的农产品。

（二）创新机制

创新消费振兴助推机制，增强农户和消费者之间的信任，实现消费帮扶可持续发展。一是创新消费振兴激励约束机制。在政策支持、金融支持、营销推广、表彰奖励等方面，出台扶持和激励措施，让参与消费帮扶、消费振兴的市场主体在履行社会责任的同时得到更好的发展。在巢状市场中，消费者与生产者之间的交易关系一般是多次的，信任、诚信与合作对于两者之间健康关系的维系具有重要作用。因此，必须持续优化消费帮扶农产品的质量、价格、售后与理赔、市场主体诚信的全链条监管机制，确保农产品质量达标、价格合理、经营规范，在消费群体与脱贫户、低收入户等农户间建立起常态化交易平台、价值共识和信任关系，促进市场主体有序参与消费帮扶、消费振兴，实现可持续发展。

二是创新消费帮扶载体。当前，农村有大量青壮年进城务工，留守的主要是"386199"群体（老人、小孩与妇女），这样的群体很难迅速适应和满足城市社区消费者对农产品的多样化需求。因此，必须创新消费帮扶载体与渠道，建立健全农村电商网络体系，为新鲜、有机农产品的价值营销提供重要的"媒介"与设施支撑。同时，创新探索农文旅研学等帮扶机制，推动消费帮扶无缝嵌入乡村全面振兴实践，把乡村打造成城市消费者休闲、接受自然教育等的场所，引导城市消费者"进村"消费，直接"面对面"购买或消费乡村原生态农产品或服务，助力欠发达地区将安全有机农产品、传统文化、美丽风景等转化为农户的直接收入。

三是创新省内省外协作帮扶机制。优化东西部协作与省内对接帮扶机制，做好产业项目的后续扶持，引导更多农业大企业到粤东西北地区建设生产基地、加工厂，促进生产理念、技术标准的交流互通，优化消费帮扶的前端供给，保障产品质量，助力协作地区特色产业持续发展。

（三）优化技术治理

现实表明，许多村庄的农产品收集组织、物流配送设施不足，农户的网络技术运用能力不强，农户很难找到有效的快速可信任的方式将新鲜、安全与有机的农产品"传递"给城市社区的消费者。为此，优化技术治理，通过大数据、数据集成、区块链等新技术强化消费对接平台功能，构建"实体-网络"协同与供需均衡格局，成为增强农户生产自主性与生计能力、提升其在市场交易链条中的分配份额与地位的重要路径。

技术治理是公共治理体系中的重要治理模式之一，其本质是资源配置过程和结果的数据呈现，需要解决的关键问题是数据收集与社会参与协同，包含政商之间、政社之间和政民之间的协同内容与技术支持平台。[①]广东减贫治理实践中，特别是消费扶贫治理实践中有着丰富的技术治理经验，消费帮扶、消费协作中的技术治理与互联网、网络平台、区块链等技术具有紧密关联。在全面乡村振兴阶段，必须推动消费扶贫向消费协作、消费振兴转变。一是要持续运用大数据、区块链等新技术打通产销数据对接与共享渠道，将信息化建设升级为"大数据引领""智慧共融"的数字乡村建设。如运用大数据、区块链等技术获取与集成脱贫家庭、低收入家庭、欠发达村镇人口结构、生态禀赋、特色物产、市场规模、消费需求与结构、管理流程、质量检测等方面的全方位信息，通过数据平台实现信息共享与用户反馈，助力生产者和消费者理性决策，实现供需均衡。二是要借助技术对名优农产品进行智能化推广，引导消费者直接购买偏远地区的农特产品。运用大数据技术，针对不同地区、偏好、消费条件的个（群）体进行精确推广。生产者和平台运营主体尝试与专业数据收集分析团队合作，通过小样本推测全体的方式，实现个性化和关联化推荐，为脱贫产品寻找属于自己的"忠实粉丝"。[②]

（四）完善交易体系

遵循市场规律与消费者需求偏好，完善市场设施与体系，提升农户市场参与能力及其在市场交易价值链中的分配地位。消费振兴大格局需要政府主导与政策支撑，更需要市场带动和市场驱动，还需要社会力量积极参

---

① 陈晓运：《技术治理：中国城市基层社会治理的新路向》，《国家行政学院学报》2018 年第 6 期。

② 范和生、刘凯强：《从"一时火"到"一直火"：消费扶贫的阶段反思与长效安排》，《学术研究》2021 年第 3 期。

与。必须加大对脱贫户、低收入户等农户的技术、管理能力培训和政策支撑，提升农户生计资本与管理决策能力，从而提升其市场参与能力及在价值链中的分配地位。同时，广泛示范和推动构建多样化巢状式农产品消费帮扶市场，积极倡导第三次分配范式及具体方式创新，持续推动政府、企事业单位、社会组织、社区居民等主体直接购买脱贫地区脱贫户、低收入户的农特产品。研究表明，大工业背景下的现代食物帝国对食物从生产到餐桌组织过程的改造，形塑了消费者对便利性（送货上门）、统一性、标准化、电商、网络平台等方面的消费需求偏好和惯性。① 物美价廉的农产品要实现快速销售，需要完善的市场基础设施和体系支撑；否则，会使农产品流通不畅，容易产生"丰年伤农"现象。因此，必须充分遵循市场规律，构建有利于农产品生产、分选包装、保鲜等环节的技术支撑与服务体系，建造区域性农产品保鲜冷藏基地，探索创新智慧快速物流模式，鼓励发展和系统整合各类消费帮扶与消费协作网络与平台，探索建立多类型大数据消费帮扶模式，建立健全农产品质量溯源系统，全面完善市场设施与交易体系，有效降低农户发展生产、参与市场的成本。进一步完善"公司+合作社+农户"的多样化联农带农利益共享机制，培育各类龙头企业，构建"从育种到流程管理，从田间地头到餐桌，从下单到售后理赔"全链条、全过程管理与服务体系，保障和实现城市居民等主体对新鲜、有机、安全农产品的需求。同时，继续推进消费帮扶产品销售专柜、专区、专馆建设，完善农产品销售实体平台，实现实体销售与网络销售无缝衔接，助力拓展农户的市场参与渠道。

---

① 贺聪志、叶敬忠、许惠娇：《建构巢状市场：理论、实践与思考》，第六届国际社区支持农业大会暨第七届中国社会农业大会，北京，2015年11月，第331页。

第七章 巩固拓展脱贫攻坚成果同乡村振兴有效衔接：多维逻辑、基本经验、难点与未来路向

脱贫攻坚战胜利收官后，中国"三农"工作的重心发生历史性转移，即进入全面推进乡村振兴阶段后，实现巩固拓展脱贫攻坚成果同乡村振兴有效衔接成为工作重点。2021 年的中央一号文件明确提出，要实现"巩固拓展脱贫攻坚成果同乡村振兴有效衔接"，这关系到构建以国内大循环为主体、国内国际双循环相互促进的新发展格局，关系到全面建设社会主义现代化国家和实现第二个百年奋斗目标。2021 年 3 月，中共中央、国务院出台的《关于实现巩固拓展脱贫攻坚成果同乡村振兴有效衔接的意见》强调，巩固拓展脱贫攻坚成果同乡村振兴有效衔接的 5 年过渡期要做好领导体制、工作体系、发展规划、政策举措、考核机制等有效衔接。可以说，系统推进巩固拓展脱贫攻坚成果同乡村振兴有效衔接，对于提高脱贫成果稳定性和推进乡村可持续发展具有重要意义。

当前，诸多学者围绕巩固拓展脱贫攻坚成果与乡村振兴之间的逻辑关系、衔接难点、衔接路径等进行了广泛讨论。巩固拓展脱贫攻坚成果的内涵是巩固精准扶贫、精准脱贫取得的成果，确保脱贫人口不返贫、不产生新的贫困人口。[1] 相比于脱贫攻坚，乡村振兴是中国实现社会主义现代化在战略目标上的推进[2]，二者同属于迈向共同富裕的两大关键步骤，理念

---

[1] 杜婵、张克俊：《新发展阶段巩固拓展脱贫攻坚成果的多重逻辑、科学内涵与实现维度》，《农村经济》2021 年第 10 期。

[2] 汪三贵、冯紫曦：《脱贫攻坚与乡村振兴有效衔接的逻辑关系》，《贵州社会科学》2020 年第 1 期。

相融，都秉持以人民为中心的发展理念。① 另外，巩固拓展脱贫攻坚成果同乡村振兴有效衔接存在诸多难点。比如在政策实施空间方面存在国内区域间差异大、聚焦空间延伸难等问题②；在政策对象方面存在覆盖主体扩展难、内生动力激励难③、不同群体政策诉求差异大④等问题；在制度建设方面存在规划衔接难、工作衔接难⑤等问题。两大战略衔接受到乡村振兴相关部门职责亟待明确和优化整合、扶贫资产管理低效、政策非均衡凸显、农民组织化程度低等问题制约。⑥

　　针对巩固拓展脱贫攻坚成果同乡村振兴有效衔接存在的诸多难点，学界提出了诸多衔接路径或对策。章文光认为，实现有效衔接，首先要加强两者的政策对接，从特惠政策逐步转型到普惠政策；其次要推进主体衔接，与贫困户的衔接要从政府扩展到社会各界；最后要实现技术衔接，形成纵向相连、横向相通的技术体系。⑦ 陈明星认为，要加强战略规划引领、政府市场协同、资源要素保障和体制机制创新。⑧ 张琦则强调了理念和思维的重要性，认为在衔接过程中要坚持全面系统的理念和思维。⑨ 张红宇认为，必须转变工作体系，由集中资源支持向构建长效机制转变，建立城乡公共资源均衡配置机制，强化农村基本公共服务供给县乡村统筹。⑩ 左停等认为，脱贫攻坚战略的实施为贫困地区创造了益贫式的发展环境，而

---

① 黄承伟：《从脱贫攻坚到乡村振兴的历史性转移——基于理论视野和大历史观的认识与思考》，《华中农业大学学报》（社会科学版）2021 年第 4 期。

② 姜正君：《脱贫攻坚与乡村振兴的衔接贯通：逻辑、难题与路径》，《西南民族大学学报》（人文社会科学版）2020 年第 12 期。

③ 豆书龙、叶敬忠：《乡村振兴与脱贫攻坚的有机衔接及其机制构建》，《改革》2019 年第 1 期。

④ 左停：《脱贫攻坚决胜期贫困治理的新问题与新对策》，《国家治理》2020 年第 1 期。

⑤ 刘焕、秦鹏：《脱贫攻坚与乡村振兴的有机衔接：逻辑、现状和对策》，《中国行政管理》2020 年第 1 期。

⑥ 李茂、常思琳、王天博：《巩固拓展脱贫攻坚成果同乡村振兴有效衔接的现实路径研究——基于河北的调查》，《经济论坛》2022 年第 2 期。

⑦ 章文光：《精准扶贫与乡村振兴战略如何有效衔接》，《人民论坛》2019 年第 4 期。

⑧ 陈明星：《脱贫攻坚与乡村振兴有效衔接的基本逻辑与实现路径》，《贵州社会科学》2020 年第 5 期。

⑨ 张琦：《巩固拓展脱贫攻坚成果同乡村振兴有效衔接：基于贫困治理绩效评估的视角》，《贵州社会科学》2021 年第 1 期。

⑩ 张红宇：《巩固和拓展脱贫攻坚成果（新论）——解读中国脱贫攻坚非凡壮举》，《人民日报》2021 年 3 月 15 日。

乡村振兴则有利于探索形成稳定脱贫的长效机制；推动脱贫攻坚与乡村振兴衔接，应当从宏观公共政策、中观市场机制与微观能力建设三个层面着手。① 此外，合理利用政府强有力的财政资源调配权，也有利于推动乡村产业形成资源、政府、市场、技术和人协同效应下的阶梯式上升的内生可持续发展路径。②

综上可见，学界对巩固拓展脱贫攻坚成果与乡村振兴的逻辑关系、衔接难点与衔接路径等进行了丰富的研究和探索，为进一步研究奠定了坚实的基础。我们看到，学者的讨论和分析基本是以"全国"为考察现场展开的，在省域层面结合地方实践进行具体、系统分析的成果不多。学界多集中讨论衔接的难点和路径，对有效衔接的学理逻辑分析不够，导致对存在问题的根源性与实践性认知不充分，从而使得所提出的衔接路径的理论与实践支撑不足。值得注意的是，基本没有梳理总结省域层面巩固拓展脱贫攻坚成果同乡村振兴有效衔接的实践样态与经验的研究成果。这些不足不利于系统认识巩固拓展脱贫攻坚成果同乡村振兴有效衔接的重要意义和推动政策经验的扩散。为此，本章在学界已有研究的基础上，以广东为考察现场，深入解析巩固拓展脱贫攻坚成果同乡村振兴有效衔接的多维逻辑。同时，基于广东在巩固拓展脱贫攻坚成果同乡村振兴有效衔接方面的丰富实践和有益探索，梳理总结广东经验，进而结合当前实际，剖析有效衔接面临的难点问题，并提出未来发展路向，为全国其他地区实现巩固拓展脱贫攻坚成果同乡村振兴有效衔接提供参考和借鉴。

一　巩固拓展脱贫攻坚成果同乡村振兴
有效衔接的多维逻辑

脱贫攻坚战略与乡村振兴战略同属于中国共产党领导下的兴农强农发

---

① 左停、刘文婧、李博：《梯度推进与优化升级：脱贫攻坚与乡村振兴有效衔接研究》，《华中农业大学学报》（社会科学版）2019 年第 5 期。

② 朱海波、毕洁颖：《巩固拓展脱贫攻坚成果与乡村振兴有效衔接：重点方向与政策调试——针对"三区三州"脱贫地区的探讨》，《南京农业大学学报》（社会科学版）2021 年第 6 期。

展战略，在社会发展的不同历史阶段，承担着有重点、有规划地推进农村地区现代化的重要历史使命。脱贫攻坚与乡村振兴从理论逻辑来说具有一致性和差异性，由此决定了两者能够进行政策联动。随着中央和地方政府各类配套性政策法规的出台，实现政策协同、平稳过渡、拓展创新的现实路径正在变得越来越清晰。

（一）巩固拓展脱贫攻坚成果同乡村振兴有效衔接的历史逻辑

从大历史视野看，农村扶贫伴随了新中国发展 70 多年，是党和国家致力于维护农民利益、将发展成果与全体人民共享的政策过程和行动实践。新时代社会主要矛盾揭示了我国城乡发展不平衡、农村发展不充分的事实，因此脱贫攻坚与乡村振兴两大战略统筹衔接，是解决我国新时代社会主要矛盾的历史必然。①

不同于政策衔接中常见的两项政策并行运转一段时间后再根据实际情况来进行相互适配，脱贫攻坚战略与乡村振兴战略从时间上来说是两项高层次农村整体发展战略的顺位过渡，两者在时间上具有继替性。由此，要从农村发展历史中获得对于未来两项战略衔接的启示性做法以及对战略衔接进行追本溯源，则可以中国共产党对于农村不同发展阶段的定位以及宏观战略方针的变化作为分析抓手。中国共产党自建立始，就在根据地、解放区领导农民进行土地革命，减租减息，开办识字班，成立各类农村组织，把农民组织起来，开展农村建设，推动农业发展、农村进步和乡村善治。新中国成立之后，农村地区的发展也从来不是散漫无序的，而是跟随国家在不同发展阶段的总体布局明确不同阶段的发展重点，中国共产党领导下的政府行动始终是推动农村重点工作的主导性力量。习近平总书记指出："没有农业农村现代化，就没有整个国家现代化。"② 可以说，党的百年发展史就是一段带领中国人民建设乡村、发展乡村的壮阔历史，是一部因时因势、不断探索、不断创新推进农业农村现代化与乡村治理现代化的宏大史诗。乡村建设和乡村治理是国家现代化、

---

① 曾恒源、高强：《脱贫攻坚与乡村振兴统筹衔接：学理必然、形势任务与政策转型》，《农业经济与管理》2021 年第 2 期。

② 《习近平主持中共中央政治局第八次集体学习并讲话》，中国政府网，http://www.gov.cn/xinwen/2018-09/22/content_5324654.htm。

国家治理能力现代化及城乡融合一体化治理框架的重要基础。诚如梁漱溟先生所言："所以乡村建设，实非建设乡村，而意在整个中国社会之建设，或可云一种建国运动。"① 因此，巩固拓展脱贫攻坚成果与乡村振兴本质上是历史发展线上的连续，全面推进乡村振兴是巩固拓展脱贫攻坚成果、实现国强民富和民族复兴的必由之路和历史选择。

（二）巩固拓展脱贫攻坚成果同乡村振兴有效衔接的理论逻辑

从理论角度看，中国减贫治理是贫困认知和贫困治理实践的规律化过程。共同富裕是社会主义的本质要求，是中国扶贫和乡村振兴的共同目标。因此，精准扶贫（包括 2018~2020 年这三年脱贫攻坚）和乡村振兴具有目标共性，是实现共同富裕目标的不同战略阶段。

首先，精准扶贫（脱贫攻坚）和乡村振兴既具有统一性，又具有差异性。二者的统一性可以被概括为内容上的共通性、作用上的促进性以及主体上的一致性的互涵式关系。② 所谓内容上的共通性，一方面体现为精准脱贫本身是乡村振兴的前提与重要内容；另一方面体现为二者都是国家解决"三农问题"的重要战略安排，在政策的内容方面具有一定的重叠性，比如产业扶贫与产业兴农、农村产业融合发展，又比如扶持贫困小农户家庭产业与小农户对接现代农业服务体系、生态扶贫与乡村绿色发展、文化扶贫与繁荣兴盛农村文化、社会保障兜底扶贫与提高农村民生保障水平等。两项战略的差异性在目标靶向、时间跨度、战略重点等多个方面均有所体现。③ 精准扶贫和乡村振兴之间的差异性主要体现为二者虽然同为党和国家解决"三农问题"的重大安排，但二者的着力方向不同，精准扶贫着力于解决贫困人口"两不愁三保障"问题，侧重于保障农民的基本生活

---

① 梁漱溟：《乡村建设理论》，上海人民出版社，2011，第 300 页。
② 刘学武、杨国涛：《从脱贫攻坚到乡村振兴的有效衔接与转型》，《甘肃社会科学》2020 年第 6 期；孙馨月、陈艳珍：《论脱贫攻坚与乡村振兴的衔接逻辑》，《经济问题》2020 年第 9 期；姜正君：《脱贫攻坚与乡村振兴的衔接贯通：逻辑、难题与路径》，《西南民族大学学报》（人文社会科学版）2020 年第 12 期；张永丽、高蔚鹏：《脱贫攻坚与乡村振兴有机衔接的基本逻辑与实现路径》，《西北民族大学学报》（哲学社会科学版）2021 年第 3 期。
③ 仲德涛：《实现脱贫攻坚与乡村振兴有效衔接的路径选择》，《学习论坛》2021 年第 2 期。

水平，而乡村振兴则着力于实现农业强、农村美、农民富的全面振兴。[①]此外，二者的目标人群也有一定程度的错位，乡村振兴以全体农民为目标人群，精准扶贫则主要以农村贫困人口为目标人群。

其次，精准扶贫（脱贫攻坚）与乡村振兴有效衔接是推进城乡融合发展、实现共同富裕的联动继替环节，这种联动继替性在现有研究中已经得到了一些关注。[②]黄承伟认为，实现生活富裕是脱贫攻坚的最终目标，也是乡村振兴的中心任务。可以说，精准扶贫和乡村振兴具有政策上的联动性。精准扶贫的成功既是乡村振兴的阶段性成果，也是乡村振兴的必要前提和厚实基础，精准扶贫的成功可以为乡村振兴提供经验借鉴；乡村的全面振兴则为后扶贫时代的减贫治理工作指明了方向，为精准脱贫产生长期可持续效果提供了条件和保障。[③]

最后，全面推进乡村振兴就是全面巩固拓展精准脱贫（脱贫攻坚）成果的系统安排，并非另起炉灶、自成一体的乡村发展战略，而是对聚焦贫困群体、特惠性减贫政策的普惠性扩展与系统性升华。考察发现，一些地方存在脱贫攻坚与乡村振兴"两张皮"运作的现象，这一现象主要是由体制机制衔接度不够、扶贫产业提质升级面临各种困难、政策规划衔接松散等引发的。因此，在体制机制衔接、扶贫产业提质升级、政策规划衔接等方面对减贫治理与乡村振兴进行统筹安排是脱贫攻坚与乡村振兴有效衔接的主要路径。同时，从乡村发展规律来看，精准扶贫具有多维、综合贫困治理特点，这与包含产业振兴、文化振兴、生态振兴等系统发展的乡村振兴有继替一致性。所以，全面推进乡村振兴就是全面巩固拓展减贫治理成果的系统战略安排。

（三）巩固拓展脱贫攻坚成果同乡村振兴有效衔接的现实逻辑

从习近平总书记有关重要讲话、近几年中央一号文件要求来看，实现精准扶贫与乡村振兴的顺畅衔接是当前开展"三农"工作的必然要求。积

---

① 李慧：《乡村振兴：农业更强、农村更美、农民更富》，光明网，https://news.gmw.cn/2021-04/27/content_34798424.htm。

② 高强：《脱贫攻坚与乡村振兴有机衔接的逻辑关系及政策安排》，《南京农业大学学报》（社会科学版）2019年第5期。

③ 黄承伟：《从脱贫攻坚到乡村振兴的历史性转移——基于理论视野和大历史观的认识与思考》，《华中农业大学学报》（社会科学版）2021年第4期。

极探索两者有效衔接的路径，总结两者有效衔接的成功经验，加快和有效推进两者的衔接进程，已经成为地方党政部门和"三农"研究者的重要任务，由此体现出了实现巩固拓展脱贫攻坚成果与乡村振兴有效衔接的现实逻辑要求。在现有研究中，两项战略衔接的现实逻辑被概括为"我国社会主义制度的优越性"[①]，也被概括为"破解发展难题、全面推进农业农村现代化的必然要求"[②]。正是因为我国坚持走中国共产党领导下的中国特色社会主义道路，才能够保证实现"集中力量办大事"的政策路径，才能够持续贯彻"以民为本""富农兴邦"的公共治理理念。

当前农村社会发展进入全新阶段，但是减贫治理本身无法代替农村的全面振兴，不能完全解决农村发展不平衡不充分的问题。由于城乡二元结构的客观存在，农业农村发展滞后的问题仍然是建设全面充分协调发展的社会主义现代化强国的痛点问题。针对这一重要问题，党的十九大报告将实施乡村振兴战略作为实践新发展理念和实现"两个一百年"奋斗目标的重大举措。随后 2017 年中央农村工作会议、2018 年中央一号文件和《乡村振兴战略规划（2018—2022 年）》等都对乡村振兴战略的具体落实做出了重要安排，而且 2019 年党的十九届四中全会再次强调，"实施乡村振兴战略，完善农业农村优先发展……的制度政策"。可以发现，中央对于乡村振兴战略"是什么、为什么、怎么做"经历了一个从宽泛到详细的认识过程，并从愿景到实践不断具体化其内容。在此背景下，巩固拓展脱贫攻坚成果同乡村振兴有效衔接成为各地推进城乡融合发展、实现共同富裕的客观要求。

二 巩固拓展脱贫攻坚成果同乡村振兴有效衔接的实践样态与基本经验

广东在治理农村贫困问题的过程中既面临本地区的特殊性挑战，也有

---

① 李晓园、钟伟：《乡村振兴中的精准扶贫：出场逻辑、耦合机理与共生路径》，《中国井冈山干部学院学报》2018 年第 5 期。

② 陈明星：《脱贫攻坚与乡村振兴有效衔接的基本逻辑与实现路径》，《贵州社会科学》2020 年第 5 期。

一些经过长年发展积累下来的得天独厚的优势条件。广东早在 2013 年就开始进行国家精准扶贫战略框架下农村相对贫困问题的探索性治理实践。2019 年 7 月，广东省委、省政府印发了《广东省实施乡村振兴战略规划（2018—2022 年）》，提出将"打好脱贫攻坚战"内嵌在"补齐民生短板"发展目标之中，全省同步推进精准扶贫与乡村振兴战略。经过多年不懈努力，广东于 2020 年如期实现了 161.5 万相对贫困人口全部脱贫①，农业农村发展水平和农民生活的现代化水平都获得了质的提升。

（一）巩固拓展脱贫攻坚成果同乡村振兴有效衔接的实践样态

总的来看，广东积极构建多层次、多维度衔接体系和工作机制，在巩固拓展脱贫攻坚成果同乡村振兴有效衔接方面成效显著，实现了政策平稳过渡、帮扶机制长效、成果创新拓展，有效改善了乡村发展环境和基础，提升了脱贫家庭的生计资本和生计能力，走出了一条具有广东特色的有效衔接之路。

1. 强化组织和领导力量衔接，拓宽"组团式帮扶"运用场景

实现组织和领导力量有效衔接从而保障组织和领导有力是科学合理地进行总体布局、推动政策落地的前提条件。在党组织领导方面，广东借鉴脱贫攻坚成功经验，继续在乡村振兴中推行"五级书记"制度，形成了省市县乡村五级书记"横向到村、纵向到点"的引导体系②，为乡村振兴提供了组织保证。这个体系具体到基层实践，实现形式各有不同。例如江门鹤山市在各镇（街）配备 2～3 名专职扶贫工作人员，同时市直单位选派 11 名干部、市县两级选派 30 名驻村第一书记专职开展扶贫工作③；而梅州市蕉岭县则按照"党政机关+企事业单位+农村科技特派员、'三支一扶'人员、高校毕业生志愿者、金融助理"的组团形式选派乡村振兴驻镇帮镇

---

① 《广东 161.5 万相对贫困人口全部脱贫 2277 个相对贫困村全部出列》，广东省人民政府网站，http：//www.gd.gov.cn/zwgk/zdlyxxgkzl/fpgzxx/content/post_3231450.html。

② 《五级书记抓乡村振兴的广东实践》，中国农业新闻网，http：//www.farmer.com.cn/wszb2019/fz2019/jbsw/201902/t20190224_1434364.html。

③ 《鹤山市"四个结合"力促脱贫攻坚成果 有机衔接乡村振兴》，广东省乡村振兴局网站，http：//rural.gd.cn/xcyw/gdzx/content/post_3490409.html。

扶村工作队，覆盖全县8个镇，其中重点帮扶镇5个、巩固提升镇3个。①

"组团式"帮扶模式在广东的扶贫工作中有所体现，常见于广东东西部协作中的医疗帮扶和教育帮扶领域②，该模式在实践中取得了显著的成效。"组团式"帮扶有两种常见形式，一是同一职能部门内部的纵向跨层级组团，二是不同职能乃至不同单位之间的横向跨组织组团，这两种组团方式都十分有利于被帮扶地区充分利用帮扶地区强大的资源③，避免了单个组织对口帮扶存在的"漏桶效应"问题——仅仅补全了缺失资源的一角但无法兼顾所有方面，从而使得倾注的零散资源无法形成合力，发展水平仍旧取决于发展最差的那个方面。

2. 强化工作重点衔接，推进省内乡村产业发展多点开花

广东着力于总结推广在脱贫攻坚过程中行之有效的经验做法，将那些具有可持续性的临时性、超常规政策举措转化为常态化的制度保障，推动脱贫攻坚特惠政策逐步向乡村振兴普惠政策转变，从而提升单项政策效果，发挥多项政策的联动作用。

一方面，广东及时出台推进政策举措衔接的顶层制度指引，如省级的《中共广东省委 广东省人民政府关于实现巩固拓展脱贫攻坚成果同乡村振兴有效衔接的实施意见》和市级的《汕头市巩固拓展脱贫攻坚成果同乡村振兴有效衔接实施方案》《汕头市脱贫攻坚定点帮扶交接衔接工作方案》等，旨在保持现有主要帮扶政策总体稳定。另一方面，广东积极推进重点工作顺畅衔接从而夯实乡村发展基础。地区产业发展是关系到农村居民生计稳定的长期工程，因此广东始终将产业作为扶持发展的重点。据统计，2016~2021年，广东为扶持乡村产业发展，共创建各级农业产业园230个，实现省级以上农业龙头企业突破1000家，家庭农场和农民专业合作社超过20万个。④ 在推进乡村振兴的过程中，广东尤其注重引导各地因地制宜、

---

① 《梅州蕉岭传好巩固脱贫"接力棒"跑出乡村振兴"加速度"》，广东省乡村振兴局网站，http://rural.gd.gov.cn/xcyw/gdzx/content/post_3583576.html.

② 叶家骏、张文伟、夏萍等：《广州市花都区人民医院医疗集团组团式帮扶的实践举措及问题探析》，《中国当代医药》2021年第30期；王伟杰：《东西部协作教育组团式帮扶的探索》，《中国民族教育》2021年第10期。

③ 刘长威：《广东省高等学校实施组团式帮扶实践与思考——以华南农业大学对口韶关学院科研工作帮扶为例》，《中国高校科技》2020年第12期。

④ 顾幸伟：《广东：以多措并举全面部署乡村振兴》，《中国乡村振兴》2021年第9期。

统筹兼顾，通过建设产业园和产业示范带的方式来发挥产业的集群效应。统计数据显示，全省已启动建设"乡村振兴示范带"487条，初步建成3420公里①，以在未来逐步实现多点开花、各具特色的乡村产业集群。

3. 强化基层治理衔接，驻镇帮镇扶村织密基层治理纵横网

为了打造自治、法治、德治相结合的乡村治理体系，广东一方面强调对治理单元可持续自主行动能力的提升，另一方面注重外部帮扶力量的持续输入以提升基层治理能力。2021年6月，广东省委、省政府印发了《广东省乡村振兴驻镇帮镇扶村工作方案》，部署推进全省1127个乡镇近2万个行政村全面振兴。② 驻镇帮镇扶村作为与对口帮扶制度、"组团式"帮扶模式以及东西部协作机制一脉相承的乡村综合建设机制，旨在充分吸收脱贫攻坚阶段"包村干部""第一书记"等优秀工作模式的经验，建设基层信息反馈渠道与资源输送渠道的常态化机制，力求打通将上层帮扶资源不打折扣地输送至省内欠发达乡村的"最后一公里"，是未来保障乡村全面振兴"不走样"、始终维护广大农民群体利益的重要治理基础。实践表明，广东在乡村治理方面取得了较好的成绩，在中央农办、农业农村部主办的2021年"第二批全国乡村治理示范村"评选工作中，有5镇49村入选（共100镇1000村）。③

（二）巩固拓展脱贫攻坚成果同乡村振兴有效衔接的基本经验

广东以党中央、国务院重要文件为指引，立足实际，积极探索和推进巩固拓展脱贫攻坚成果同乡村振兴有效衔接，形成了以下基本经验。

1. 尊重农村发展规律与历史脉络，保持发展理念的一致性

可以说，尽管各个阶段的战略要实现的主要任务有所不同，但农村地区阶段性的发展战略是服从于"以人民为中心"的中国特色社会主义发展理念以及服务于实现共同富裕的。而在乡村振兴中要实现对这种发展规律和历史脉络的尊重和继承，行之有效、可操作性强的做法就是保持指导思

---

① 《广东省乡村振兴示范带建设工作视频会：集聚乡村资源"带"动全域振兴》，南方网，https：//news. southcn. com/node_35b24e100d/5bb004f70d. shtml。

② 《权威解读 | 广东省乡村振兴驻镇帮镇扶村工作方案》，广东省乡村振兴局网站，http：//rural. gd. gov. cn/xcyw/tpxw/content/post_3479125. html。

③ 《广东5镇49村入选！第二批全国乡村治理示范村镇拟认定名单公示公告》，广东省乡村振兴局网站，http：//rural. gd. gov. cn/zwgk/tzgg/content/post_3583514. html。

想、领导班子以及组织机构的总体稳定，同时进行局部调整，充分利用那些已经历过历史和实践检验的成功的体制机制。

广东在两项战略衔接中即采用了这种做法，例如扶贫办直接换牌为乡村振兴局、继续延续"五级书记抓扶贫"的机制、继续紧抓基层党建引领发展等，都保证了农村现代化发展理念、指导思想的横向纵向传达机制的延续性不会受到战略衔接过渡期各项具体政策调整变动的影响，从而在政策实践层次为两项战略顺畅衔接打下了坚实的基础。因此，在巩固拓展脱贫攻坚成果同乡村振兴有效衔接实践中，一方面需要始终坚持党的领导、坚持走中国特色社会主义道路；另一方面要保持领导班子和组织机构构成的延续性，以及注重指导思想上下传递通畅机制的健全性，从而使科学的发展理念和发展思想更好地引导实践。

2. 政策执行中巩固基本盘，丰富施策层次并适度向上拓展

从精准脱贫过渡至乡村振兴，意味着公共政策在实施的过程中应当更加注重回应社会发展过程中"不平衡不充分"的问题，即需要将"不平衡"转变为"平衡"，将"不充分"转变为"充分"。因此，在具体政策衔接的实践中，首先需要注重"兜牢政策的底"，并根据新形势、新需求适度向上拓展，而不是将过去的政策帮扶对象和帮扶重点完全"大换血"，从头帮扶另一批人。

广东早在 2016 年就开始了相对贫困问题治理的探索与实践。精准扶贫中关注的一些政策重点，在未来乡村振兴中也是重点关注对象。例如对地区产业的持续帮扶、对东西部协作的重视、成果良好的社会力量参与扶贫模式以及对乡村人居环境的大力整治。一方面这些政策体现了对本地优势资源（发育良好的市场机制以及良好的社会扶贫文化氛围）的充分利用；另一方面这些政策本身都具有向上拓展从而形成针对不同"次级政策群体"的多层次政策体系的潜力。可以说，这些都是回应新阶段"不平衡不充分"发展的现实问题的较好的实践答卷。

3. 完善乡村基层治理，激发农民主体性与参与性

脱贫攻坚结束后，农村基层治理由于党建强化、集体产业发展壮大以及乡村建设人才逐渐回流而重新获得发育的生命力，这对于未来在农村公共治理中弱化外部行政干预力量、强化乡村自主发展的内生动力十分有利。

实现巩固拓展脱贫攻坚成果同乡村振兴有效衔接，以及推进乡村振兴战略并惠及农民，需要建强乡村党支部，激发农民的主体性和参与性，让群众自己回答自己的发展问题。广东省在基层治理中实施的"党建+基层自治"、组团式驻镇帮镇扶村实践，本质上是通过理念引导、资源注入、人才培育推动基层自治力量可持续发展，从而保障乡村振兴战略宏伟框架的逐步落地。只有将农村居民的主体性、参与性进一步激活，才能摆脱在农村公共治理过程中长期存在的"城市政策导向"，在乡村振兴过程中走出一条具有广东特色的"农村发展道路"。

三　巩固拓展脱贫攻坚成果同乡村振兴
有效衔接存在的难点

脱贫攻坚是一个在限定时间内依靠行政大动员、资源大投入实现的脱贫奇迹，客观上依然存在一定程度、一定范围的脱贫基础不牢的现象。2021 年的中央一号文件提出了巩固拓展脱贫攻坚成果同乡村振兴有效衔接的命题和任务。2022 年的中央一号文件明确要求"牢牢守住保障国家粮食安全和不发生规模性返贫两条底线"，"完善监测帮扶机制"和"促进脱贫人口持续增收"。从实践视角看，广东接续推进巩固拓展脱贫攻坚成果同乡村振兴有效衔接在规划引领、人才支撑、产业提质增效、帮扶机制构建等方面面临一些需要解决的难点。

（一）发展规划由"零散"设计转向"系统"设计难

习近平总书记强调，"实施乡村振兴战略是一项长期而艰巨的任务，要遵循乡村建设规律，着眼长远谋定而后动，坚持科学规划、注重质量、从容建设"[①]。《广东省乡村振兴驻镇帮镇扶村工作方案》明确提出要"规划先行"。在精准扶贫阶段，由于时间紧、任务重，发展规划往往设计匆忙，思考不够充分，一般是围绕村域层面或村域单元，或某一事项（如扶贫产业发展）进行规划设计，帮扶政策也是瞄准"零散"特殊人群（建档

---

① 《习近平谈治国理政》第 3 卷，外文出版社，2020，第 261 页。

立卡贫困户），即规划到村、帮扶到户到人。广东经过"双到"扶贫的实践探索，在深化精准施策、动态管理上，奠定了较好基础，取得了巨大成效。但是，要推进实施乡村振兴战略，就必须注重规划的整合性与系统协同性。这种整合性规划在实际实施过程中面临两方面的难题：发展领域整合与部门目标整合。要对全面推进乡村振兴进行规划，就必须在原来规划的基础上，立足镇域甚至县域单元进行，必须对全域主导产业、经济布局、基础设施与公共服务、人才发展等进行城乡一体化系统考量，形成更加明显的"非主导领域的发展服务于主导领域、发展资源向主导领域倾斜"的发展路径。这就对多个工作领域的工作目标、考核指标的调整提出了要求，短时期内很难快速完成。现实表明，规划实施是一个系统工程，必须与其他顶层规划衔接，不能只是乡村振兴部门的事，还需要与其他部门，如国土、发改、交通、信息产业等协同合力推进乡村振兴。数据显示，脱贫当年村庄的村道硬化率为 100%，但部分自然村村内道路硬化率不足 60%，与贵州组组通硬化路、山东户户通硬化路差距较大；全省有卫生室的村占比为 82.9%，居全国第 21 位。① 可见，精准扶贫阶段解决了农村最急迫的发展问题，而在乡村振兴阶段仍然还有基础设施、公共服务、乡村治理等众多领域的短板需要补齐。这些短板领域在职能设计上分属于不同部门的工作，现在均被纳入"乡村振兴规划"的总设计框架内，由此也对打破部门分割，在公共治理过程中实现人、财、物要素充分流动提出了较高要求。

（二）人才队伍由"外派驻村"转向"本土振兴"难

人才振兴是乡村振兴的重要支撑，没有本土年轻人才，没有专业人才，没有有效政策支撑，单靠村"两委"干部很难可持续全面推进乡村振兴。自脱贫攻坚以来，广东动员 1.8 万个党政机关和企事业单位，选派近 6.5 万名干部、4554 名第一书记驻村开展帮扶工作，为打赢脱贫攻坚战奠定了坚实基础。② 但是，广东乡村本土人才存量不但没有明显增加，反而存在持续外流的风险。乡村振兴的人才基础依然薄弱，具体来说，是指村

---

① 笔者在原广东省扶贫办调研时获得的数据。
② 《4 年来广东助 161.5 万相对贫困人口全部脱贫》，新浪网，https：//finance.sina.com.cn/tech/2020-11-27/doc-iiznezxs3904627.shtml。

内常住居民的人口结构独特、缺乏精英型发展人才，这导致村庄在多个方面的发展缺乏重要的人才支撑。尤其是在粤东西北地区，许多村庄呈现高龄化、空巢化、失能化、空心化趋势，年轻人、中年人外出务工的多，村里留守人员基本是老少妇孺，被称为"386199 部队"。如此一来，村产业发展困难重重，劳动力不足，企业效益不佳，职工工资低，无法吸引乡村年轻人就地就业，吸引城市人到农村就业就更不可能；同样，基层治理也面临人手短缺的问题，大学生村官比例不到 20%。即便政府希望通过政策倾斜加大扶持力度，但由于缺乏现实基础，政策实际作用并不理想。

（三）乡村产业由"保脱贫""稳生计"转向"促内生发展"和提质增效难

由于任务明确、时间要求紧，贫困村扶贫工作队帮助建档立卡贫困户脱贫的压力较大，所以在脱贫攻坚进程中，各地摸索出各种规模化和组织化经营主体带动贫困户脱贫的产业扶贫实践路径，大部分省份把 70%的资金投入产业扶贫领域[1]，产业扶贫成为有效帮助贫困户就业和增收的关键路径或方式。由于脱贫标准是清晰的、脱贫时间是硬约束，所以扶贫产业选择和发展规划往往不够科学，主要靠扶贫工作队根据当地需求、派驻单位资源丰富度和对产业的了解来快速决策，快速上马，以便快速产生效益（就业岗位和工作收入或资产收益分红等增加），其结果是很多贫困村产业雷同，产品竞争力不强，品牌打造不足，产业的可持续性不强。黄祖辉和钱泽森研究发现，各地区在选择扶贫产业时，倾向于选择短期带动作用大、脱贫效果显著的产业，这种聚焦目标的选择方式容易忽视当地更具比较优势的产业发展，致使产业发展可持续性弱。[2] 同时，扶贫产业运营主体、新型农业经营主体与贫困户的利益联结机制尚不完善。调研发现，一些农业企业或扶贫产业运营主体与农户之间的利益联结基本限于农产品收购或买卖关系、土地流转与租金给付关系，农户在农产品流通价值链上的

---

①　豆书龙、叶敬忠：《乡村振兴与脱贫攻坚的有机衔接及其机制构建》，《改革》2019 年第 1 期。

②　黄祖辉、钱泽森：《做好巩固拓展脱贫攻坚成果同乡村振兴有效衔接》，《南京农业大学学报》（社会科学版）2021 年第 6 期。

地位不高、分配权基本缺失。

进入全面乡村振兴阶段后，乡村产业振兴必须发挥更大的带农益贫作用，要在产业链拓展、技术服务体系支撑、产业品质与品牌打造等方面提质增效，为乡村振兴夯实发展基础。受到前期扶贫产业发展质量不高、产业同质性高的影响，其"促内生发展"和提质增效目标实现难度偏大。同时，产业扶贫基本都是以扶贫工作队为主导谋划推进，甚至管理的，结果往往是"工作队在忙，村委和村民在看，贫困户等着收益"。可以说，村委和贫困户、村民在发展产业方面的内生动力弱，主体性作用发挥得极不充分，存在对产业发展成果"等靠要"的思想，形成了对减贫政策的依赖性，成为乡村振兴过程中的"看客"，而非积极参与者。

（四）帮扶模式由针对特定群体的选择性帮扶转向适度普惠型帮扶难

在精准扶贫阶段，减贫政策基本是聚焦建档立卡贫困户如期脱贫这个目标而构建和改进。广东在"两不愁三保障"基础上，把减贫目标确定为"八有"标准。在"消除绝对贫困"的指导原则下，扶贫的政策对象基本明确指向贫困户与贫困村；而进入全面乡村振兴阶段后，振兴的对象转变为全体农民与所有乡村。因此，"三农"领域的政策实施总体原则应当调整为"普惠性"（而非"选择性"）、"群体融合"（而非"群体分割"）、"城乡统筹"（而非"城乡二元"），以此推动县域内城乡之间、群体之间和区域之间三个维度的共同富裕。现实表明，农村低收入人口占比较高，尤其是欠发达地区存在较多农村低收入人口。同时，中国农村近亿脱贫人口中部分人口受疫情、政策依赖、产业扶贫项目波动等因素影响，脱贫基础不牢，存在一定的返贫风险。而就广东来说，如何缩小珠三角地区与粤东西北地区之间巨大的发展差异，始终是横亘在实现乡村共同富裕道路上的一个难题。因此，在全面乡村振兴阶段，亟须由帮扶特定群体的选择性帮扶模式向帮扶边界更加模糊但包含人口更多的适度普惠型帮扶模式转变，把上一阶段的政策进行系统梳理，通过总结、调整、合并等方式把减贫效果好的政策转化为"适度普惠"的振兴之策。

四　巩固拓展脱贫攻坚成果同乡村振兴
有效衔接的未来路向

巩固拓展脱贫攻坚成果同乡村振兴有效衔接是一项多维度、系统性工程，涉及多层级、多部门、多领域。总体来看，要实现两者在多方面的平稳过渡与有效衔接，必须以建立长短结合、标本兼治的体制机制为基础，在强化规划衔接与城乡统筹、加强人才培育与动能提升、建立健全常态化长效化帮扶制度、强化主导产业培育与科技赋能等方面系统发力，持续促农增收，为巩固拓展脱贫攻坚成果同乡村振兴有效衔接和实现共同富裕奠定坚实基础。

（一）强化发展规划的衔接以及城乡发展战略的统筹

破解城乡二元结构，要坚持以工补农、以城带乡，推动城乡基础设施互联互通、公共服务普惠共享、资源要素平等交换、生产要素充分对接，促进城乡区域协调发展，加快形成战略互补、城乡互促的协同发展新格局。针对不同发展水平、不同类型的乡镇、村庄，科学制定镇域或片区整体乡村振兴规划，与区域发展规划等相衔接相统筹。例如广东在乡村振兴战略实施路径中坚持了三个方面的统筹：一是在产业共建方面与粤港澳大湾区和深圳先行示范区建设相统筹，构建以大湾区为核心、粤东西北地区为基地的合作发展新格局，让粤东西北地区广大农村共享"双区"建设带来的红利；二是在区域功能互补方面与"一核一带一区"区域发展格局相统筹，在"一核一带一区"区域发展格局下，坚持保护与发展相协调的理念，发挥好粤东西北地区的生态优势和资源优势，真正让绿水青山变成金山银山；三是在重点倾斜方面与老区苏区和民族地区振兴发展相统筹，充分考虑到老区苏区和民族地区即便在脱贫结束后仍旧发展基础薄弱的现实条件，继续予以重点支持，加大对口帮扶和政策资源倾斜力度，促使其形成区域内产业兴旺、民生安定、生态宜居的可持续发展格局。

（二）强化人才衔接，坚持外部引进与内部培养相结合、转变观念与提升能力相统筹

人才振兴是乡村全面振兴的重要支撑，广东应该加强乡村人力资本要素开发利用，推动各类人才"上山下乡"、城乡双向流动，为乡村振兴注入持续驱动力。强化人才衔接包括以下两个方面的内容。一是持续派驻干部驻镇驻村。在派驻驻镇工作队时，尽可能选择团委、志愿服务组织等不同部门、组织配置更多人才到镇到村。同时，扩大"组团"范围和形式，比如智库组团支撑乡村振兴、产业链企业组团帮扶等。二是推动人才下乡以及加强对本土人才的培育。按照中共中央办公厅、国务院办公厅印发的《关于加快推进乡村人才振兴的意见》要求，建立健全农村吸引人才、留住人才的体制机制，鼓励各行各业的人才以长期驻点或短期行动的方式，服务于乡村建设。在人才生存空间方面，应当注重以乡村创业基地和服务平台为阵地，以创业支持和创业补贴为杠杆，以住房、医疗与教育优待条件为保障，打好"乡情牌"、栽好"梧桐树"，以事业、平台、环境留住人吸引人；在人才培养体系方面，建立涉农高校、科研院所牵头的组团式职业农民培育体系，持续提升新型职业农民、家庭农场主、专业合作社成员的农业科技素养和技术实践能力，增强其适应农业农村现代化发展的能力；在人才保持方面，应当通过鼓励支持农业新业态发展，推进数字农业、立体农业和循环农业发展，激活农村生产要素，提高农业要素价值，增强农业生产经营对人才的吸引力，为专业技术人才提供施展才华的机会和空间。

（三）培育主导产业，推动产业链延伸，强化科技赋能乡村产业振兴，优化产业联农带农利益共享机制

产业聚集度和产业链长度对产业发展活力与竞争力具有重要作用和影响。推动产业融合发展是乡村产业振兴的重要方向，广东在农业产业、农业科技、农旅发展、农业技术服务方面有较强的基础，未来应采取有效措施培育基于当地资源优势的主导产业和产业主体，通过机制优化引导农业企业围绕主导产业拓链强链、做大规模，提升产业发展竞争力。为此，必须科学规划产业，立足本土资源禀赋，选择绿色可持续的产业。

强化科技赋能乡村产业振兴。一方面，通过产学研用一体化机制构

建，推动农业科技创新并将创新成果应用于乡村产业发展，如将无人机、人工智能、区块链等技术用于农业生产，推动农业产业智慧化、信息化、机械化、规模化发展。另一方面，优化科技社会化服务机制，着力推进全产业链服务覆盖及服务协同。鼓励支持科研机构、高校、公司、社会组织等多元化科技服务主体与地方产业需求及农业生产主体对接，因地制宜提供单一环节、多环节或全链综合科技服务。乡村产业发展必须秉持"人民中心"观，即在产业发展过程中必须构建和完善联农带农利益共享机制。在对各地脱贫攻坚过程中创新实践的"公司+N"（N 指各类利益相关主体，如合作社、村集体、困难户）模式进行总结的基础上，进一步优化产业联农带农利益共享机制，提升农户在市场交易或市场流通价值链上的地位和价值分配份额，提高农户收入，为巩固拓展脱贫攻坚成果同乡村振兴有效衔接和实现共同富裕奠定坚实基础。

（四）强化政策的调整衔接，坚持特惠政策与普惠政策相统筹

为了对脱贫攻坚时期种类繁多的公共政策实践"去粗取精"和优化拓展，从广东的成功经验来看，可以按以下思路分类处置，推动脱贫攻坚政策与乡村振兴有效衔接。

一是创设与保留一批。立足省域角度，"十四五"时期，广东对脱贫地区要认真落实五年过渡期政策，保持脱贫政策稳定不变，接续推进脱贫地区稳定发展，建立健全欠发达地区区域帮扶机制，把一些好的扶贫政策用于脱贫地区的乡村振兴。比如人居环境整治、基础设施与公共服务完善、扶贫公益性岗位增设、控辍保学等政策措施，可直接纳入乡村振兴的常态化、一般性政策中。同时，还要根据基层乡村振兴发展的实际情况和巩固拓展脱贫攻坚成果的需求，创设一批政策或安排相应制度。如建立健全产业振兴、人才振兴扶持政策体系；建立防返贫动态监测机制，构建立体、多层次综合救助政策体系，开展定期检查和监测，对脱贫不稳定户、边缘易致贫户，做到及时发现，及早帮扶和救助。

二是调整和整合一批。在巩固脱贫攻坚成果同乡村振兴有效衔接的五年过渡期内，需要把握好政策调整的节奏、力度，实现平稳过渡。同时，有些精准扶贫阶段的减贫政策，可整合到全面推进乡村振兴的政策中。如保障兜底、医疗扶贫等政策措施，在经过调整完善后可纳入统一的社会保

障体系，但应防止过度保障问题；产业扶贫、扶贫就业车间、就业扶贫等政策与措施，在调整优化后可转化为乡村振兴的一般性政策。应保持政策的延续性以促进产业扶贫与发展富民兴村产业、就业扶贫与"粤菜师傅""广东技工""南粤家政"三大工程、补基础设施短板与美丽乡村建设、消费扶贫与健全农业社会化服务体系等重点工作的衔接，巩固脱贫成果，防止因政策变动而返贫致贫。

三是根据实际情况取消一批，主要是指那些临时性或者已经完成阶段性目标的政策，如资产收益扶贫政策、贫困户危房改造政策等。

（五）建立健全防返贫监测与常态化长效化帮扶制度

农村低收入群体的收入维持与提升问题的解决对于巩固拓展脱贫攻坚成果、防止返贫以及实现区域和城乡多维度共同富裕远景目标具有重要作用和意义。党的十九届五中全会首次提出把"全体人民共同富裕取得更为明显的实质性进展"作为远景目标，明确要求"着力提高低收入群体的收入，扩大中等收入群体"。2022 年，中央一号文件——《中共中央 国务院关于做好 2022 年全面推进乡村振兴重点工作的意见》明确要求，"牢牢守住保障国家粮食安全和不发生规模性返贫两条底线"，"完善监测帮扶机制"和"促进脱贫人口持续增收"。可见，实现低收入人口生计可持续发展与健全优化农村低收入人口常态化帮扶机制不但是"十四五"时期各个省市的重点任务，也是贯穿乡村振兴与实现共同富裕全过程的一项长期任务。

首先，必须建立和持续完善农村防返贫监测和预警机制。通过运用大数据、区块链等新技术提升防返贫风险动态监测和预警效能，推动形成预防为本的风险防控体系和部门协同格局。同时，完善养老、教育、医疗等方面的制度体系和制度安排，形成适度普惠的政策覆盖和长效化制度保护网，确保不发生规模性返贫。

其次，进一步完善农村社会救助制度体系和制度安排。从收入贫困瞄准向支出贫困、就业贫困、健康贫困、心理贫困等多维贫困瞄准转变，推动专项制度发展，如形成支出型困难家庭或低收入家庭救助办法，生成发展型社会救助政策体系。同时，推动农村低保制度"分类施保"和向低收入群体覆盖延伸。"分类施保"是指，对不同状况和需求的低保对象进行现金救助、实物救助和不同程度服务支持搭配的有针对性的清单式救助。相比以往的"统一施保"或"均等施保"，"分类施保"能对受助对象的需求进行细化识别和有效满足，从而提高低保救助的精准性和制度效率。①因此，应当在收入标准与支出或消费标准相结合的基础上对社会平均收入以下的"低"收入群体进行贫困分层，低保制度的待遇据此进行设计，按比例给付，其他专项救助、支持性服务等都可以据此进行配比提供，使处于社会平均收入之下的群体能更好地应对生活中的困难和风险。②

最后，完善社会保险与社会福利安排。完善低收入人口的养老保险、医疗保险缴费补贴政策和缴费标准，根据不同困难程度或低收入程度进行层次化、差异化政策待遇与补贴设计。加强老年福利服务提供与递送，推动农村居家养老服务中心、配餐平台建设，积极发展互助性养老服务，为农村低收入老年人提供公共助餐、生活照料、文化娱乐等基本养老服务。同时，强化农村儿童福利工作，鼓励有条件的地区建立儿童津贴制度，促进儿童照顾服务发展，在儿童家庭照顾功能弱化的现实情境下，推动建立留守儿童的关爱服务体系，加强儿童照顾服务工作和制度保障③，从源头阻断贫困代际传递。

---

① 张开云、叶浣儿：《农村低保政策：制度检视与调整路径》，《吉林大学社会科学学报》2016 年第 4 期。

② 张兴杰、张开云、梁雅莉：《残疾人社会救助体系优化论析》，《浙江社会科学》2012 年第 12 期。

③ 邓锁：《从家庭补偿到社会照顾：儿童福利政策的发展路径分析》，《社会建设》2016 年第 2 期。

附录 从"贫困村"到"明星村":
连樟村蜕变记[*]

一 引言

改革开放 40 多年来,在经济体制改革与社会结构转型的进程中,中国农村也经历了一系列变革:农村土地制度发生变化;《村民委员会组织法》从试行到施行再到进一步修订;农村税费改革;等等。尽管这一系列变化都是为了解决"三农"问题,建设基层民主,实现农村发展,但城乡分割的体制障碍还没有从根本上破除,城乡关系还没有真正理顺,乡村仍然面临凋敝、"空心化"等现实问题。党的十九大报告提出实施乡村振兴战略,实现农业农村的现代化。如何才能破解城乡二元结构,实现城乡共建共享共荣,推进农业农村现代化,成为困扰实践部门和理论研究者的一个难题。

2018 年 10 月 23 日,习近平总书记视察连樟村时强调,全面建成小康社会一个都不能少,在脱贫攻坚战中,基层党组织要发挥战斗堡垒作用,一任接着一任抓,一仗接着一仗打,一代接着一代干,积小胜为大胜,最后取得全面胜利。① 牢记嘱托,砥砺奋进,脱贫攻坚不断结出的硕果吸引

---

* 该案例的整理者为华南农业大学公共管理学院曲霞博士,征得其同意编入本书,作为典型案例。

① 《习近平:全面小康一个都不能少》,中青在线,http://news.cyol.com/content/2018−10/24/content_17716315.htm。

了我们对连樟村的注意。连樟村曾经是一个信息闭塞、产业单一、环境脏乱差、村里年轻劳动力少的贫困村，2016 年全村建档立卡贫困户 55 户 135 人（见图 1）。因为村集体经济薄弱，缺乏办公场所和经费，村委会大门常年关闭，干部流动办公，党支部工作流于形式。2016 年，连樟村被确定为省级相对贫困村，村党总支部也被列入年度整顿的"软弱涣散"基层党组织。2017 年，村党总支部顺利脱掉"软弱涣散"基层党组织的后进帽子后，全村开展新农村建设，靠深化农村市场化改革点亮了致富之路。①2017 年，连樟村集体经济收入超过 5 万元，全村贫困户 26 户 86 人实现了脱贫②；2018 年，连樟村集体收入突破 10 万元大关，贫困户中剩余的 8 户 26 人全部实现脱贫，美丽乡村建设初具规模；2019 年，连樟村 55 户贫困户已全部实现脱贫，有劳动力贫困户年人均收入达到 1.3 万元③。连樟村的"蜕变"模式是否能让其他农村地区实现扶贫脱贫和城乡融合发展受益？

2016年全村贫困户55户135人

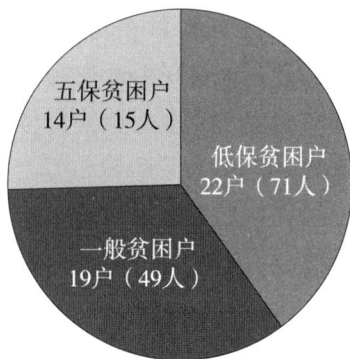

五保贫困户
14户（15人）

低保贫困户
22户（71人）

一般贫困户
19户（49人）

图 1 2016 年连樟村贫困户数及人数

资料来源：笔者根据调研收集的数据整理而成。

带着这个问题，2019 年 5 月，我们一访连樟村；2019 年 10 月，我们

---

① 《贫困村上建起好支部 脱贫奔小康有了火车头》，搜狐网，https：//www.sohu.com/a/408764105_119778。
② 《人民日报：广东英德市连樟村——产业带动奔小康》，搜狐网，https：//www.sohu.com/a/296002281_99960310。
③ 《广东英德市连樟村：脱贫致富一个不落下》，中国经济网，http：//district.ce.cn/zg/201912/04/t20191204_33769790.shtml。

再访连樟村。通过对连樟村的实地走访、查阅文献，以及与政府部门、第一书记、村"两委"干部、村民代表、村民等各方利益主体进行广泛交谈，连樟村从"贫困村"到"明星村"的蜕变历程以及扶贫脱贫、破解城乡二元结构的故事越来越完整、清晰地呈现在我们面前。

二 走进连樟村

（一）连樟村概况

从广州到清远，不到半个小时的高铁，80 多公里的高速公路，还有正在规划建设的轻轨与地铁……被称为珠三角后花园的清远似乎触手可及；地处粤北地区的清远，丘陵、峡谷密布，蜿蜒的南岭山路、曲折的北江水似乎又让清远变得很远。地处清远英德市连江口镇东南部的连樟村，距镇政府约 13 公里，占地面积 31.83 平方公里，其中林地 4.3 万多亩、水田 905 亩，居住着 2200 多名村民。连樟村在明代初就被称为"大瘴之地"。这里曾经山林繁密，瘴气弥漫，四面环山，仅有一条崎岖不平的县级公路与外界相连，是连江口镇最贫困的村庄之一，从村里出去的年轻人很少再回来。

走进现在的连樟村，风摇花枝，飘香四野，整洁的楼房掩映在枝叶葱郁的绿树之中，到处生机勃勃，小桥流水、观光花海、大棚连片、蔬菜郁葱，美如图画，产业发展也蒸蒸日上，村民们的生活水平日益提高。如今的连樟村，现代农业科技示范园正在建设中，5G 信号基站落地，政务服务一体机投入使用，村民足不出村即可办理数十件服务事项……这使村民的获得感和幸福感倍增。很难想象，这里曾经是省定贫困村，是连江口镇最贫困的村庄之一。

连樟村鸟瞰图和连樟村村貌见图 2 和图 3。

（二）忆往昔"峥嵘岁月"，擦出求变火花

据媒体报道和我们所收集的资料，连樟村曾经是"晴天一身灰，雨天一身泥"的省定贫困村，也是连江口镇最贫困的村庄之一。信息闭塞，仅

图 2　连樟村鸟瞰图

图 3　连樟村村貌（2019 年）

有一条崎岖不平的县级公路与外界相连，从村里出去的年轻人很少再回来，因此村里年轻劳动力少，留守老人和儿童多，造成空心化；基础设施差，一下雨道路就成了泥巴路；产业单一，砂糖橘种植曾是连樟村支柱产业，2010 年由于遭遇黄龙病，连樟村的支柱产业被摧毁，村民们靠人均不足半亩的水田难以维持生活。2015 年，全村农民年人均可支配收入为 7720元，集体经济十分薄弱；2016 年，连樟村被确定为省级相对贫困村。连樟村迟迟无法脱贫，村党组织软弱涣散是重要原因，2016 年，连樟村党总支部作为"软弱涣散"基层党组织被纳入整改之列。"如果基层党组织薄弱，村里想发展，也心有余而力不足。"走访过程中，多位村干部均有这样的感慨。

现实的困境引起了上级领导和部门的关注。2016 年，时任清远市市长郭锋挂点联系后，先后 9 次到连樟村开展直接联系群众工作和"深入调研"，指导村党总支部开展整顿工作。[1] 同年 5 月，时任清远市政府办公室秘书一科科长张雪凡被选派至连樟村，任驻村第一书记、扶贫工作队队长，开始树立"党建+X"的工作理念。在 2017 年村"两委"换届中，该村党总支部提前谋划，选优配强了村"两委"班子，并推选年轻退伍军人陆飞红为"头雁"。33 岁的退伍军人陆飞红被推选担任村党总支书记后，第一件事就是狠抓党建工作。他一方面推进党建工作重心下移，另一方面又从大学生村官、创业致富带头人中发展 3 名党员，并吸收了 10 多名入党积极分子。通过抓党建，村党总支部的号召力、凝聚力和战斗力明显增强，村"两委"干部积极推动村庄建设与发展，热心服务乡亲，在群众中

---

[1] 《清远着力破解城乡二元结构时代命题》，南方杂志网，https：//www.nfzz.net.cn/node_eb608 7a689/31257abb8b.shtml。

的威望和形象不断提升。2017 年初，连樟村党总支部摘掉了"软弱涣散"基层党组织后进帽子，而后在 2018 年 9 月成为英德市先进基层党组织，陆飞红在首届南粤慈善盛典上被评为"2018 年度扶贫贡献人"，跻身英德市首届村（社区）党组织书记"十佳头雁"行列，张雪凡则被评为"广东省 2016—2018 年脱贫攻坚突出贡献个人"（驻村干部）。

自 2016 年被确定为省级贫困村以来，在村党组织、扶贫工作队的带领下，在帮扶企业的协助下，连樟村发生了实实在在的变化：各项产业、基础设施陆续建起，公共服务进村进户，泥泞的村道变成水泥路，路灯从山脚一路亮至村里，村民学习锻炼有了去处。乡村美了起来，村民的日子也美了起来。从省定贫困村到美丽村庄，前后变化如此之大，我们怀揣着好奇，两度走访连樟村，试图找到破解之匙，揭开"蜕变"之谜。

三 落地开花，铸就乡村振兴的"党建引擎"

（一）高质量强化基层党组织建设

1. 队伍建设

为强化"两委"班子建设，2017 年连樟村将党总支部委员从 3 名增加到 5 名，全部实现交叉任职；2018 年将党总支部委员增加到 7 名；2019 年将原来的 5 个村民小组一级党支部调整为 2 个，筑牢战斗堡垒。加大发展党员力度，自 2017 年以来，共发展党员 7 名，其中从优秀青年干部、创业致富带头人中发展党员 4 名，并吸收入党积极分子 17 名，改变了过去多年未发展党员的状况。

2. 组织优化

市县镇三级组织部门成立联合工作组深入村组开展蹲点调研，对连樟村基层党组织建设实施"一事一研判一对策"，摸清了"四情"（党情、村情、干情、民情）底数。在精准摸排、广泛征求党员干部意见的基础上，探索出"党总支+1 个核心支部+1 个直属支部"的支部设置模式，这样既有利于推动党建工作重心下移，又不至于出现党支部人数太少、凝聚力不强的情况。连樟村基层组织调整优化设置的相关经验得到了全市的认可并在全市范围进行推广。

3. 制度体系完善

从健全村级组织议事决策机制入手，实行"四议两公开"工作机制，即党支部会提议、"两委"会商议、党员大会审议、村民代表会议或村民会议决议，决议公开、实施结果公开。"四议两公开"工作机制为党支部参与村务管理搭建了重要平台，让党支部、党员能够直接参与村务管理、生产发展、村集体公益建设，党支部的核心作用、党员的带头作用得以充分发挥。陆飞红说："如今村中操办红白喜事会找红白理事会商议、村民打牌娱乐有禁毒禁赌会监督、邻里纠纷有村民理事会调解……在村党支部的组织下，各类基层自治组织正在发挥不可或缺的作用。"当前连樟村已经建立"党支部提事、村民理事会议事、村民会议决事、村委会执事"的民主决策机制。

（二）高标准建设党群活动阵地

党组织建起来了，还需要活动场所和工作经费。据清远市委常委、组织部部长姚楚旋介绍，截至2019年底，清远市县两级财政按照标准，每年补贴村民小组一级党组织党建工作经费近5000万元，全市建成村民小组一级党组织议事活动场所3535个，为农村基层党组织开展各项组织活动、发挥党建引领作用搭建了平台、提供了保障。连樟村的主要做法是升级党群服务中心；新建党建展示馆；新建乡村振兴学院；新建党支部办公场所；探索建设党群议事厅。其中，党群议事厅自启动以来共开展议事活动4次，讨论通过重大事项3项，讨论并已完成的民生微实事25项，正在处理的民生微实事6项，进一步提升了群众对党组织的认可度。

（三）高站位建设乡村振兴领导班子

一是强化党组织核心引领作用。指导连樟村建立健全以"四议两公开"为核心的重大事项决策制度，明确凡是涉及本村经济建设和社会发展的重大事项、重要问题、重要工作和大额资金使用等事务，必须由党总支讨论通过，把党总支的领导贯穿乡村振兴全过程。通过"四议两公开"制度，先后讨论决定了现代农业科技示范园建设、乡村振兴学院规划建设、入股广东慢点生活茶业有限公司等10余个重大事项。

二是组建乡村振兴驻村工作组。整合驻点蹲点挂点领导、第一书记、精准扶贫和乡村振兴工作队、驻点联系群众团队等领导力量和工作力量，组建乡村振兴驻村工作组，梳理职责和任务分工，明确工作机制，形成助推连樟村振兴发展的工作合力，推动连樟村振兴发展。

三是及时梳理解决民生问题。指导梳理出群众关切的热点难点问题，建立"十大民生实事"和"民生微实事"工作清单，切实为群众办一批民生实事，将党组织在群众中的公信力进一步转化为群众对村中各项工作的支持。

四是加强人才培训。组织连樟村有关人员外出参观学习，积极探索连樟村长远发展之计。在连樟村举办了"高层次人才走基层"人才驿站主题日活动，组织专家到村现场答疑。2019年在连樟村举办"粤菜师傅"培训班2期，培训党员群众100余人，安排20人到海南进行种植技术培训。

（四）高频率开展感恩奋进活动

一是开展形式多样的"牢记嘱托、感恩奋进"主题实践活动。整合团委、妇联等组织的力量，组建连樟广场舞队、党建宣讲队等，建设便民志愿服务站点，组建连樟村志愿服务队，并结合"我们的节日""支部主题党日"等组织党员群众开展各类活动，引导全村党员群众把感恩情感转化为拥护党的领导、支持村党组织的思想动力，转化为脱贫奔小康、率先振兴的强大合力。

二是通过"不忘初心、牢记使命"主题教育推进为民服务出成效。自主题教育开展以来，村党总支开展主题教育专题党课活动5次，集中党员利用"支部主题党日"开展主题教育专题学习3次，利用腾讯"为村"平台、党员微信学习群开展网上送学，推送学习资料52篇次；发动全村党员开展志愿服务5次，认领并完成"微服务"31项，让村民真切地感受到主题教育就在身边，成效就在眼前。

（五）高规格健全强党保障机制

一是明确职责分工，成立负责基层组织建设、阵地建设、感恩奋进活动开展的三个专责工作组。建立党建指导员督导工作机制，市县镇选派4名党建指导员对连樟村党建工作进行逐项逐环节指导，做到组织生活"五必到"（支委会必到、党员大会必到、上党课必到、党支部组织生活会必到、其他重要活动必到），全程参与连樟村党组织的组织生活，以手把手的方式指导组织生活规范化开展。2019年指导组累计指导召开党员大会6次、支委（扩大）会议12次、党支部组织生活会3次，开展专题党课活动5次，并与党员谈心谈话204人次。

二是整合专项资金以确保各项工作落实。整合碧桂园集团帮扶资金6000多万元推动党建阵地建设。其中，新建乡村振兴学院及主干道资金约5650万元，新建党群活动中心资金约320万元，升级党群服务中心资金约50万元。

三是做好连樟村党建工作经验的总结和推广。召开市县基层党建工作现场会，在市县推广连樟村探索的"三包三联系"、组织生活质量提升、党群议事厅等做法。同时梳理习近平总书记视察一周年之际中央、省委和市委提出的新目标新要求，明确努力方向，制定对策措施。

火车跑得快，全靠车头带。在党组织的引领带动下，连樟村因地制宜开展美丽乡村创建，到2019年底，连樟村下辖自然村全部创建成为示范村以上档次美丽乡村，其中创建生态村1个、特色村3个。

四 党建引领，踏上脱贫路

2013年，习近平总书记首次提出"精准扶贫"理念，为脱贫攻坚提供了一把"金钥匙"。自2016年被确定为省级相对贫困村以来，连樟村深入学习贯彻习近平总书记关于精准扶贫精准脱贫的一系列重要讲话精神，开展新时代精准扶贫脱贫工作。

（一）一个自下的角度，村民的愿望

村民甲："村里出门要先过条河，希望能够建一座大点儿的桥，如果发展乡村旅游，能够方便游客进来。"

村民乙："我们村离村委会最远，路也难走。小孩到镇上读书，来回要2个小时，还很不安全，只能安排大人在镇上陪读，十分麻烦，希望能够让孩子们上学方便点儿。"

村民丙："从山里搬到了大路边，交通方便了。但村里没什么产业，年轻人在村里挣不到钱，希望能够在产业方面多点儿支持。"

村民丁："好多地方都在建设新农村，我们村人少屋破，没几栋像样的房子，希望能够把村容村貌改善下。"

村民戊："砂糖橘没有了，只能试种澳洲坚果，还不知道前景怎样。现在有腾出来的林地，该发展什么产业呢？"

村民己："很多跟我年纪差不多的村民，回来村里是为了照顾老人。但村里的医生和设备都跟不上，老人不舒服还是要出去看病。"

村民庚："年轻人回到村里，比较有想法，但村民们不一定配合，很难搞，还是得把大家的利益关联起来。"

2017 年，陆飞红被推选为村党总支书记时，连樟村仍艰难行走在脱贫攻坚路上。面对村里贫困的现状，从老书记手中接过村支书重担的陆飞红，上任后就带领村民拆掉 200 多间破旧房屋，着手发展产业项目、进行环境整治等。同时他也不断尝试创新发展模式帮助村民致富，比如他在短视频平台发布了一条短视频，帮助村民卖了 1 万多斤红薯。当被问及帮村民致富感受如何时，陆飞红说："虽然有时候又苦又累，但收获还是很大的，如今村里的变化令人感动。"2018 年 10 月 23 日，习近平总书记来到连樟村视察，对村民们说了一句话："乡亲们一天不脱贫，我就一天放不下心来。"① 现在，这句话被刻在村里广场的一块大石头上。提到见总书记的场景，陆飞红说当时很激动，身为退役军人的他一见面便给总书记敬了一个标准的军礼。总书记的视察之行，给村民们打赢脱贫攻坚战带来很大的希望，其中，当时为连樟村贫困户的村民陆奕和深有感触。

2019 年，49 岁的连樟村村民陆奕和，一家共 6 口人。2016 年，陆奕和一家还是精准扶贫贫困户，并被纳入了低保户，作为家里的主要劳动力，陆奕和曾为家里窘迫的经济条件苦恼不已。但现在，陆奕和在连樟村村委会的帮扶下，生活水平大幅度提高，除了参加各类职业技能培训，提高就业能力，陆奕和还在仙草公园务工，实现了稳定就业。陆奕和说：

---

① 《跟着总书记看中国 | 我家住在连樟村》，人民网，http://politics.people.com.cn/n1/2022/0924/c1001-32533304.html。

"2015 年我家的收入只有 1 万多元，但 2018 年就脱贫了，现在一年收入有七八万元。"除了帮扶单位的大力帮助，2018 年 10 月 23 日，习近平总书记来到他的家中，和他的家人亲切交谈，也令他在脱贫的道路上倍受鼓舞。说到连樟村今昔差异，陆奕和认为最明显的变化就是："以前一下雨道路就成了泥巴路，但现在出门不用再走泥巴路了。"2019 年连樟村 55 户贫困户已全部实现脱贫。

（二）"顶层设计"中的脱贫攻坚

连樟村的脱贫经验可概括为"六个留下"，实现输血式扶贫变造血式扶贫。

突出党建引领，留下永不撤走的扶贫工作队——坚持"把支部建在村上"，以加强基层党组织建设来夯实脱贫攻坚的基础，建立健全稳定长效脱贫机制，确保帮扶结束后在贫困村留下一个强有力的基层党支部。

突出依托项目建设，留下带动贫困户增收的产业——凭借农业龙头企业力量促进产业扶贫，以"公司+合作社+基地+贫困户"的方式，与企业共建大棚蔬菜生产基地，使有劳动力的贫困户家庭既得到分红收入，又可以在基地学到种植技术。

突出增强造血功能，留下带动发展生产的新型农业经营主体——同步抓好贫困户的意识转变、参观学习、种养培训、非农技能培训与奖补落实，并培育和壮大农民专业合作社等新型农业经营主体。

突出强化组织建设，留下治理有效的机制——在加强基层党组织建设的同时，完善村、组两级各类组织建设，提升村民自治水平，激发村民自我管理、自我监督、自我教育、自我发展的内生动力。

突出扶贫资金滚动使用，留下互助发展的资金——积极落实产业扶贫和就业扶贫的"两奖补"政策，重点探索解决扶贫资产后续管理和发挥作用等问题，努力把贫困村的扶贫资产变为可持续发展的扶贫资金，将扶贫资金继续用于帮扶农村低收入群体。

突出村庄环境整治提升，留下生态宜居的美丽乡村——发动群众投工投劳捐资，调动村民参与的积极性主动性，加快实施人居环境改善和基础设施完善等扶贫民心工程。

在连樟村，习近平总书记说："产业扶贫是最直接、最有效的办法，也是增强贫困地区造血功能、帮助群众就地就业的长远之计。"① 目前，连樟村基础设施建设日益完善，公共服务水平明显提升，村庄面貌发生巨大变化，产业扶贫和就业扶贫成效显著，有关政策保障措施全面落实，村民的获得感和幸福感切实增强，乡村振兴迈出实质性步伐。

五　城乡融合，党建成为"压舱石"

作为曾经的省定贫困村，连樟村走过了不平凡的一段历程。这个地处偏远的粤北山村，自 2016 年开展精准扶贫工作以来，坚持党建引领、规划先行，通过"公司+合作社+基地+贫困户"的农业种植方式及开办扶贫车间的方法，探索出一条增强贫困地区造血功能、让群众"离土不离乡，进厂不离家"就地就业的精准扶贫精准脱贫之路。

2018 年 10 月 23 日，习近平总书记来到连樟村，提出要解决城乡二元结构问题、加强基层党建、推动乡村振兴等一系列对全国具有重大指导意义的工作要求，并留下了"乡亲们一天不脱贫，我就一天放不下心来"等殷切嘱托。② 连樟村牢记总书记嘱托，把感恩奋进的情感转化为发展动力。

（一）奋进：实施"1+1+5"行动计划，努力破解城乡二元结构

清远市牢记总书记的殷殷嘱托，为加快破解城乡二元结构，推动城乡融合发展，以"三镇一场"（连江口镇、下太镇、黎溪镇、铁溪林场）为连樟综合示范片区，以连樟村为重点，把连樟村打造成全国加强基层党建、推进精准脱贫和美丽乡村建设示范村，以点带面，整体谋划，扎实推进"1+1+5"（党建引领+改革主线+五个路径）行动计划，系统推进破解城乡二元结构，探索可复制、可推广的新时代"清远经验"。

一个引领——以党建促发展。坚持党建引领，充分发挥基层党组织示范带动作用，统筹抓好农村各项事业发展，努力打造党建引领乡村振兴的

---

① 《跟着总书记看中国丨我家住在连樟村》，人民网，http：//politics.people.com.cn/n1/2022/0924/c1001-32533304.html。

② 《跟着总书记看中国丨我家住在连樟村》，人民网，http：//politics.people.com.cn/n1/2022/0924/c1001-32533304.html。

全国样板。

一条主线——以改革添动力。清远是一座富有改革精神的城市，20世纪80年代曾创造国企改革的"清远经验"，近年来则持续深化以"三个重心下移""三个整合""四个致富""五个创建""六大长效机制"为主要内容的农村综合改革，在乡村振兴、破解城乡二元结构、促进城乡融合发展方面取得一定成效。连樟综合示范片区牢牢把握改革开放关键一招，以项目实施推动各项改革。

五个路径——实现城乡融合发展。①推进新型城镇化，充分释放内需潜力和发展动能；②推进城乡基础设施一体化，加快推动乡村基础设施提档升级；③推进城乡公共服务均等化，建立健全普惠共享的城乡基本公共服务体系（完善公共服务基础设施建设、完善公共文化服务供给体系、完善医疗卫生服务体系和乡村治理体系）；④推进城乡财产权益同权化，有效提升农村资源要素使用效率和供给效益（深化农村耕地整合整治、深化宅基地制度改革、深化农村集体建设用地改革和农村合作金融探索）；⑤推进乡村经济发展多元化，切实增强农村造血能力，关键词为"四个推动"（推动发展4类乡村特色产业、推动建立3大支撑机制、推动构建"2+5"现代农业体系和推动"两阵地一工程"培养新型职业农民）。

现在的连樟村，在党总支的带领下，大力实施"1+1+5"行动计划，以城乡融合发展为政策导引，以基层党建引领乡村治理，以绿色发展助推乡村振兴，统筹抓好"四好农村路"、"厕所革命"以及电网和污水处理等基础设施建设。2019年已完成2条道路升级改造，建成碧道5公里、旅游公厕1个、垃圾分类收集点17个、5G网络基站6个。新时代文明实践所、连樟客厅、乡村振兴学院等公共文化场所正陆续投入使用。①

连樟村破解城乡二元结构系列民生项目见图5。

（二）连接：打通城市和乡村的连接通道

1. "乡村新闻官"

"乡村新闻官"是个什么官？这是这个创新概念诞生之初很多人提出

---

① 《清远着力破解城乡二元结构时代命题》，南方杂志网，https：//www.nfzz.net.cn/node_eb6087a689/31257abb8b.shtml。

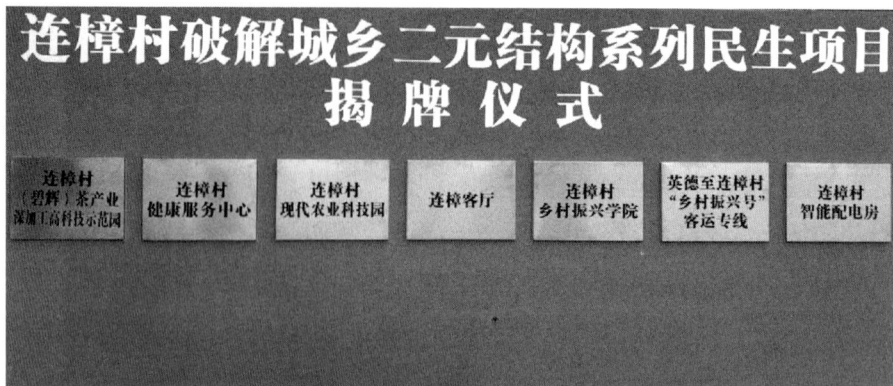

图5　连樟村破解城乡二元结构系列民生项目

的问题。对于很多"乡村新闻官"来说，他们更多的职业体验不是"当官"，而是成为乡村产业发展的助推器和服务员，更通俗的同义词是"农村网红"。不过，对于连樟村党支部书记陆飞红来说，先当村官再当"乡村新闻官"，却有别样的一番滋味。

2018年，陆飞红抱着试一试的心态，拍了一条短视频发到网上。这条15秒的短视频，让连樟村在短短一个星期就卖出了1万多斤红薯。小试牛刀之后，陆飞红见识到了触网的力量，也更加坚定了当好"乡村新闻官"的决心。除了帮助乡亲们把农产品卖出去，下一步，陆飞红还打算把支农惠农政策信息、法律法规、文明乡风等通过网络平台传递下去、扩散开来、树立起来，从而让"乡村新闻官"成为真正的多面手。

"乡村新闻官"是近两年清远乡村治理制度创新最为醒目的一张标签，是由党员带头，通过连接媒体矩阵平台和电商销售平台，打通城乡一体化中信息不对称的"最后一公里"的创新举措，是广东推进实施数字乡村战略结出的一颗甜美果实，也是网络传播下沉乡村治理的一场生动试验。近年来，作为拥有腾讯、华为等众多互联网龙头企业的信息产业大省，广东正通过多种渠道、多种方式将这种优势转化为振兴乡村的有力支点和强劲动能，不仅将农产品生产端与消费端更为直接和紧密地连接在了一起，还通过数字化、智能化将公共服务触角向广大乡村延伸，完成了治理方式的一次跃升。

2. "V村在线"——数字乡村体验产品

有美景推不出，有美食没销路，有项目缺资源？不用担心，连樟村还搭上了"数字经济"的快车。连樟村以"乡村版滴滴打车"的构建模式、"艺术+科技"的构建手段、线上线下联动的建设方式，来实现乡村资源的数字化建档（乡村不仅需要修建水泥路，更需要搭建数据库）、数字化体验（乡村不仅需要卖特产，更需要卖情调）和数字化共享（乡村资源要从过去的固化走向数字时代的活化）。同时，结合"乡村新闻官"，筛选乡村的得力带头人来具体对接当地特色资源，拟在粤港澳大湾区主要城市中招募"城市运营官"，从城乡两端同时发力，拉动乡村振兴在线的落地，从而实现城市一体化目标。

2017年以来，连樟村紧紧围绕破解城乡二元结构，提出"数字赋能，文化铸魂"思路，探索建立乡村新型电子商务（在线交易）模式，打造产销整合平台，解决交易安全、产品质量、物流配套等问题，为优质农产品走进城市寻常百姓家提供保障。

六　破茧成蝶，稻花香里说丰年

"大家一同看看我们村的最新规划，适不适合！""这样规划好，又美观又方便、实用""这里的阶梯太高了，要设置缓坡"……在连樟村党群服务中心，村党总支书记陆飞红与村中党员、村民代表正围绕村中规划建设细节展开热烈讨论。2019年，在习近平总书记视察清远一周年之际，历时一年的建设，连樟村已今非昔比：道街整洁，村容村貌焕然一新，生态气象观测站和生态环境监测站落成，5G基站高高竖起，果蔬茶现代产业园、乡村振兴学院、连樟客厅（旅游接待中心）等项目已初具雏形。

谈到连樟村的变化，听听村民的讲述。

一位村民说："在我的印象里，过去的连樟村，有摩托车的人家屈指可数，但现在不仅乡村容貌变化巨大，大家的生活水平也逐日提升，最直观的例子就是不少村民都开上了小汽车。"

2017年，连樟村扶贫车间——玩具装配加工点项目刚启动不久，首批加入该项目的村民曾春兰说："在此之前我没有一份正式工作，家庭经济本身困难，再加上还要抚养一个孩子，生活压力往往让我喘不过气。"但自从有了这份玩具装配加工的工作，她的收入渐渐提高，家庭经济条件得到大幅改善。此外，规律的上班时间也让她有更多的时间陪伴孩子。她说："对于我个人而言，每天完成工作不仅会有一种成就感，而且收入也提高了。"据我们了解，该项目可直接提供就业岗位 200 个，目前车间实有生产线工人 80 多人，高峰期超过 100 人，有两辆大巴车负责接送村民上下班，车间里不仅有连樟村村民，还有前来务工的邻近外镇村民。曾春兰还说："这两年我们村变化很大，不少年轻人都把外面的工作辞了，回到这里来上班。扶贫车间也缓解了村里留守老人和留守儿童的难题。"

连樟村党总支书记陆飞红介绍道："这个扶贫车间，是利用已停办连樟村小学闲置的校舍，约 1500 平方米面积的区域打造的。"这是一个产业扶贫项目，充分挖掘利用闲置资源，让越来越多的村民脱贫。陆飞红还说："除了这个扶贫车间，连樟村党群服务中心、果菜茶现代产业园、正在建设规划的灵芝公园，都在力争助推乡村振兴。"

"发展互联网农村电商，助推乡村产业发展，全面建成小康社会一个都不能少。"致力于农村电商发展的合作社理事长宋勇辉说，这句话是激励自己和社员们行动的格言。2019 年，45 岁的宋勇辉是一个地地道道的农民，也是远近闻名的农村电商达人。2013 年底，他参加了广东省"百万农民学电脑"粤北片区（清远）培训班，开始"触网"。2014 年 1 月，他出资组建电商运营团队，开设天猫店销售英德红茶，但因为经验缺乏而失败。后来，他发现网上很少有人卖广东水果，于是改变策略，在电商平台销售自家果园产的黄皮、杨桃、柠檬、番石榴等水果。宋勇辉说："今夏网上销售黄皮，1 个月就卖了 60 万元。我们要从以前的小作坊变成品牌企业。"

努力摆脱"贫困帽"的陆奕和说："我脱贫了，我还要奔小康。"在2016 年以前，陆奕和家中 6 口人只有他一个劳动力，因 3 个小孩读书、妻子患病残疾、父亲年事已高，他被牵绊着不能外出打工，经济来源十分有限。2015 年，他们家人均可支配收入不足 3000 元。现在，陆奕和承包的竹山超过了 60 亩，每年仅卖竹笋的纯收入就三四万元，加上竹山不忙时可以去村里的仙草园、农业科技园务工挣钱，他的收入越来越高。2018 年，陆奕和家庭年收入七八万元，2019 年预计可达 11 万元。陆奕和还说："我要努力干活，按习总书记给我指明的脱贫计，争取早日脱贫奔康，不辜负习总书记的期望。"村里人都说，以前陆奕和沉默寡言、不太爱笑，如今变得爱笑了，脸上常挂着笑容。

牢记嘱托，继续前行。连樟村已被清远市委、市政府列入高标准谋划建设的示范片区，勇敢担起破解城乡二元结构、乡村振兴发展、党建引领脱贫攻坚先行示范区的重任，争取在破解城乡二元结构上率先突破，创造新时代"清远经验"。

七 尾声

城市和农村如何相连？在结束对连樟村的调研时，这个一直以来萦绕在心头的问题似乎找寻到了答案。城乡经济社会发展一体化又称城乡融合，是城乡之间相互融合，互为资源、互为市场、互相服务，逐步达到城乡在经济、社会、文化、生态上协调发展的过程。怎样改变长期形成的城乡二元结构，实现城乡经济社会发展一体化？如何重塑城乡关系？党的十九大作出实施乡村振兴战略的重大部署，这是以习近平同志为核心的党中央从党和国家事业发展全局作出的一项重大战略决策，也是广东解决城乡二元结构问题的重大战略机遇。破解城乡二元结构，把短板变成"潜力板"，是习近平总书记在清远视察时，给清远乃至广东留下的重大时代命题。

事靠人做，业由人兴。实施乡村振兴战略，党建引领是根本。按照"解决现存问题、巩固原有优势、打造示范效应"思路，连樟村出台了《基层党组织示范建设规划方案》，统筹推进破解城乡二元结构示范片区基层党组织建设各项工作任务落地。综观连樟村从乡村振兴入手，破解城乡二元结构的做法，抓基层党组织建设是关键。希望其他农村社区能够从连樟村脱贫攻坚和破解城乡二元结构的模式中找到适合自己的道路，实现城乡融合、乡村振兴的战略目标。

参考文献

奥斯卡·刘易斯:《桑切斯的孩子们:一个墨西哥家庭的自传》,李雪顺译,上海译文出版社,2014。

阿马蒂亚·森:《贫困与饥荒——论权利与剥夺》,王宇、王文玉译,商务印书馆,2001。

艾尔泽·厄延:《减少贫困的政治》,张大川译,《国际社会科学杂志》(中文版)2000年第4期。

彼得·泰勒-顾柏编著《新风险 新福利:欧洲福利国家的转变》,马继森译,中国劳动社会保障出版社,2010。

白增博:《新中国70年扶贫开发基本历程、经验启示与取向选择》,《改革》2019年第12期。

毕式明、潘俊宇、邵组、邵轩:《韶关抓党建促脱贫攻坚见实效,乡村振兴蹄疾步稳》,《南方日报》2018年6月28日。

陈杰、詹鹏、韦艳利:《我国农村相对贫困的代际传递及影响机制——基于不同队列的分析》,《南京社会科学》2021年第6期。

陈琦、王蓓、彭彤:《构建发展型社会福利:英国相对贫困治理的实践和启示》,《江汉大学学报》(社会科学版)2021年第5期。

陈家涛:《农民合作组织参与贫困治理的动力机制及制约因素》,《管理学刊》2021年第6期。

陈前恒:《消费扶贫:架起城乡需求的桥梁》,《人民论坛》2019年第23期。

陈晓运:《技术治理:中国城市基层社会治理的新路向》,《国家行政学院学报》2018 年第 6 期。

陈端计：《贫困根源新探》，《开发研究》1992 年第 6 期。

陈宗胜、黄云：《中国相对贫困治理及其对策研究》，《当代经济科学》2021 年第 5 期。

陈明星：《脱贫攻坚与乡村振兴有效衔接的基本逻辑与实现路径》，《贵州社会科学》2020 年第 5 期。

程恩富、刘伟：《社会主义共同富裕的理论解读与实践剖析》，《马克思主义研究》2012 年第 6 期。

程中培、乐章：《美好生活的社会保护水准：社会政策体系中基本生活需要标准的建构》，《求实》2020 年第 2 期。

常敏：《贫困村致贫因素探测及其土地资源利用》，硕士学位论文，广州大学，2018。

"城乡困难家庭社会政策支持系统建设"课题组、韩克庆、唐钧：《贫困概念的界定及评估的思路》，《江苏社会科学》2018 年第 2 期。

《邓小平文选》第 3 卷，人民出版社，1993。

迪帕·纳拉扬：《谁倾听我们的声音》，付岩梅译，中国人民大学出版，2001。

邓悦、吴忠邦、蒋琬仪、汪禹同：《从内生式脱贫走向乡村振兴：山区脱贫质量分析》，《宏观质量研究》2021 年第 2 期。

邓利方：《消费扶贫的理论与实践价值》，《南方》2020 年第 12 期。

邓锁：《从家庭补偿到社会照顾：儿童福利政策的发展路径分析》，《社会建设》2016 年第 2 期。

豆书龙、叶敬忠：《乡村振兴与脱贫攻坚的有机衔接及其机制构建》，《改革》2019 年第 1 期。

杜婵、张克俊：《新发展阶段巩固拓展脱贫攻坚成果的多重逻辑、科学内涵与实现维度》，《农村经济》2021 年第 10 期。

范和生、刘凯强：《从"一时火"到"一直火"：消费扶贫的阶段反思与长效安排》，《学术研究》2021 年第 3 期。

方迎风、周少驰：《多维相对贫困测度研究》，《统计与信息论坛》2021 年第 6 期。

方舒、王艺霏：《金融能力与相对贫困治理——基于 CFPS2014 数据的实证研究》，《社会学评论》2021 年第 3 期。

关信平：《我国城市相对贫困呈现的新特点及治理对策》，《人民论坛》2021 年第 18 期。

桂华：《相对贫困与反贫困政策体系》，《人民论坛》2019 年第 7 期。

郭之天、陆汉文：《相对贫困的界定：国际经验与启示》，《南京农业大学学报》（社会科学版）2020 年第 4 期。

高强：《脱贫攻坚与乡村振兴有机衔接的逻辑关系及政策安排》，《南京农业大学学报》（社会科学版）2019 年第 5 期。

广东省社会组织管理局：《广东省社会组织管理局、广东扶贫济困日活动办公室会同 100 家社会组织开展 2021 年社会组织参与"广东扶贫济困日"活动动员和倡议》，《大社会》2021 年第 6 期。

广东省扶贫开发办公室：《不忘初心砥砺奋进广东扶贫开发取得历史性成就》，《源流》2019 年第 7 期。

黄承伟：《习近平扶贫思想论纲》，《福建论坛·人文社会科学版》2018 年第 1 期。

黄承伟：《习近平扶贫思想体系及其丰富内涵》，《中南民族大学学报》（人文社会科学版）2016 年第 6 期。

黄承伟：《新中国扶贫 70 年：战略演变、伟大成就与基本经验》，《南京农业大学学报》（社会科学版）2019 年第 6 期。

黄承伟：《从脱贫攻坚到乡村振兴的历史性转移——基于理论视野和大历史观的认识与思考》，《华中农业大学学报》（社会科学版）2021 年第 4 期。

黄宗智：《小农户与大商业资本的不平等交易：中国现代农业的特色》，《开放时代》2012 年第 3 期。

黄祖辉、钱泽森：《做好巩固拓展脱贫攻坚成果同乡村振兴有效衔接》，《南京农业大学学报》（社会科学版）2021 年第 6 期。

黄祖辉、李懿芸、马彦丽：《论市场在乡村振兴中的地位与作用》，《农业经济问题》2021 年第 10 期。

黄倩倩、朱湛：《社会力量参与精准扶贫的优势及作用机制》，《现代交际》2016 年第 9 期。

韩克庆：《土地改革、脱贫攻坚抑或社会保障——中国农村减贫的成功经验》，《理论学刊》2021 年第 2 期。

韩喜平、王晓兵：《从"投放–遵守"到"参与–反馈"：贫困治理模式转换的内生动力逻辑》，《理论与改革》2020 年第 5 期。

韩喜红、成党伟：《消费扶贫机遇下陕南小农户与现代农业有机衔接模式研究》，《江苏农业科学》2020 年第 9 期。

韩朋：《我国网络慈善发展中的政府职能研究》，硕士学位论文，延安大学，2018。

何阳、娄成武：《后扶贫时代贫困问题治理：一项预判性分析》，《青海社会科学》2020 年第 1 期。

贺聪志、叶敬忠、许惠娇：《建构巢状市场：理论、实践与思考》，第六届国际社区支持农业大会暨第七届中国社会农业大会，北京，2015 年 11 月。

胡原、陈光燕：《2020 年后农村相对贫困治理：对象界定与基本思路》，《四川农业大学学报》2021 年第 3 期。

江立华：《相对贫困与 2020 年后贫困治理战略》，《社会发展研究》2020 年第 3 期。

霍增辉、张玫、吴海涛：《基于项目反应理论的农户相对贫困测度研究——来自浙江农村的经验证据》，《农业经济问题》2021 年第 7 期。

贾玉娇：《2020 年后相对贫困治理应关注的重点》，《人民论坛》2021 年第 14 期。

姜安印、陈卫强：《论相对贫困的成因、属性及治理之策》，《南京农业大学学报》（社会科学版）2021 年第 3 期。

姜正君：《脱贫攻坚与乡村振兴的衔接贯通：逻辑、难题与路径》，《西南民族大学学报》（人文社会科学版）2020 年第 12 期。

解安、侯启缘：《中国相对贫困多维指标建构——基于国际比较视角》，《河北学刊》2021 年第 1 期。

解垩、李敏：《相对贫困、再分配与财政获益：税收和转移支付的作用如何?》，《上海财经大学学报》2020 年第 6 期。

劳埃德·雷诺兹：《微观经济学：分析和政策》，商务印书馆，1994。

李小云、季岚岚：《国际减贫视角下的中国扶贫——贫困治理的相关经验》，《国外社会科学》2020 年第 6 期。

李小云、许汉泽：《2020 年后扶贫工作的若干思考》，《国家行政学院学报》2018 年第 1 期。

李小云、苑军军、于乐荣：《论 2020 后农村减贫战略与政策：从"扶贫"向"防贫"的转变》，《农业经济问题》2020 年第 2 期。

李实、沈扬扬：《高质量脱贫：内涵、意义和路径》，《国家治理》2020 年第 28 期。

李棉管、岳经纶：《相对贫困与治理的长效机制：从理论到政策》，《社会学研究》2020 年第 6 期。

李鹏、张奇林、高明：《后全面小康社会中国相对贫困：内涵、识别与治理路径》，《经济学家》2021 年第 5 期。

李文：《消费扶贫如何实现可持续性发展》，《人民论坛》2021 年第 28 期。

李慧：《乡村振兴：农业更强、农村更美、农民更富》，光明网，https://news.gmw.cn/2021-04/27/content_34798424.htm。

李茂、常思琳、王天博：《巩固拓展脱贫攻坚成果同乡村振兴有效衔接的现实路径研究——基于河北的调查》，《经济论坛》2022 年第 2 期。

李晓园、钟伟：《乡村振兴中的精准扶贫：出场逻辑、耦合机理与共生路径》，《中国井冈山干部学院学报》2018 年第 5 期。

卢黎歌、武星星：《后扶贫时期推进脱贫攻坚与乡村振兴有机衔接的学理阐释》，《当代世界与社会主义》2020 年第 2 期。

骆郁廷、余杰：《全球贫困治理中国奇迹的制度密码》，《当代世界与社会主义》2021 年第 1 期。

梁琦、蔡建刚：《资源禀赋、资产性收益与产业扶贫——多案例比较研究》，《中南大学学报》（社会科学版）2017 年第 4 期。

刘良军：《把握"消费扶贫"的内涵与外延》，《当代农村财经》2020 年第 11 期。

刘永富：《习近平扶贫思想的形成过程、科学内涵及历史贡献》，《行政管理改革》2018 年第 9 期。

刘俐等：《相对贫困视域下医疗保障对农村中老年人群因病支出型贫困的减贫效果分析》，《中国卫生政策研究》2021 年第 5 期。

刘平、郭红玲：《企业社会责任：工具抑或道义》，《求索》2009 年第

6 期。

　　刘天佐、廖湘莲：《消费扶贫协同治理研究——基于"制度—结构—过程"分析框架》，《世界农业》2021 年第 3 期。

　　刘焕、秦鹏：《脱贫攻坚与乡村振兴的有机衔接：逻辑、现状和对策》，《中国行政管理》2020 年第 1 期。

　　刘学武、杨国涛：《从脱贫攻坚到乡村振兴的有效衔接与转型》，《甘肃社会科学》2020 年第 6 期。

　　刘长威：《广东省高等学校实施组团式帮扶实践与思考——以华南农业大学对口韶关学院科研工作帮扶为例》，《中国高校科技》2020 年第 12 期。

　　林闽钢：《相对贫困的理论与政策聚焦——兼论建立我国相对贫困的治理体系》，《社会保障评论》2020 年第 1 期。

　　罗明忠、刘子玉、郭如良：《合作参与、社会资本积累与农户相对贫困缓解——以农民专业合作社参与为例》，《农业现代化研究》2021 年第 5 期。

　　梁杰、高强、徐晗筱：《质量发展视阈下产业扶贫内涵机理、制约因素与实现路径》，《宏观质量研究》2020 年第 6 期。

　　梁琳：《精准扶贫背景下我国消费扶贫的减贫逻辑与实践探索》，《苏州科技大学学报》（社会科学版）2021 年第 4 期。

　　龙少波、陈路、张梦雪：《基于可持续生计分析框架的消费扶贫质量研究——以国家扶贫开发工作重点县绿春县为例》，《宏观质量研究》2021 年第 1 期。

　　莫光辉、祝慧：《社会组织与贫困治理：基于组织个案的扶贫实践经验》，知识产权出版社，2016。

　　马龙龙：《企业社会责任对消费者购买意愿的影响机制研究》，《管理世界》2011 年第 5 期。

　　马金芳：《多元慈善合作及其法律规制》，《江西社会科学》2013 年第 9 期。

　　倪慧群、黄宏、钟耿涛等：《对广东省"双到"扶贫开发模式的思考》，《广东农业科学》2011 年第 17 期。

　　彭云、韩鑫、顾昕：《社会扶贫中多方协作的互动式治理——一个乡村创客项目的案例研究》，《河北学刊》2019 年第 3 期。

潘国臣、李雪：《基于可持续生计框架（SLA）的脱贫风险分析与保险扶贫》，《保险研究》2016 年第 10 期。

彭小兵、龙燕：《基于政策工具视角的我国消费扶贫政策分析》，《贵州财经大学学报》2021 年第 1 期。

祁志伟、雷霆：《政府官员网络"直播带货"：贫困治理的一种实践方式》，《中国行政管理》2021 年第 7 期。

邱海兰、罗明忠、唐超：《农机社会化服务采纳、效率提升与农户相对贫困缓解——基于城乡比较视角》，《农村经济》2021 年第 5 期。

全杰：《广东打造林业扶贫样板 惠及全省 559.7 万户林农》，《广州日报》2020 年 6 月 15 日。

塞德希尔·穆来纳森、埃尔德·莎菲尔：《稀缺——我们是如何陷入贫穷与忙碌的》，魏薇、龙志勇译，浙江人民出版社，2014。

世界银行：《1990 年世界发展报告》，中国财政经济出版社，1990。

世界银行：《1999/2000 年世界发展报告》，中国财政经济出版社，2000。

世界银行：《2000/2001 年世界发展报告：与贫困作斗争》，中国财政经济出版社，2001。

师春苗：《从"区域瞄准扶贫"到"精准扶贫"——以广东扶贫开发为例》，《红广角》2017 年第 6 期。

孙迎联、吕永刚：《精准扶贫：共享发展理念下的研究与展望》，《现代经济探讨》2017 年第 1 期。

孙咏梅、方庆：《消费视角下的贫困测度及精准扶贫探索——基于我国农村地区消费型贫困的调研》，《教学与研究》2017 年第 4 期。

孙馨月、陈艳珍：《论脱贫攻坚与乡村振兴的衔接逻辑》，《经济问题》2020 年第 9 期。

童星、林闽钢：《我国农村贫困标准线研究》，《中国社会科学》1994 年第 3 期。

檀学文、白描：《论高质量脱贫的内涵、实施难点及进路》，《新疆师范大学学报》（哲学社会科学版）2021 年第 2 期。

唐超、罗明忠、张苇锟：《70 年来中国扶贫政策演变及其优化路径》，《农林经济管理学报》2019 年第 3 期。

唐钧:《后小康时代的相对贫困与贫困家庭生活方式》,《党政研究》2021 年第 3 期。

唐明霞、朱海燕、陈建军等:《应用马斯洛需要层次理论构建缓解相对贫困的差异性长效机制——基于江苏省南通市缓解相对贫困实践的研究》,《江苏农业科学》2021 年第 11 期。

唐悦:《分层分类救助、适老化改造、多元共治》,中国江苏网,http://jsnews.jschina.com.cn/jsyw/202102/t20210201_2720707.shtml.2021-2-1。

王卓:《中国贫困人口研究》,四川科学技术出版社,2004。

王小林:《贫困测量:理论与方法》,社会科学文献出版社,2012。

王小林:《新中国成立 70 年减贫经验及其对 2020 年后缓解相对贫困的价值》,《劳动经济研究》2019 年第 6 期。

王小林、张晓颖:《中国消除绝对贫困的经验解释与 2020 年后相对贫困治理取向》,《中国农村经济》2021 年第 2 期。

王鹏:《中国减贫经验的国际比较与启示》,《红旗文稿》2019 年第 4 期。

王晓毅:《现代化视角下中国农村的减贫逻辑和过程》,《甘肃社会科学》2021 年第 1 期。

王东、王木森:《多元协同与多维吸纳:社区治理动力生成及其机制构建》,《青海社会科学》2019 年第 3 期。

王宁:《消费与认同——对消费社会学的一个分析框架的探索》,《社会学研究》2001 年第 1 期。

王伟杰:《东西部协作教育组团式帮扶的探索》,《中国民族教育》2021 年第 10 期。

汪三贵、郭建兵、胡骏:《巩固拓展脱贫攻坚成果的若干思考》,《西北师大学报》(社会科学版)2021 年第 3 期。

汪三贵、孙俊娜:《全面建成小康社会后中国的相对贫困标准、测量与瞄准——基于 2018 年中国住户调查数据的分析》,《中国农村经济》2021 年第 3 期。

汪三贵、冯紫曦:《脱贫攻坚与乡村振兴有效衔接的逻辑关系》,《贵州社会科学》2020 年第 1 期。

汪祥波:《粤逾 25 万建档立卡贫困残疾人脱贫率达 98.99%》,《南方日报》2020 年 5 月 17 日。

万兰芳、向德平：《中国减贫的范式演变与未来走向：从发展主义到福利治理》，《河海大学学报》（哲学社会科学版）2018 年第 2 期。

万广华、刘飞、章元：《资产视角下的贫困脆弱性分解：基于中国农户面板数据的经验分析》，《中国农村经济》2014 年第 4 期。

魏丽莉、张晶：《改革开放 40 年中国农村民生政策的演进与展望——基于中央一号文件的政策文本量化分析》，《兰州大学学报》（社会科学版）2018 年第 5 期。

魏璇：《广东脱贫家庭生计脆弱性测度与消减政策优化研究》，硕士学位论文，华南农业大学，2021。

吴业苗：《高质量脱贫的巩固与再发力》，《国家治理》2020 年第 1 期。

吴高辉、岳经纶：《面向 2020 年后的中国贫困治理：一个基于国际贫困理论与中国扶贫实践的分析框架》，《中国公共政策评论》2020 年第 1 期。

习近平：《携手消除贫困，促进共同发展》，载《十八大以来中央文献选编》（中），中央文献出版社，2018。

习近平：《在中央扶贫开发工作会议上的讲话》，载《十八大以来中央文献选编》（下），中央文献出版社，2018。

许汉泽：《行政治理扶贫：对精准扶贫实践逻辑的案例考察》，社会科学文献出版社，2020。

邢成举等：《新时代的贫困治理：理论、实践与反思》，社会科学文献出版社，2019。

邢成举：《结构性贫困对贫困代际传递的影响及其破解——基于豫西元村的研究》，《中州学刊》2017 年第 2 期。

邢成举、李小云：《相对贫困与新时代贫困治理机制的构建》，《改革》2019 年第 12 期。

许源源：《后扶贫时代的贫困治理：趋势、挑战与思路》，《国家治理》2020 年第 1 期。

夏支平：《后脱贫时代农民贫困风险对乡村振兴的挑战》，《江淮论坛》2020 年第 1 期。

咸怡帆：《社会主义共同富裕：理论、现实及路径探析》，《改革与战略》2018 年第 1 期。

冼频：《建立"扶真贫、真扶贫"的长效机制——河源市创新扶贫"双到"的启示》，《广东经济》2012 年第 4 期。

徐正春：《广东生态公益林体系建设的现状、问题与建议》，《中南林业调查规划》2001 年第 1 期。

向德平、向凯：《多元与发展：相对贫困的内涵及治理》，《华中科技大学学报》（社会科学版）2020 年第 2 期。

徐明强、许汉泽：《新耦合治理：精准扶贫与基层党建的双重推进》，《西北农林科技大学学报》（社会科学版）2018 年第 18 期。

新华社国家高端智库：《中国减贫学——政治经济学视野下的中国减贫理论与实践》，新华网，http：//www. xinhuanet. com/politics/2021jpxbg. pdf。

岳经纶、吴永辉：《从"双到"扶贫到精准扶贫：基于广东经验的中国扶贫之路》，中山大学出版社，2021。

俞可平主编《治理与善治》，社会科学文献出版社，2000。

易刚：《论相对贫困的意蕴、困境及其应对》，《农村经济》2021 年第 2 期。

严文波、祝黄河：《社会主义共同富裕的理论阐释与实现机制》，《江西财经大学学报》2014 年第 4 期。

杨立雄、魏珍：《相对贫困治理机制研究——基于新公共管理理论的视角》，《社会政策研究》2021 年第 2 期。

杨立雄：《相对贫困概念辨析与治理取向》，《广东社会科学》2021 年第 4 期。

杨灿明：《中国战胜农村贫困的百年实践探索与理论创新》，《管理世界》2021 年第 11 期。

杨斌：《重视发挥第三次分配作用 探寻中国特色公益慈善之路》，人民网，http：//theory. people. com. cn/n1/2020/0102/c40531−31531793. htm。

叶敬忠、贺聪志：《基于小农户生产的扶贫实践与理论探索——以"巢状市场小农扶贫试验"为例》，《中国社会科学》2019 年第 2 期。

叶家骏、张文伟、夏萍等：《广州市花都区人民医院医疗集团组团式帮扶的实践举措及问题探析》，《中国当代医药》2021 年第 30 期。

原贺贺：《消费扶贫的实践进展与机制创新——以广东清远市为例》，《农村经济》2020 年第 12 期。

袁树卓、高宏伟、彭徽：《精准治理中农村反贫困政策创新的合法性评价——以县域扶贫建档立卡为例》，《技术经济》2020 年第 4 期。

虞崇胜、余扬：《提升可行能力：精准扶贫的政治哲学基础分析》，《行政论坛》2016 年第 1 期。

中共中央党史和文献研究院编《习近平扶贫论述摘编》，中央文献出版社，2019。

郑永年：《大趋势：中国下一步》，东方出版社，2019。

〔美〕詹姆斯·C. 斯科特：《农民的道义经济学：东南亚的反叛与生存》，程立显、刘建等译，译林出版社，2013。

郑秉文：《"后 2020"时期建立稳定脱贫长效机制的思考》，《宏观经济管理》2019 年第 9 期。

郑瑞强、曹国庆：《脱贫人口返贫：影响因素、作用机制与风险控制》，《农林经济管理学报》2016 年第 6 期。

郑长德：《深度贫困民族地区提高脱贫质量的路径研究》，《西南民族大学学报》（人文社科版）2018 年第 12 期。

曾福生：《后扶贫时代相对贫困治理的长效机制构建》，《求索》2021 年第 1 期。

曾恒源、高强：《脱贫攻坚与乡村振兴统筹衔接：学理必然、形势任务与政策转型》，《农业经济与管理》2021 年第 2 期。

张传红、刑雨凝：《讲好中国脱贫攻坚故事贡献全球公共知识产品》，《对外传播》2021 年第 4 期。

张琦：《减贫战略方向与新型扶贫治理体系建构》，《改革》2016 年第 8 期。

张琦：《论缓解相对贫困的长效机制》，《上海交通大学学报》（哲学社会科学版）2020 年第 6 期。

张琦、孔梅、刘欣：《2020 年后中国减贫形势、任务与战略转型研究评述》，《学习与探索》2020 年第 11 期。

张琦：《巩固拓展脱贫攻坚成果同乡村振兴有效衔接：基于贫困治理绩效评估的视角》，《贵州社会科学》2021 年第 1 期。

张林、邹迎香：《中国农村相对贫困及其治理问题研究进展》，《华南农业大学学报》（社会科学版）2021年第6期。

张莎莎、郑循刚：《农户相对贫困缓解的内生动力》，《华南农业大学学报》（社会科学版）2021年第4期。

张开云、李倩、蓝忻怡：《新冠肺炎疫情对脱贫攻坚的影响及其治理路径——基于可持续生计模型的分析》，《岭南学刊》2020年第4期。

张开云、叶浣儿：《农村低保政策：制度检视与调整路径》，《吉林大学社会科学学报》2016年第4期。

张木明、魏剑波、郑庆顺：《广东贫困村的现状与分析》，《南方论刊》2012年第12期。

张兴杰、张开云、梁雅莉：《残疾人社会救助体系优化论析》，《浙江社会科学》2012年第12期。

张永丽、高蔚鹏：《脱贫攻坚与乡村振兴有机衔接的基本逻辑与实现路径》，《西北民族大学学报》（哲学社会科学版）2021年第3期。

张红宇：《巩固和拓展脱贫攻坚成果（新论）——解读中国脱贫攻坚非凡壮举》，《人民日报》2021年3月15日。

章元、刘茜楠：《中国反贫困的成就与经验：扶贫政策效果再检验》，《复旦学报》（社会科学版）2021年第5期。

章文光：《精准扶贫与乡村振兴战略如何有效衔接》，《人民论坛》2019年第4期。

左停、刘文婧、李博：《梯度推进与优化升级：脱贫攻坚与乡村振兴有效衔接研究》，《华中农业大学学报》（社会科学版）2019年第5期。

左停：《脱贫攻坚决胜期贫困治理的新问题与新对策》，《国家治理》2020年第1期。

左停、徐卫周：《改革开放四十年中国反贫困的经验与启示》，《新疆师范大学学报》（哲学社会科学版）2019年第3期。

左停、苏武峥：《乡村振兴背景下中国相对贫困治理的战略指向与政策选择》，《新疆师范大学学报》（哲学社会科学版）2020年第4期。

左停、李世雄、史志乐：《以脱贫攻坚统揽经济社会发展全局——中国脱贫治理经验的基本面》，《湘潭大学学报》（哲学社会科学版）2021年第 3 期。

左停、刘文婧：《教育与减贫的现实障碍、基本保障与发展促进——相对贫困治理目标下教育扶贫战略的思考》，《中国农业大学学报》（社会科学版）2020 年第 6 期。

祝志川、薛冬娴、孙丛婷：《基于 AHP 改进 AF 法的多维相对贫困测度与分解》，《统计与决策》2021 年第 16 期。

朱海波、毕洁颖：《巩固拓展脱贫攻坚成果同乡村振兴有效衔接：重点方向与政策调试——针对"三区三州"脱贫地区的探讨》，《南京农业大学学报》（社会科学版）2021 年第 6 期。

仲德涛：《实现脱贫攻坚与乡村振兴有效衔接的路径选择》，《学习论坛》2021 年第 2 期。

周怡：《贫困研究：结构解释与文化解释的对垒》，《社会学研究》2002 年第 3 期。

周黎安：《行政发包制》，《社会》2014 年第 6 期。

周芸帆：《十八大以来中国农村贫困治理研究》，博士学位论文，电子科技大学，2019。

周丽：《马克思主义消费理论研究》，《合作经济与科技》2020 年第 24 期。

周力：《相对贫困标准划定的国际经验与启示》，《人民论坛·学术前沿》2020 年第 14 期。

B. D. Bernheim et al. , "Poverty and Self-Control," *Econometrica* 83 (5) (2015): 1877-1911.

E. B. Dean et al. , "Poverty and Cognitive Function,"in B. C. Barrett et al. (eds.), *The Economics of Poverty Traps*, University of Chicago Press, 2017.

C. Oppenheim, *Poverty: The Facts*, Child Poverty Action Group, 1993.

J. A. Roberts, "Profiling Levels of Socially Responsible Consumer Behavior: A Cluster Analytic Approach and Its Implications for Marketing,"*Journal of Marketing Theory and Practice*, 3(4)(1995): 97-117.

B. S. Rowntree, *Poverty: A Study of Town Life*, Andesite Press, 1901.

A. Sen, *Development as Freedom*, Oxford University Press, 1999.

P. Townsend, *The International Analysis of Poverty*, London, Allen Lane and Penguin Books, 1979.

UNDP, Human Development Report 1997: Human Development to Eradicate Poverty, January 1997.

图书在版编目（CIP）数据

广东减贫治理：理论诠释、基本经验与未来路径 /
张开云，赵梦媛，李倩著 . --北京：社会科学文献出版
社，2023.11

ISBN 978-7-5228-2686-8

Ⅰ.①广…　Ⅱ.①张…②赵…③李…　Ⅲ.①扶贫-
工作概况-广东　Ⅳ.①F127.65

中国国家版本馆 CIP 数据核字（2023）第 201881 号

广东减贫治理：理论诠释、基本经验与未来路径

著　　者／张开云　赵梦媛　李　倩

出 版 人／冀祥德
责任编辑／黄金平
文稿编辑／赵亚汝
责任印制／王京美

出　　版／社会科学文献出版社·政法传媒分社（010）59367126
　　　　　　地址：北京市北三环中路甲 29 号院华龙大厦　邮编：100029
　　　　　　网址：www.ssap.com.cn
发　　行／社会科学文献出版社（010）59367028
印　　装／三河市尚艺印装有限公司

规　　格／开　本：787mm×1092mm　1/16
　　　　　　印　张：13.5　字　数：219 千字
版　　次／2023 年 11 月第 1 版　2023 年 11 月第 1 次印刷
书　　号／ISBN 978-7-5228-2686-8
定　　价／88.00 元

读者服务电话：4008918866